Peter Overbeck (auf dem Foto mit seiner Frau Ruth), geboren 1927 in Mannheim, nach russischer Kriegsgefangenschaft Studium der Malerei. 1951 Auswanderung nach Brasilien, Arbeit als Kameramann und Regisseur von Werbe-, Dokumentar- und Spielfilmen. 1971 Übersiedlung nach Chile, Mitglied der Bewegung der Revolutionären Linken (MIR). Nach dem Sturz Allendes 1973 Leben im Untergrund. 1974 Flucht und Rückkehr nach Deutschland. 1977 erneuter Umzug nach Brasilien. 1994 Übersiedlung mit seiner Frau Ruth nach Israel in einen Kibbuz. Engagement in der Friedensbewegung. Bei Edition Nautilus erschien von Peter Overbeck »Gott ist Brasilianer. Erlebnisse eines Kameramanns« (2005).

PETER OVERBECK

SANTIAGO, 11. SEPTEMBER

ERINNERUNGEN AN CHILE

EDITION NAUTILUS

Edition Nautilus Verlag Lutz Schulenburg
Alte Holstenstraße 22 | D-21031 Hamburg | www.edition-nautilus.de

Der Text der auf den Seiten 167ff wiedergegebenen Rede Salvador Allendes basiert auf der Übersetzung des Komitees »Solidarität mit Chile«, Herausgeber von »Konterrevolution in Chile. Analysen und Dokumente zum Terror«, Rowohlt, Dezember 1973.
Das Neruda-Gedicht auf S. 215 wurde entnommen aus:
Pablo Neruda, »Letzte Gedichte«, Luchterhand Verlag 1988.
Übersetzung aus dem Spanischen von Fritz Vogelsang.
Alle weiteren Übersetzungen: Peter Overbeck.
Umschlaggestaltung: Maja Bechert, Hamburg | www.majabechert.de
Titelmotiv: La Moneda, Santiago, 11. September 1973
Originalveröffentlichung August 2008
Druck und Bindung: Fuldaer Verlagsanstalt
1. Auflage | ISBN 978-3-89401-581-7

Im Andenken an Carmen Bueno und Jorge Müller

Einführung

Utopien sind für uns Ideen, die noch nicht verwirklicht wurden, deren Verwirklichung jedoch unter bestimmten Bedingungen durchaus möglich ist.

Aus den pädagogischen Grundsätzen der brasilianischen Bewegung der landlosen Bauern MST

Von jenem Moment der Geschichte, der längst verflogen ist, an den sich heute kaum jemand noch erinnert; von jener kurzen, unwiderruflich vergangenen Epoche, von der ich erzählen möchte, einer Zeit, die – trotz allem – sicher die schönste meines Lebens war, hiervon sind heute nur das Grab von General Augusto Pinochet und ein Denkmal von Präsident Salvador Allende übrig geblieben.

Der eine handelte und mordete im Auftrag der chilenischen Besitzerklasse und ausländischer Interessen und ließ sich wie ein gedungener Mörder für seine Verbrechen bezahlen, indem er Millionen Dollar aus der chilenischen Staatskasse, hauptsächlich – so unglaublich das auch erscheinen mag – für die Pensionen der ihm unterstellten Soldaten bestimmte Gelder, auf sein geheimes Privatkonto im Ausland überweisen ließ. Der andere wollte ein unabhängigeres Chile und versuchte innerhalb der Normen der chilenischen Demokratie, diese zu erweitern, zu vertiefen, um so dem Volk eine größere Beteiligung an der Politik des Landes einzuräumen. Er wollte, dass die politische Freiheit auch zur sozialen Freiheit würde, um so sein Ziel einer echten, fortschrittlichen Demokratie in Chile zu verwirklichen.

Pinochet starb, nachdem er die chilenische Demokratie zerstört, viele Jahre lang das Land als Diktator beherrscht und im Namen seiner »Mission« ungezählte Verbrechen und Verstöße gegen die Menschenrechte begangen, angeregt und geduldet hatte, mit 91 Jahren unbestraft für seine Vergehen in seinem Krankenbett zu Hause. Allende nahm sich, nachdem ihm bewusst geworden war, dass Verrat und überlegene militärische Macht unwiderruflich all seine Pläne zum Scheitern gebracht hatten, im von Panzern umstellten, in Flammen stehenden Regierungspalast, der Moneda, das Leben. Allende und Pinochet in ihrer extremen Gegensätzlichkeit wurden zu Symbolfiguren der beiden Seiten des sozialen Konflikts, der in jener Epoche in fast allen Ländern Lateinamerikas ausgetragen wurde.

An jedem Todestag dieses weltweit berühmtesten Präsidenten Chiles werden vor seiner Statue Reden gehalten, um seiner außergewöhnlichen Persönlichkeit zu gedenken. Das ist heute erlaubt und vollkommen ungefährlich, aber auch ohne weitere Konsequenzen. Die Zeiten haben sich dermaßen verändert, dass ich manchmal daran zweifle, ob ich sie wirklich erlebt habe.

Ein frischer Wind nationaler Unabhängigkeitsbestrebungen und sozialer Veränderungen wehte damals auf dem lateinamerikanischen Kontinent. Die Menschen waren voller Erwartungen. In Millionen von mittellosen, ausgebeuteten Arbeitern und landlosen Bauern erwachte die Hoffnung auf eine bessere Zukunft. Sie machten sich auf den Weg, um in ihren Ländern mehr Demokratie und Gerechtigkeit zu erkämpfen. Nachdem am 4. September 1970 in Chile zum ersten Mal ein Präsident, der tatsächlich auf der Seite des Volkes stand, gewählt wurde, tanzte dieses Volk auf den Straßen Santiagos die ganze Nacht hindurch bis zum Morgengrauen.

»Das waren Illusionen«, sagen resigniert viele, die jene Zeiten erlebt haben. Dabei können sie eine wehmütige Gemütsbewegung selten verbergen. Trauer fast wie über den Verlust eines geliebten Menschen steht manchen in den

Augen. Anderen merkt man den Stolz an, damals mit dabei gewesen zu sein, oder eine Art Trotz, dass sie damals, bei allem, was man heute darüber denken mag, richtig gehandelt haben. Andere erinnern sich ungern. Sie versuchen die Gedanken an jene Zeiten zu verdrängen, so wie man die Erinnerung an eine erlittene Niederlage oder Demütigung zu verdrängen sucht.

Dass Allende den Sozialismus wollte, kann man ihm nicht absprechen. Dass sein Sozialismus ein ganz anderer gewesen wäre als der Stalins oder jene staatskapitalistische Diktatur seiner Nachfolger, das ist gewiss. Obwohl er sich zum Marxismus bekannte, sah er die zukünftige Gesellschaft nicht als Produkt des Klassenkampfes, des Triumphes einer Klasse über die andere und deren Vernichtung, sondern als Resultat einer zunehmenden Mobilisierung des Volkes, dessen Mitbeteiligung an der Politik und einer gerechteren Verteilung der Güter. Er wollte auf dem Weg der Demokratie und der Vernunft zu einer neuen solidarischen Gesellschaft vorstoßen.

Die von Allende geplanten Reformen und seine Idee des friedlichen demokratischen Wegs zum Sozialismus wären rein wirtschaftlich betrachtet durchaus zu verwirklichen gewesen. Allende war kein Träumer. Sein Programm war durchdacht und, was seine ökonomischen Möglichkeiten betrifft, gründlich überprüft. Wenn er dennoch scheitern musste, so geschah dies als Folge willkürlichen, internationalen Boykotts und vorsätzlich geplanter militärischer Gewaltanwendung.

Heute wird vielfach behauptet, Allendes Pläne seien verantwortungslos gewesen, sie hätten unumstößlichen ökonomischen Gesetzen, wie dem der absoluten Unantastbarkeit des Privateigentums, widersprochen und deshalb unweigerlich zum gesellschaftlichen Chaos geführt. Es wird so getan, als hätte das Eingreifen des Militärs einer zwingenden Notwendigkeit entsprochen. Damit sollen das Verbrechen erklärt und die Schuldigen entschuldigt werden. Es ist aber bewiesen, dass die im dritten Jahr seiner Regierung bedrohlich anwachsenden Versorgungsschwierigkeiten vorsätzlich geschaffen und mit der finanziellen Unterstützung ausländischer Mächte verschärft wurden.

Wie soll man es verstehen, dass Allende bei aller Klarsicht, mit der er die Situation der chilenischen Gesellschaft überblickte, und trotz der für ihn so charakteristischen, abschätzenden, kühlen Ruhe, mit der er die Dinge betrachtete, nicht imstande war, das eigentliche Wesen der bürgerlichen Demokratie zu durchschauen? Es gab damals in Lateinamerika eine Reihe offensichtlicher Beispiele dafür, dass sich bürgerliche Staaten, auch demokratische, in Bestien verwandeln, wenn sich die herrschenden Klassen in ihrer Machtposition bedroht fühlen. Warum hielt er trotzdem an seinem Glauben an die bürgerliche Ordnung fest? Sicher, weil er selbst ein Bürger war und als solcher dachte und empfand. Er war einer der Besten des Bürgertums, letzten Endes die Verkörperung all der Werte, die das Bürgertum der Menschheit vermacht: Freiheit, Gleichheit, Brüderlichkeit. Das sind die Thesen der bürgerlichen Revolution. Ist es da nicht zumindest bedenklich, dass ein demokratischer, bürgerlicher Staat, mit dessen Normen er sich identifizierte, ihn schließlich zum Selbstmord zwang?

Andererseits: Kann man es ihm als unverzeihlichen, sträflichen Fehler anrechnen, dass er die Realität der bürgerlichen Ordnung nicht wahrhaben wollte? Oder sind vielmehr diejenigen im Irrtum, die glauben, diese und letzten Endes alle ethischen Werte einer blinden, unabhängig vom Menschen funktionierenden Wirtschaftsordnung unterordnen zu müssen? So als sei diese naturgegeben und einziger Maßstab all unseres Handelns?

Man trifft immer wieder Leute, die sagen, die Erfahrung habe sie gelehrt, realistisch zu sein. Sie behaupten, dass jeder Versuch, die Gesellschaft zu verändern, um sie zu verbessern, um sie lebensfähig zu erhalten, um sie neuen Notwendigkeiten anzupassen, von vornherein zum Scheitern verurteilt sei, weil die Gesellschaft so, wie sie ist, unserer Natur und unserem innersten Wesen entspräche. Man könne nur mitmachen, sich ihren Spielregeln anpassen und versuchen, zu den Siegern zu gehören.

Spricht aus dieser Art zu denken nicht eine tiefe Resignation, ein fatalistisches Leugnen des Gedankens, dass der Mensch, wenigstens innerhalb der auch für ihn existierenden Grenzen, sein Schicksal selbst in die Hand nehmen muss und dass er verantwortlich ist für das, was in der Welt geschieht? Oder will man sich einfach nur dieser Mitverantwortung entziehen? Ich möchte behaupten, dass ein solches Denken geradezu lebensgefährlich ist. Es führt uns direkt in die Katastrophe, denn es gibt ja nichts, was wir tun könnten, um diese zu verhindern!

Die Gesellschaft muss wieder veränderbar werden. Wir stehen heute vor ernsten ökologischen, wirtschaftlichen und sozialen Problemen, die sich verschärfen. Wir können sie nicht länger ignorieren. Das Überleben künftiger Generationen hängt von ihrer Lösung ab. Ist es da möglich, immer noch zu glauben, dass dieselbe Wirtschaftsordnung, die diese Probleme hervorgebracht hat, imstande sein wird, sie zu lösen, ohne dass sie drastischen Reformen unterworfen wird?

Aber wer soll sie denn verwirklichen, diese notwendig gewordenen Reformen, wer hat die Macht dazu? In jener vergangenen Zeit, von der ich berichten möchte, sah ich, wie die Mehrheit der Linken in Lateinamerika, die einzige Lösung im globalen Sieg des Sozialismus über den Kapitalismus im marxistisch-leninistischen Sinne. Dann stellte sich heraus, dass wir uns getäuscht hatten, denn der sogenannte Realsozialismus in der Sowjetunion hatte nicht zum Kommunismus, sondern zur Diktatur einer Partei geführt, die alle Bestrebungen in Richtung eines demokratischen, entwicklungsfähigen Sozialismus unterdrückte. Dann glaubte ich eine Zeit lang resigniert, wir wären am Ende der Geschichte angelangt, diese hätte endgültig zum globalisierten, neoliberalen kapitalistischen System geführt und daran sei nichts mehr zu ändern. Wieder eine Täuschung, denn die Geschichte kann kein Ende haben, solange es Menschen gibt. Erst später entdeckte ich die neuen Ideen und Vorschläge für gesellschaftliche Veränderung, die am politischen Horizont Lateinamerikas auftauchten.

Die brasilianische Bewegung der landlosen Bauern MST hat klare Vorstellungen entwickelt und teilweise in die Tat umgesetzt, wie Millionen von ihnen zu einem menschenwürdigen Dasein unabhängig von Monsanto, Cargill, transgenem Saatgut und außerhalb der von den Konzernen beherrschten Märkte kommen können. Sie arbeiten mit selbst hergestelltem Saatgut und selbst hergestellten Düngemitteln, mit von ihnen selbst entwickelten, ihren Möglichkeiten entsprechenden, aber deshalb nicht rückständigen Technologien, und verkaufen ihre Produkte ohne Zwischenhändler an die umliegenden Städte. In den von der Bewegung gegründeten Schulen lernen schon die Kinder, dass die Gesellschaft veränderlich ist und dass sie es sind, die diese in Zukunft verändern müssen. »Ein anderes Brasilien ist möglich« ist die Losung der Bewegung. Evo Morales gewann in Bolivien die Wahlen, obwohl die Mehrheit seiner Wähler keinen Zugang zum Internet hatte, einfach auf Grund des Sinns für Gemeinschaftlichkeit und der kommunalen Traditionen der indianischen Bevölkerung. Nicht nur er, sondern auch der mittlerweile weltberühmte Subcomandante Marcos in Mexiko bemüht sich um Unabhängigkeit vom neoliberalen System. Kuba und Venezuela beschlossen, venezolanisches Öl gegen kubanische ärztliche Kompetenz und Hilfe einzutauschen. Lateinamerikanische unabhängige Märkte sind im Entstehen begriffen ... Auch auf dem Gebiet des Umweltschutzes ist ein Prozess der Bewusstwerdung in Gang gekommen. Während vor Kurzem noch nur ein paar Tausend die Gefahr erkannten, sehen sich heute die Regierungen mächtiger Staaten dazu veranlasst, die Erhaltung unserer Biosphäre ernst zu nehmen.

All diese Initiativen gehen nicht von den Interessen wirtschaftlicher Machtgruppen aus. Sie entstehen unabhängig voneinander. Sie entsprechen lokalen Bedürfnissen von Gruppen, die heute noch Minderheiten sind und deren Probleme innerhalb der Normen des Systems nicht zu lösen sind. Sie widersprechen der ideologischen Grundlage dieses Systems: unantastbares Privateigentum, der Zwang zu einer sich steigernden Rentabilität, Konzentration wirtschaftlicher und finanzieller Macht, unkontrollierte freie Marktwirtschaft …

Doch es sind gerade diese Grundsätze, die als modern und fortschrittlich gelten und für die einzig möglichen gehalten werden, die zu einer immer größeren Konzentration wirtschaftlicher Macht bei einer Minderheit und zur Verschlechterung der Lebensbedingungen der Mehrheit führen. Es ist ein System, welches außerstande ist, das Problem der Armut und des Hungers auf der Welt zu lösen, und realistische Maßnahmen zur Erhaltung unserer Umwelt unmöglich macht. Vorläufig ist das System noch zu stark, um Veränderungen zu akzeptieren. Aber der Widerstand wächst. Überall auf der Welt wird an Ideen gearbeitet, die die Unabhängigkeit vom globalen Wirtschaftssystem anstreben.

Vielleicht führt einfach die unkontrollierbare Vervielfältigung solcher Initiativen zu den für die Welt notwendigen Veränderungen. Ich weiß es nicht. Niemals jedoch werden diese zustande kommen ohne die bewusste und aktive Beteiligung der Betroffenen – und wir werden alle in Zukunft Betroffene sein. Unter »wir« verstehe ich hier alle, die vom Erlös ihrer täglichen Arbeit leben, deren relatives Wohlergehen heute jedoch schon kaum mehr von den Fähigkeiten und Vorhaben ihrer Regierungen, sondern von in den oberen, unzugänglichen Sphären des globalisierten Wirtschaftssystems gefassten Beschlüssen abhängt.

Wir müssen neue Formen finden, um uns zu organisieren – die überholten Formen vergessen –, toleranter werden, versuchen, einander zu verstehen, freiwillig gemeinsam handeln, ohne uns ergeben den Anordnungen irgendeiner Parteiführung zu unterwerfen. Wir müssen selbstständig denken, verantwortlich werden für das, was innerhalb der Gesellschaft geschieht. Wir müssen versuchen, zur echten Demokratie vorzustoßen. Denn die Verwirklichung der Utopie einer solidarischen, vernünftigen, nicht der Willkür der sogenannten freien Marktwirtschaft überlassenen Weltordnung wird unumgänglich.

Aus der Rede Allendes am 1. Mai 1971

»Werktätige Chiles!

Heute ist kein Tag zum Feiern. Es ist ein Tag der Erinnerung, des sich Bewusstwerdens, ein Tag, um zurückzublicken, ein Tag, um all jener zu gedenken auf dieser Erde, die gefallen sind, weil sie dafür gekämpft haben, dem Leben der Menschen mehr Würde zu verleihen, im Kampf um die wahrhaftige Freiheit.

Wir sind gekommen, um zum Volk über seine Rechte zu sprechen, aber auch über seine Pflichten, über seine Verantwortung. Ich möchte, dass ihr über die Reichweite und den Inhalt meiner Worte nachdenkt. Etwas Großes und Außergewöhnliches ist geschehen in Chile mit dem Sieg am 4. September. Das war kein Zufall. Es war das Resultat der aufopfernden, namenlosen Anstrengungen von tausend und aber tausend Chilenen, die Vertrauen in sich selbst hatten, Vertrauen in die Parteien des Volks, und die große historische Aufgabe, die wir zu bewältigen haben, verstanden.

Es war das Resultat des Kampfes von Generationen, die die Gefängnisse kannten, die Verbannung und den Tod, um es uns zu ermöglichen, an die Regierung zu kommen und die Macht zu ergreifen. Unser Wahlsieg am 4. September überträgt uns eine große Verantwortung. Ich möchte, dass ihr euch klar bewusst werdet, versteht und darüber nachdenkt, was es bedeutet, dass ein Volk zum ersten Mal in der Geschichte gesetzlich und innerhalb der Grenzen des bürgerlichen Rechts eine Regierung wählte, deren Ziel es ist, die Gesellschaft zu verändern und Wege zu eröffnen, die die tief greifenden strukturellen Veränderungen ermöglichen, die zum Sozialismus führen. Ich wiederhole: Es ist das erste Mal in der Geschichte, dass so etwas geschieht. Wir wollen, dass die politische Freiheit zur sozialen Freiheit wird. Wir möchten auch, dass jeder Arbeiter versteht, dass es nicht darum geht, das alte Regime vollkommen zu zerstören, um auf dessen Trümmern das Neue zu errichten. Die revolutionären Theorien besagen, dass man das existierende Positive benutzen soll für den Aufbau des Neuen. Alles, was wir vorher schon erkämpft haben, unsere demokratischen Gesetze, unsere Verfassung, soll erhalten bleiben. Es ist ein Anfang, dessen Grenzen wir überschreiten müssen, um das soziale Kapital, von dem wir so oft sprachen, zu organisieren.

Andererseits dürfen wir unter keinen Umständen vergessen, das Recht der freien Meinung und das Recht auf Kritik zu erhalten. Das ist meine Antwort auf die Befürchtungen der Jugendlichen der Universidad Católica, dass die Volksregierung nicht zulassen würde, anderer Meinung zu sein. Wir fürchten uns nicht vor der Kritik. Wir fordern nur, dass diese sich innerhalb der Grenzen des Gesetzes, welches wir selbst respektieren, äußert …

Ich möchte daran erinnern, dass wir ein Programm haben und dieses unter allen Umständen und ungeachtet aller Schwierigkeiten, die man uns in den Weg legt, durchführen werden, damit Chile seine Rückständigkeit aufholen kann und die Arbeitslosigkeit, die Inflation und die moralische und gesundheitliche Misere ein Ende haben. Damit die Kinder eine Zukunft haben und die Menschen ihr Alter in Ruhe verbringen können. Wir müssen den wirtschaftlichen Überschuss geplant in die wirtschaftliche und soziale Entwicklung unseres Landes investieren. Die Nationalisierungen sind notwendig, um den Anteil des sozialen Sektors der Wirtschaft zu verstärken, von dem in unserem Programm die Rede ist. Deshalb werden wir unsere Bodenschätze und die Mineralien verarbeitende Industrie, bis heute in den Händen des Auslandskapitals, nationalisieren. Ebenso die Monopole, die Großunternehmen und den Großgrundbesitz …

Oft habe ich gesagt und immer wieder von Neuem betont, dass die Völker sich nur entwickeln und vorwärts kommen können, indem sie arbeiten, mehr produzieren und lernen. Deshalb ist unsere dringendste, wichtigste und grundlegende Aufgabe, die Produktion zu erhöhen. Ihr selbst wisst und versteht es, dass es ein großer Unterschied ist, ob für eine Minderheit produziert wird oder für Chile, für alle. Deshalb wiederhole ich und bestehe ich darauf, dass Hingabe, Aufopferung und die größten Anstrengungen unbedingt notwendig sind für die Zukunft unseres Landes. Auch um denen, die sich gegen unser Vaterland verschworen haben, zu zeigen, dass sie sich irren …

Ein Teil des Staates ist jetzt in Händen der Werktätigen, in den Händen der Parteien des Volkes und der in der CUT (*Central Unica de los Trabajadores*) zusammengefassten Gewerkschaften. Ich sage ein Teil des Staates, weil es andere, unabhängige Teile des Staates gibt, wie die Gesetzgebung und die Justiz, innerhalb derer wir eine Minderheit sind. Deshalb müssen wir als Erstes unsere politische Macht konsolidieren, dann die Macht des Volkes erweitern. Dabei müssen wir realistisch vorgehen und uns an die in Chile gegebenen Bedingungen halten. Wenn ich von unserer politischen Macht spreche, denke ich an die tausend und aber tausend Chilenen jenseits der Grenzen der *Unidad Popular*, die sich politisch nicht definieren, die auf unserer Seite stehen könnten, und an all diejenigen, die politischen Parteien angehören, deren Ideen und Prinzipien sie nicht vergessen können. An diese wende ich mich offen und ehrlich als Bruder, um sie aufzufordern, zusammen mit uns beim Aufbau eines neuen Chile, eines besseren Vaterlandes mitzuhelfen …

Ich wiederhole, dass es unbedingt notwendig ist, die Organisationen des Volkes, die Gewerkschaften und die Parteien des Volkes zu stärken. Vor allem aber muss den Bauern und Arbeitern die Verantwortung, die sie tragen, bewusst werden. Die Revolution, unser Schicksal und die Zukunft Chiles hängen von euch ab. Wenn wir wirtschaftlich versagen, wird auch unser politisches Programm scheitern, und das bedeutet Enttäuschung und Bitterkeit für Millionen von Chilenen und für Millionen von Brüdern anderer Kontinente, deren Blicke auf uns gerichtet sind und die auf unserer Seite stehen. Es muss euch bewusst werden, dass jenseits unserer Grenzen in Afrika, Asien und im Herzen Lateinamerikas Männer und Frauen mit brüderlichem, leidenschaftlichem Interesse verfolgen, was bei uns vor sich geht. Denkt daran, *compañeros*, dass in anderen Teilen der Welt die Völker sich erhoben und für die Revolution gekämpft haben und von der Konterrevolution besiegt und wieder unterdrückt wurden. Ströme von Blut, Gefängnis und Tod begleiteten den Kampf dieser Völker. Selbst diejenigen Länder, in denen die Revolution siegte, mussten einen hohen sozialen Preis dafür bezahlen, *compañeros*, den unbezahlbaren Verlust von Menschenleben, von Kindern, Frauen und Männern. Auch in den Ländern, in denen die Revolution siegte, konnte das infolge des Kampfes und des Bürgerkrieges entstandene wirtschaftliche Chaos erst unter den größten Opfern überwunden werden.

Hier in Chile wird es anders sein. Wir können innerhalb der hier herrschenden Bedingungen mit den geringsten sozialen Kosten zur Revolution vorstoßen, ohne Menschenleben zu opfern, ohne die Produktion zu desorganisieren. Mit Leidenschaft und Zuneigung, als älterer Bruder, rufe ich euch dazu auf, unsere gemeinsame Verantwortung zu verstehen. Ich spreche zu euch als *compañero Presidente.* Es geht um die Zukunft Chiles und diese liegt in euren Händen, Werktätige meines Vaterlandes.«

Puro, Chile, es tu cielo azulado.
Puras brisas te cruzan también.
Y tu campo de flores bordado
es la copia feliz del Edén.
Majestuosa es la blanca montaña
que te dio por baluarte el Señor.
Y ese mar que tranquilo te baña
te promete futuro esplendor.

Dulce Patria, recibe los votos
con que Chile en tus aras juró.
Que o la tumba serás de los libres
o el asilo contra la opresión.

Rein ist, Chile, dein Himmel, der blaue;
sanfte Lüfte durchwehn dein Gefild.
Deine Äcker und blumige Aue
sind fürwahr Edens glückliches Bild.
Majestätisch schneeweiße Anden
gab der Herr dir zum schützenden Kranz,
und das Meer, dessen Wogen dir branden,
weist den Weg dir zu künftigem Glanz.

Traute Heimat, vernimm was in Treue
dir auf Chiles Altären erschallt:
Sei alleine das Grabmal der Freien
oder sicherer Hort vor Gewalt!

[Chilenische Nationalhymne]

Ein Spaziergang am Strand

Während wir am Strand von El Quisco entlanggingen, summte Ruth leise die chilenische Nationalhymne vor sich hin. Abrupt unterbrach sie sich und sagte: »Ich will nicht weg von hier. Ich will Chile nicht verlassen!« Dabei blickte sie mich herausfordernd an. Aber ich sah, dass ihr die Tränen kamen. Sie wusste genau, dass es nicht möglich war, dass wir im Gegenteil so schnell wie möglich aus dem Land heraus mussten, wenn diese Möglichkeit überhaupt noch bestand.

Seit der Verhaftung unserer unmittelbaren Nachbarn waren wir auf der Flucht. Man hatte uns gewarnt: »Sofort das Haus verlassen. Die Polizei ist hinter euch her.« Vierzehn Tage lang hatten wir in einer unbenutzten Einzimmerwohnung im Stadtzentrum auf dem Boden geschlafen. Dann hatten wir als unverheiratetes Paar eine Zeit lang in einer Art Pension gewohnt. Mein schreckliches Spanisch, mein deutscher Name und Pass und mein eindeutig ausländisches Aussehen ließen mich unverdächtig erscheinen. Aber eines Morgens schien es uns, dass wir beobachtet würden: Ein junger Mann mit einer Zeitung unter dem Arm war uns schon über mehrere Straßenkreuzungen hinweg gefolgt. Jedes Mal, wenn wir anhielten und uns umblickten, blieb auch er stehen, drehte uns den Rücken zu, las in seiner Zeitung oder betrachtete interessiert ein Schaufenster. Aber dann war er wieder hinter uns. Immer derselbe junge Mann mit seiner Zeitung unter dem Arm. Das war verdächtig. Wir hatten uns vorgenommen, so vorsichtig wie möglich zu sein. Bekannte hatten uns den Schlüssel ihres kleinen Wochenendhäuschens an der Küste übergeben. Wir fuhren ans Meer.

Der Strand, den wir entlanggingen, endete in einer weit in das Meer hineinragenden Landzunge. Wir kletterten über vom Wasser rund geschliffene Steinbrocken und fanden eine von der Brandung ausgewaschene Höhlung im Fels, in der wir vom Wind geschützt sitzen konnten. Wir schwiegen.

Die Sonne sank dem Horizont entgegen und zeichnete einen rötlich glitzernden Lichtstreifen über die weite Wasserfläche, wie ein Weg, der sich im Unendlichen verliert. Im Osten färbte sich der wolkenlose Himmel dunkelkobaltblau, fast violett. Eine dünne silbrige Mondsichel stieg langsam immer höher. Pelikane kreisten in großer Höhe über den auf die Küste zurollenden Wogen und suchten nach Fischen. Wenn sie eine Beute entdeckten, klappten sie ihre weit ausladenden Flügel zusammen, wie man einen Regenschirm zusammenklappt, und stürzten sich senkrecht ins Meer, um Sekunden später wieder aufzutauchen. Manchmal mit einem zappelnden Fisch in ihrem großen Schnabel.

Lange saßen wir ganz eng beisammen und blickten abwechselnd in die unter uns wogende Brandung und in die Weite des Ozeans, in dem langsam die Sonne versank. Die Zeit schien stillzustehen. Wir schwammen im trüben Nebel der absoluten Ungewissheit über das, was in den nächsten Tagen geschehen würde. Obwohl wir schon sehr lange keine Kinder mehr waren, fühlten wir uns wie Kinder, die weggelaufen waren, die sich verlaufen hatten und nun bei hereinbrechender Dunkelheit darauf warteten, dass man sie finden und nach Hause zurückbringen würde.

Für den kommenden Nachmittag war ein Treffen mit Bischof Helmut Frenz verabredet. Er hatte schon vielen, die sich in unserer Situation befanden, geholfen. Er hatte uns versprochen zu ermitteln, ob wir nicht vielleicht ganz einfach ein Flugticket kaufen und wie normale Touristen ins Ausland fliegen könnten. Doch Frenz teilte uns mit, dass das nicht mehr möglich wäre. Unsere Namen ständen auf einer der Listen, wir wurden von der Polizei gesucht. Wir müssten uns vorläufig gedulden. Vielleicht könnte er uns später behilflich sein.

So lebten wir im November 1974 schon am Ende jener einzigartigen Epoche der Geschichte Chiles, die man als den gescheiterten Versuch eines friedlichen Weges zum Sozialismus bezeichnen kann. Der Militärputsch vom 11. September 1973 hatte alle Hoffnungen des chilenischen Volkes, dass Allende seine Idee, auf demokratische Weise die Gesellschaft verändern und so zu einem demokratischen Sozialismus vorstoßen zu können, vernichtet. Auch diejenigen, die glaubten, »mit der Waffe in der Hand« die gesellschaftliche Ordnung stürzen und so ihre sozialistischen Ziele durchsetzen zu können, mussten einsehen, dass sie sich Illusionen hingegeben hatten.

Im November 1974 klebten die Chilenen im Widerstand unter Lebensgefahr winzige Flugblätter an die Häuserwände, auf denen nichts anderes stand als:

»*Pan, trabajo y libertad*« – »Brot, Arbeit und Freiheit«

August 1971

Drei Jahre zuvor hatten wir uns im Zug von Buenos Aires nach Santiago kennengelernt.

An jenem Nachmittag im August hielten außergewöhnlich viele Taxis vor dem Hauptportal der Estación San Martín in Buenos Aires. Viele Chilenen bepackt mit Koffern, Taschen, Säcken und zusammengeschnürten Paketen mit Einkäufen und Geschenken drängten, keuchend unter ihrer Last, durch die in der Bahnhofshalle wimmelnde Menschenmenge zur Sperre. Ungeduldig, mit ihren Fahrkarten in der Hand, ihr Gepäck mit den Füßen vor sich her schiebend, warteten sie darauf, durchgelassen zu werden, und strebten dann so schnell sie konnten dem Gleis 5 zu, auf dem der Zug nach Mendoza mit Verbindung nach Santiago schon wartete. Es war der erste Zug seit drei Wochen, mit dem die Chilenen in ihre Heimat zurückkehren konnten.

In Chile hatte mal wieder ein Erdbeben stattgefunden, einen Teil des in den Bergen liegenden Städtchens Cabildo zerstört und die Decke des Tunnels von Las Cuevas zum Einsturz gebracht, durch den die einzige Zugverbindung von Buenos Aires nach Santiago führte.

Wir hatten vier Sitzplätze gefunden und besetzt und waren dabei, unser Gepäck zu verstauen. Eine unserer Taschen hatten wir auf dem Bahnsteig vergessen. Ich ging eilig zurück. Zum Glück stand sie noch da. Beim Wiedereinsteigen begegnete ich dem Blick einer Frau, die mir mit freundlichem, fast schüchternem Lächeln, aber unmissverständlich, mit einem kurzen Seitenblick auf einen großen, schweren Koffer, der neben ihr stand, zu verstehen gab, dass sie mir sehr dankbar wäre, wenn ich diesen die Treppe hinauf in den Wagen befördern würde. Ich gehorchte widerstandslos und stellte den Koffer neben einen freien Sitzplatz, auf den sie zeigte, ganz in unserer Nähe. Als sie mir zum Dank zunickte, trafen sich unsere Blicke ein zweites Mal. Wir sahen uns direkt in die Augen. Niemals zuvor war ich einem so offenen, mutigen, vor Wärme strahlenden, aber gleichzeitig wie von Schleiern der Sorge, des Argwohns und einer verhaltenen Traurigkeit verhangenen Blick begegnet. Ich spürte ein fast unwiderstehliches Verlangen, diese Frau zu umarmen.

Der Augenblick verflog. Ich setzte mich zu den anderen und hatte bald die nur Sekunden dauernde Begegnung vergessen. Es war nur ein kurzes Aufwallen des Gefühls gewesen. Eine Woge des gegenseitigen Sicherkennens, die, nachdem sie ihren höchsten Punkt erreicht hatte, in sich zusammenbrach, um im Sand der momentanen Wirklichkeit zu versickern.

Außerdem war ich verheiratet. Vor uns lagen ernste, ungelöste Probleme, die uns vollständig in Anspruch nahmen. Auch wir waren in diesen Zug gestiegen, um nach Chile zu fahren. Nicht jedoch, um in unsere Heimat zurückzukehren wie die Chilenen. Wir waren auf der Flucht vor der in Brasilien herrschenden Militärdiktatur. Chile war für uns das Land, in dem wir Zuflucht suchten.

Der Kopf der wuchtigen, vierkantigen Diesellok zeigte nach Westen. Der kupferfarben glühende Abendhimmel ließ die im Halbkreis auf ihre Stirnseite aufgenieteten Messingbuchstaben golden aufleuchten. *Estrella del Norte,* Stern des Nordens, war der stolze Name des Zuges, der sich nach mehrfachem dröhnenden, weithin hallenden Signal langsam in Bewegung setzte: Buenos Aires, Mendoza, San Juán, Tucuman. Schnell brach die Nacht herein. Erst nach Tagesanbruch würden wir in Mendoza ankommen, um dort in die Gebirgsbahn umzusteigen, die uns quer durch die Anden nach Chile bringen sollte. Wir hatten eine lange Nacht vor uns.

Wir: Vera, Miguel, Anneliese und ich. Vera, 26, war die Jüngste. Wir anderen hatten das vierzigste Lebensjahr längst überschritten. Sie war die Tochter sehr armer Landarbeiter. Aber von ihren Eltern und von ihrem Zuhause sprach sie nie. Sehr jung noch hatte sie einen Mann geheiratet, der wegen Diebstahls ins Gefängnis kam und ihr nichts als ihre drei Kinder hinterließ. Sie hatte sich dann als ungelernte Angestellte bei der Stadtverwaltung eines Städtchens im Landesinnern durchgeschlagen. Dort hatte sie Miguel Angelo Costa kennengelernt, der sich aus politischen Gründen zeitweilig an diesen Ort zurückgezogen hatte.

Vera war groß und vital. Sie strahlte weibliche, mütterliche Fülle aus. Sie hatte große Hände und Füße und war außergewöhnlich stark beim Anpacken und Zugreifen, wenn es nötig war. Sie war schön, wenn sie aufgebracht war. Wenn sie – wie es bisweilen geschah – wie abwesend in Gedanken versank, wurden ihre ebenmäßigen, von portugiesischen und afrikanischen Vorfahren geprägten Gesichtszüge ausdruckslos und undurchdringlich, wie die mancher antiker Statuen. Wenn sie uns schweigend zusah, während wir aufgeregt und pausenlos in unserer intellektuellen Redeweise politische Probleme diskutierten, deren Einzelheiten sie nicht interessierten, verhärtete sich manchmal ihr sonst weicher Blick in unverkennbarem Misstrauen und aufkeimendem Hass, weil sie sich ausgeschlossen fühlte aus unserem Kreis.

Ihr *companheiro* Miguel Angelo passte überhaupt nicht zu ihr. Viel kleiner als sie, von hagerem, feingliedrigem, fast gebrechlich erscheinendem Körperbau, wirkte er mit seiner schwarzen Mähne, seinen dunklen Augen und seinem Schnurrbart wie ein gealterter, nicht mehr ernst zu nehmender Revolutionär. Wenn im Eifer des Gesprächs seine Augen zu glänzen anfingen, sah er geradezu verwegen aus. Aber er war in seinem Wesen eher umsichtig und behutsam. Verantwortungslosigkeit oder Draufgängertum lagen nicht in seinem Charakter. Sie waren auch nicht der Grund dafür, dass er sich jetzt auf der Flucht befand. Er stammte aus einer Familie, die ihre Herkunft von vor Jahrhunderten nach Brasilien eingewanderten portugiesischen Adligen ableitete. Aber von ehemaligem Adel und Reichtum war nichts anderes übrig geblieben als sein trotziger Stolz. Vielleicht gehörte der als Demütigung empfundene gesellschaftliche Niedergang zu den Gründen, die zu seiner Entscheidung für die Linke und zu seiner Beteiligung am Kampf für soziale Gerechtigkeit geführt hatten. Miguel war Tontechniker. Wir hatten uns bei unserer Arbeit beim Film kennengelernt.

Anneliese war meine Frau. Ihre Mutter war Arbeiterin in der Traktorenfabrik Lanz in Mannheim gewesen. Als Mitglied der KPD wurde sie gleich zu Anfang des Naziregimes zu anderthalb Jahren Gefängnis verurteilt. Nach ihrer Entlassung gehörte sie einer im Untergrund aktiven kommunistischen Zelle an. 1942 kam sie bei einem Fliegerangriff ums Leben. Annelieses Vater war 1918 als Kriegsdienstverweigerer in die Sowjetunion geflohen. Nach seiner Rückkehr nach Deutschland war er ihrer Mutter begegnet, war dann aber für ein paar Jahre nach Mexiko ausgewandert, um sich dort weiterhin für seine sozialistischen Ideen einzusetzen. Er starb als alter Mann und geachteter Parteifunktionär in der DDR. Anneliese war unter Kommunisten aufgewachsen und hatte als Kind schon das Leben in der Illegalität kennengelernt. Sie selbst war jedoch das Gegenteil einer linientreuen Genossin. Sie war ganz Humanistin. Sie war die Gebildetste unter uns und verehrte Goethe. Es war nicht aus ideologischer Überlegung, sondern weil die menschenunwürdigen Verhältnisse, unter denen viele Menschen in Lateinamerika lebten, und die soziale Ungerechtigkeit sie als Humanistin empörten, und weil ihr die militärische Unterdrückung, die sie erlitten, zutiefst zuwider war, dass sie sich entschied, selbst aktiv am Widerstand gegen die Militärdiktatur teilzunehmen. Anneliese und ich waren beide Kunststudenten an der Freien Akademie in Mannheim gewesen. Wir hatten 1951 kurz vor unserer Ausreise nach Brasilien geheiratet.

Und wer war ich? Mein Vater war Leiter des Forschungslabors der Zellstofffabrik Mannheim-Waldhof gewesen. Meine Mutter war Malerin. Beide waren politisch nicht engagiert. Sie gehörten der Welt der Gedanken und der Kunst an. Sie hassten die Nazis, weil sie grob und gemein und »ganz ordinäre Spießer« waren, wie sie sich ausdrückten. Meiner Mutter hatten die Nazis das Malen verboten. Aber sie malte weiter, wie sie es für richtig hielt, und schimpfte ganz öffentlich auf den Krieg, auch im Bunker während der Fliegerangriffe. Ein Wunder, dass man sie nicht festnahm. Was mich betrifft, hielt man mich für einen braven Jungen.

Ich besuchte das humanistische Gymnasium. Mich fesselten die vielfältigen Phänomene der Natur. Ich wollte Biologie studieren. Das Einzige, worin ich mich vielleicht von den meisten der anderen Jungen unterschied, war eine nie ganz abwesende Furcht vor Gewalttätigkeit. Manchmal packte mich, nicht nur im Traum, eine panische Angst vor der Grausamkeit, zu der Menschen imstande sind. Nach dem Krieg fing ich an, in der Kunst eine Art Erlösung zu suchen. Ich entschloss mich, Maler zu werden, wie meine Mutter es gewesen war. Eine Zeit lang glaubte ich tatsächlich, das Schöne könne das Böse in uns besiegen. Die Erfahrung des Krieges, die unmittelbare Nähe eines gewaltsamen Todes, der Anblick ungezählter Toter und Verwundeter war sicher der Anlass gewesen für meine spätere Suche nach Frieden. Früh schon, wenn auch noch in verschwommenen Umrissen, fing ich an zu begreifen, dass Friede, Gerechtigkeit und Gleichberechtigung untrennbar zusammengehören.

Jetzt waren wir auf der Flucht. Wie war es dazu gekommen? Welches waren die Ursachen dafür, dass wir in eine Situation gerieten, in der uns die Flucht die einzige Möglichkeit schien? Ich muss weit zurückgreifen, wenn ich versuchen will zu beschreiben, wie es einen normalen, unpolitischen Menschen wie mich auf einmal zu politischem Denken und Handeln drängte. Es hatte, glaube ich, schon in den Sechzigerjahren noch unter der Regierung João Goulart angefangen. Miguel und ich hatten uns angewöhnt, nach Drehschluss, oft spät in der Nacht, im Vorgarten einer kleinen Bar in der Nähe des Filmstudios eine Caipirinha zu trinken und dabei über Politik zu reden.

Alle Leute diskutierten damals Politik in Brasilien. João Goulart war mit fast siebzig Prozent der Stimmen zum Präsidenten gewählt worden und hatte tief greifende soziale Reformen versprochen. Vor allem die lang erwartete Agrarreform und andere Reformen, die, wie er sich ausdrückte, »für das Wohlergehen des brasilianischen Volkes unabdingbar waren«. Er war auf dem Weg, gegen den Willen der

Mehrheit des in- und ausländischen Unternehmertums diese Reformen zu verwirklichen.

Massendemonstrationen vorher nie da gewesenen Ausmaßes fanden statt, um die Regierung in ihrem Vorhaben zu unterstützen. Bauern und Arbeiter organisierten sich, um mitzuwirken. Bei den Versammlungen und Demonstrationen tauchten das erste Mal in Brasilien rote Fahnen auf. Die kubanische Revolution hatte erst vor Kurzem stattgefunden. In Vietnam tobte ein furchtbarer Krieg, bei dem es um nationale Unabhängigkeit und Sozialismus ging.

Anneliese und ich waren jahrelang Fremde gewesen in diesem Land. Wir verkehrten nur mit Ausländern. So sahen wir nur die schillernde, manchmal geradezu berückende Oberfläche Brasiliens: diese Freiheit! Die beispielhafte Demokratie! Diese freundlichen, bescheidenen Menschen! Die Farbenpracht und der hinreißende Rhythmus des Karnevals! Erst seit ich beim Film war und seit wir portugiesisch sprechen konnten, lernten wir Brasilianer persönlich kennen. Von da an wurde auch bei uns zu Hause mit unseren neuen Freunden die politische Situation besprochen.

Wir entdeckten hinter der Fassade der formalen Demokratie ein ganz anderes Brasilien: die versteckte Armut, das Elend. Unsere Freunde nahmen uns zu den Demonstrationen mit. Bauern, Arbeiter und Favelabewohner erklärten uns ihre Probleme. Uns gingen die Augen auf. Aber erst nach und nach begannen wir zu verstehen, dass die Probleme der Brasilianer auch uns angingen. Auch uns empörte die Ungerechtigkeit und der zügellose Macht- und Besitzanspruch der Reichen. Wir begannen zu begreifen, dass die Konflikte zwischen den Menschen immer dieselben Ursachen haben. Immer dreht es sich um Macht und Besitz. Wir fingen an, uns mit den Problemen der Brasilianer zu identifizieren. Von da an war es nur noch ein Schritt, um selbst mitzumachen.

Am 31. März 1964 putschte das Militär. Die geplanten Reformen wurden für nichtig erklärt. Der Kongress wurde aufgelöst. Tausende von Gewerkschafts- und Bauernführern und linken Politikern wurden verhaftet. Einige wurden gefoltert. Andere verschwanden spurlos. Die Generäle übernahmen die Macht. Drei Tage nach dem Putsch stattete der Botschafter der USA dem neuen Staatsoberhaupt General Castelo Branco einen Besuch ab, um ihm im Namen seiner Regierung für den friedlichen Verlauf des für die Erhaltung der Demokratie unumgänglichen Eingreifens der Streitkräfte zu gratulieren. Es begann die finstere Epoche der Militärdiktatur.

Zuerst war unsere Rebellion nur rhetorisch. Wir diskutierten mit unseren Kollegen vom Film. Wir sprachen es offen aus, wie sehr wir die Militärs hassten. Wir sahen uns Aufführungen im Theater Arena an, in denen ziemlich aufsässig gegen die Diktatur gewettert wurde. Wir nahmen an halb verbotenen politischen Versammlungen teil. Das konnte man am Anfang noch.

Erst nach Ausbruch der Studentenrevolte 1966 und nachdem wir uns entschlossen hatten, einen Film über diese einzigartige Massenbewegung zu drehen, um so unser Scherflein beitragen zu können zum Kampf, lernten wir Leute kennen, Studenten und Professoren, die aufgrund ihrer marxistischen Vorbildung das eigentliche Wesen der Diktatur und der hinter ihr stehenden Beweggründe besser durchschauten. Der Film wurde ein paar Stunden nach seiner Erstaufführung in der Universidad Católica beschlagnahmt und verboten. Aber während wir ihn drehten, hatten wir vieles gelernt.

Zuerst waren es nur die Studenten, die rebellierten. Dann begann es in den Fabriken unruhig zu werden. Am 1. Mai 1968 steckten, während der vom Militär ernannte Gouverneur auf dem Praca da Sé seine Rede zum Tag der Arbeit hielt, aufgebrachte Arbeiter die Rednertribüne in Brand. Unter allgemeinen Schmähhrufen, während schon die ersten

Steine durch die Luft flogen, verließ der Gouverneur fluchtartig den Platz. In Rio de Janeiro demonstrierten im Juli Hunderttausende und forderten das Ende der Diktatur. Die Reaktion der Militärregierung gegen die sich ausbreitende Revolte konnte nicht ausbleiben. Ende Oktober fand schließlich in São Paulo die letzte öffentliche Demonstration statt. Ein paar Tausend Menschen hatten sich auf dem Platz vor der Bibliothek versammelt. Alle sahen von Weitem, wie Soldaten die Zufahrtswege zum Stadtzentrum abriegelten. Eine fast unerträgliche Spannung breitete sich aus. Alle wussten, dass sie bald angreifen würden. Die meisten hatten Angst. Zögernd setzte sich der Demonstrationszug in Bewegung. Die Sprechchöre waren anfangs nur ein Murmeln, wurden dann aber lauter und lauter und bildeten schließlich in den engen Schluchten des Zentrums ein großes Echo:

»*Abaixo a ditadura – Democracia – O povo ao poder!*«

»Nieder mit der Diktatur – Demokratie – Das Volk an die Macht!«

Der Angriff kam von allen Seiten gleichzeitig. Das Krachen der Schreckschusspatronen, überall aufquellendes Tränengas, flüchtende Demonstranten, galoppierende, Knüppel schwingende Kavallerie. Den meisten gelang es zu entkommen. Hunderte wurden festgenommen.

Mir gelang es, mich in einem Hauseingang zu verstecken. Dorthin war auch der Professor der Soziologie, Florestan Fernandes, geflüchtet. Er hatte uns, während wir den Studentenfilm drehten, viele gute Ratschläge gegeben. Wir erkannten uns im Halbdunkeln und gaben uns die Hand. Dabei mussten wir lachen über diese fast tragikomische Situation. Dann sagte er lakonisch: »Dies war die letzte öffentliche Demonstration in Brasilien. Wir müssen andere Wege gehen.«

Am 31. Dezember 1968 proklamierte das Oberste Militärkommando den *Ato Institucional Nr. 5*. Jetzt erst sollte die Diktatur ihr wahres Gesicht zeigen. Im Namen der nationalen Sicherheit wurden die Universitäten und zahlreiche Fabriken vom Militär besetzt. Massenverhaftungen fanden statt. Haftbefehle brauchten nicht mehr vorgezeigt zu werden. In den Kellern der Polizeiwachen und der Abteilung für politische und soziale Ordnung, DOPS (*Departamento de Ordem Política e Social*), wurde täglich und immer grausamer gefoltert.

Über Politik wurde öffentlich nicht mehr gesprochen. Die meisten fanden sich mit dem Unvermeidlichen ab, widmeten sich ihren privaten Angelegenheiten oder dem Fußball. So wurde nur wenigen bewusst, dass mit der Diktatur eine neue Wirtschaftsform, genannt Neoliberalismus, in Brasilien ihren Einzug gehalten hatte. Es begann die Zeit des brasilianischen »Wirtschaftswunders«. Die mit dem Export der Produkte riesiger, neu entstandener, von der Regierung subventionierter, meist multinationaler Agrarunternehmen erzielten Gewinne trieben die Wirtschaftswachstumsraten in die Höhe. Der im Land herrschende soziale Frieden förderte die Auslandsinvestitionen. Brasilien rückte in der Rangliste der wirtschaftlich mächtigsten Länder auf den achten Platz. Die Kluft zwischen den Armen und den Wohlhabenden in Brasilien hatte sich jedoch vertieft und dem eigentlichen Volk ging es schlechter denn je.

Es war still geworden in Brasilien. Die Wochen vergingen, ohne dass von etwas anderem als vom Fußball gesprochen wurde. Die Qualifikationsspiele für die im kommenden Jahr, 1970, in Mexiko stattfindende Weltmeisterschaft waren für die meisten zur wichtigsten Angelegenheit der Welt geworden. Das Fußballerlied *»Pra frente Brasil«* (»Vorwärts Brasilien«) wurde täglich von allen Sendern ausgestrahlt, um Optimismus zu verbreiten. Ganz langsam begannen jedoch Nachrichten durchzusickern von einer im hohen Norden im Gebiet des Araguayastroms im Entstehen begriffenen Guerilla. Erst waren es nur Gerüchte. Dann trafen Bestätigungen ein. Es sollten Militante der PC do B sein, einer Abspaltung der traditionellen Kommunistischen Partei Brasiliens (PCB). »So hat es auch in Kuba angefangen«, hörte man da und dort sagen. Eines Tages besuchten Anneliese und mich zwei Studenten, die uns vom Studentenfilm her kannten. Sie erklärten uns, dass der ehemalige kommunistische Abgeordnete Carlos Marighela, der wegen des Putschs nach Kuba geflüchtet war, heimlich nach Brasilien zurückgekehrt sei, dass er im Untergrund die Allianz für die Nationale Befreiung (ALN) gegründet habe, deren Ziel es sei, die Guerilla auf dem Land zu organisieren. Eine Stadtguerilla sollte Banken überfallen, um die für den Kampf nötigen Finanzmittel zu enteignen. Ohne weitere Umschweife fragten sie uns dann, ob wir mitmachen wollten.

Anneliese und ich sagten zu. So wurden wir von einem Tag auf den anderen Angehörige einer Untergrundbewegung, die sich zum Ziel gesetzt hatte, Brasilien von der Diktatur zu befreien, um anschließend durch die Einführung des Sozialismus der Unterdrückung, der Armut und dem Elend der Mehrheit des brasilianischen Volkes ein Ende zu bereiten. Ich ging weiterhin meiner Arbeit nach. Natürlich sagten wir niemandem etwas von unserem Entschluss. Aber wir standen jetzt außerhalb des Gesetzes, wir gehörten einer Gesellschaft an, die noch gar nicht existierte. Am Anfang ahnten wir noch nicht, wie ausgeschlossen und verlassen man sich manchmal in einer solchen Situation fühlt.

Natürlich wurden die ALN und andere Widerstandsgruppen, die sich damals im Untergrund organisiert hatten, in den Medien als kriminelle Terroristenbanden dargestellt. Aber wir wussten, dass wir keine Terroristen waren. Ohne Zweifel waren wir radikaler geworden. In demselben Maße, in dem die Gewalt der Diktatur zunahm, hatte sich auch unsere Überzeugung, dass diese nur durch Gewalt zu beseitigen sei, gefestigt. Während wir anfänglich nur die Rückkehr zur Demokratie und die Verwirklichung der geplanten Reformen wollten, sahen wir jetzt in der Revolution die einzige Lösung. Sicher: Es wurden Flugzeuge entführt, um gefährdete *companheiros* in Sicherheit zu bringen. Bei Banküberfällen kam es zu Schießereien mit der Polizei. Aber der Mord am schwedischen Konsul, der erwiesenermaßen das wegen seiner Grausamkeit berüchtigte Sicherheitsorgan DOPS mit Geldmitteln aus dem Ausland versorgte, wurde von allen Organisationen verurteilt. Doch die Entführung des amerikanischen Botschafters, um seine Freilassung gegen die Freilassung von zwanzig politischen Gefangenen einzutauschen? Hatte sie nicht eine gewisse Berechtigung, wenn man in Betracht zog, dass er im Namen seiner Regierung die Diktatur und deren Repressionsmethoden voll unterstützte?

Damals gab es in Lateinamerika keinen Terrorismus im heutigen Sinne. Nie wurden Zivilisten angegriffen, Omnibusse oder Lokale voller Menschen in die Luft gesprengt. Auch waren wir keine Fanatiker, die irrsinnige Ziele verfolgten. Wir wussten, dass wir im Recht waren, wenn wir die Diktatur bekämpften und für soziale Gerechtigkeit und Gleichberechtigung eintraten. Trotz aller Zweifel, die uns immer wieder entmutigten, und trotz der Angst, die uns immer wieder überkam, glaubten wir fest daran, dieses Ziel eines Tages zu erreichen.

Aber wir täuschten uns und unser Irrtum wurde uns zum Verhängnis. Wir waren nicht imstande zu begreifen und wollten es nicht wahr haben, dass seit der kubanischen Revolution die Bedingungen für gesellschaftliche Veränderungen auf dem Kontinent nicht mehr gegeben waren. Das Scheitern Che Guevaras in Bolivien sowie die Folge von Militärputschen, der eine Demokratie nach der anderen in Lateinamerika zum Opfer fiel, waren keine zufälligen oder vorübergehenden Ereignisse. Sie entsprachen einem globalen Ziel des kapitalistischen Systems: die Welt vor dem Kommunismus zu retten. Lateinamerika war für die USA bis dahin ein strategisch irrelevantes Gebiet gewesen. Man nannte diesen Kontinent den »Hinterhof Amerikas«. Nach der kubanischen Revolution war man in den Führungsetagen des wirtschaftlich-militärischen Machtkomplexes im Norden aufmerksam geworden auf das, was im Süden vor sich ging. In hohen Militärkreisen wurden Maßnahmen zur Absicherung des Status quo in Lateinamerika getroffen. Die CIA befasste sich zunächst mit der politischen Zusammenarbeit und der finanziellen Unterstützung reaktionärer politischer Gruppen. Hilfsprogramme wie die »Allianz für den Fortschritt« sollten das soziale Fieber senken. Aber in Panama wurde die berüchtigte Militärschule Escuela de las Américas gegründet, in der lateinamerikanische Offiziere indoktriniert und für den Kampf mit allen Mitteln gegen die kommunistische Bedrohung ausgebildet wurden. Lateinamerika wurde in die globale Strategie des Kalten Krieges miteinbezogen. In typisch militaristischer Engstirnigkeit, in fanatischem Antikommunismus gefangen, der in jeder sozialen Bestrebung einen Angriff auf ihre nationalen Interessen sah, bereiteten sich die Vereinigten Staaten darauf vor, selbst einzugreifen.

Am Anfang schien für uns alles gut zu gehen. Am helllichten Tage wurden Banken überfallen. Das Geld wurde in Säcken in bereitstehende Autos verfrachtet – wie im Wilden Westen –, wenn dann die Polizei kam, hatten sich die *companheiros* längst aus dem Staub gemacht, und sie fand nur erregte und verängstigte Kunden und Bankangestellte vor, die nichts Brauchbares aussagten. Kapitän Lamarca verschwand aus seiner Kaserne mit einem Lastwagen voller Waffen und schloss sich der Guerilla an. Der Raub des mit Tausenden von Dollars gefüllten Geldschranks des korrupten Gouverneurs Ademar de Barros wurde auf der Straße mit hämischem Gelächter aufgenommen. Manchmal wurde ein Supermarkt überfallen und Säcke voller Lebensmittel in eine Favela gebracht. Nach der Entführung des amerikanischen Botschafters und seinem Austausch gegen zwanzig politische Gefangene fing man allgemein wieder an, über Politik zu reden. Die Allmacht der Diktatur schien ihre Grenzen zu haben. Die Leute drückten öffentlich ihre Befriedigung über den Verlauf der Dinge aus. Aber sie waren nicht bereit, selbst mitzumachen. Es waren nur ein paar Tausend, die widerstanden, und das war viel zu wenig, um Brasilien zu befreien.

Anneliese und ich waren nie bei Überfällen auf Banken dabei. Miguel hatte einmal als Tontechniker, und weil er etwas vom Radio verstand, an einer Aufsehen erregenden Besetzung einer Radiostation teilgenommen. Zwanzig Minuten lang wurden Aufrufe der ALN ausgestrahlt und von Millionen Menschen gehört. Unsere Aufgaben gehörten in den Bereich der Infrastruktur der Organisation. Unser Haus wurde zum Schlupfwinkel für von der Polizei identifizierte und gesuchte *companheiros*. Ich machte Fotos für gefälschte Pässe und Kennkarten. Manchmal fuhr ich *companheiras* oder *companheiros*, die hinter aufgeschlagenen Zeitungen auf dem Rücksitz saßen, damit weder ich sie noch sie mich erkennen konnten, von einem Ort zum anderen. Die Sicherheitsregeln zu beachten, war erstes Gebot. Bei allem ging ich täglich meiner Arbeit als Kameramann beim Werbefilm nach. Anneliese unterhielt sich freundlich lächelnd und unbesorgt über die Mauer hinweg mit den Nachbarn über Alltagsprobleme. Hin und wieder bekamen wir Besuch von Kollegen oder Bekannten, die keine Ahnung davon hatten, dass sich hinter der Wand, vor der sie saßen, in meinem Fotolabor, von der Polizei gesuchte Terroristen versteckt hielten. Kurz gesagt: Es gelang uns, nicht den geringsten Verdacht zu erregen, und das war notwendig für unsere Aufgabe und ermöglichte uns schließlich zu entkommen.

Sie dauerte nicht lange, die Zeit, während der wir unseren Sieg noch für möglich hielten. Zuerst kamen die Zweifel. Dann drängte sich entmutigend, lähmend, immer unbezweifelbarer das Bewusstsein unserer Niederlage auf. Wir waren der militärischen Übermacht der Diktatur und deren mit wissenschaftlicher Grausamkeit erdachten Repressionsmethoden nicht gewachsen. Bei Weitem nicht! Es begann die Zeit der langsam fortschreitenden, durch nichts mehr aufzuhaltenden Agonie der im Untergrund noch weiterkämpfenden Widerstandsorganisationen. Eine nach der anderen wurde zerschlagen. Carlos Marighela wurde durch Verrat entdeckt und auf der Straße von der Polizei erschossen. Die Guerilla im Norden kämpfte um ihr Überleben.

All unsere Versuche, der Diktatur Widerstand zu leisten, um doch noch unsere Vorstellungen eines brasilianischen Sozialismus zu verwirklichen, waren gescheitert. Einer nach dem anderen war verhaftet worden. Von unserer Gruppe waren nur noch wenige übrig geblieben. Zuletzt wurde bei uns zu Hause fast nur noch von Verhaftungen, Folter und dem Tod unserer *companheiros* gesprochen. Anneliese hielt es nicht mehr aus. Sie erlitt einen schweren Nervenzusammenbruch. Wir beschlossen, nach Chile zu gehen. Vera und Miguel hatten jeden Kontakt zur Bewegung verloren. So fuhren wir zusammen. Unser Sohn Tom reiste nach Hamburg, um dort sein Studium zu beginnen. Chile war das Land, in dem wir Zuflucht suchten, gleichzeitig aber auch, nach der Wahl Allendes, das Land neuer Hoffnungen.

Jetzt durchquerten wir die argentinische Wüste. Der Zug raste durch die Nacht wie durch einen endlosen Tunnel. Hinter uns lag die Vergangenheit, die kein Zurück mehr zuließ. Vor uns die Hoffnung: Chile, ein uns fremdes Land. Die Gegenwart schien zeitlos, ein noch nicht geborener Moment der Ewigkeit. Ein Schweben im Raum. Ich beobachtete den Tanz der von der Zugbeleuchtung durch die Fenster nach draußen projizierten Rechtecke aus Licht. Sie rannten wie verrückt am Zug entlang. Sie hüpften, strauchelten, stolperten über staubfarbenes, dürres Gesträuch und vom Wind gewellten Sand. Ganz oben im Fensterausschnitt zogen blass sehr weit weg die Sterne entlang. Es dämmerte schon, als ich fröstelnd in der Morgenkühle erwachte. Wir fuhren durch die Außenbezirke von Mendoza.

Ruth – so hieß die Frau, der ich auf dem Bahnsteig in Buenos Aires beim Einsteigen behilflich war – zeigte uns die kleine Gebirgsbahn mit Zahnradantrieb, die uns quer durch die Anden nach Santiago bringen sollte. Gleich nach der Abfahrt wurde das Frühstück serviert: Frische Brötchen, Milchkaffee, Käse und Marmelade. Vor den Fenstern zogen grüne Wiesen, ein sich in ihrer Mitte schlängelnder, in der Morgensonne glitzernder Fluss, schnurgerade Pappelreihen und die Bauernhöfe des in das Gebirge hineinführenden Tals vorbei. Noch sehr weit weg sahen wir das erste Mal in unserem Leben die schneebedeckte *cordillera*. Ruth hatte sich zu uns gesetzt. Sie hatte die Angewohnheit – und ein außergewöhnliches Talent dazu –, in kürzester Zeit mit ihr vollkommen fremden Menschen Bekanntschaft zu schließen. Es interessierte sie zu wissen, wer diese Menschen waren, woher sie kamen und was sie vorhatten. Mit Fremden Kontakt aufzunehmen, war für sie ein natürliches Bedürfnis. In unserem Fall hatte sie jedoch einen besonderen Grund, uns auszuforschen: Weder Anneliese noch ich waren vom Aussehen her Lateinamerikaner. Wir waren eindeutig Gringos, und Gringos waren damals in Chile verdächtig.

Wenn auch viele Ausländer, die damals nach Chile reisten, mit Allende und dem politischen Prozess, den er in Gang gebracht hatte, sympathisierten und helfen wollten, die guten Absichten Allendes in der Welt bekannt zu machen, und so ihr Scherflein zum Gelingen seiner Pläne beitragen wollten, so waren die meisten von ihnen der Volksfront feindlich gesinnt. Angehörige des Sicherheitsdienstes verschiedener Länder, die sich vor Ort über das informieren wollten, was in Chile vorging, Vertreter ausländischer Unternehmen, die ihr Eigentum bedroht sahen, Angehörige der internationalen Rechten, die manchmal mit beträchtlichen Mengen Dollars kamen, um die Opposition zu unterstützen, und nicht zuletzt Agenten der CIA, die sich von Anfang an zum Ziel gesetzt hatte, die Regierung der *Unidad Popular* zu Fall zu bringen. – Mit welchen Absichten fuhren wir also nach Chile?

Ruth hatte die wahren Gründe unserer Reise schnell herausgefunden, und trotz unserer äußerst armseligen Kenntnisse des Spanischen waren wir bald mit ihr ins Gespräch gekommen. Wir mussten alle herzlich lachen, als sie uns gestand, sie hätte mich meines Aussehens und der dunklen Jacke wegen, die ich trug, für einen amerikanischen Pfarrer gehalten. Anneliese hätte ganz wie eine Pfarrersfrau ausgesehen. Miguel und Vera mussten wohl unsere Bediensteten sein, schloss sie logisch.

Dann stellte sie sich selbst vor: Sie sei Jüdin. Das sagte sie allen und jedem immer gleich ins Gesicht, um eventuelle Missverständnisse zu vermeiden, aber auch, weil sie die Verheimlichung ihrer Herkunft, wenn es auch tausend Rechtfertigungen dafür gab, als demütigend empfand. Sie war in der Tschechoslowakei geboren und mit zehn Jahren auf der Flucht vor den Nazis nach Chile gekommen. Früh schon wurde sie Aktivistin der chilenischen Kommunistischen Partei und war jetzt leidenschaftliche Anhängerin Allendes.

Während wir so redeten, kletterte der kleine Zug immer höher in das Gebirge hinein. An besonders steilen Stellen wurde der Zahnradbetrieb eingeschaltet und wir fuhren im Schritttempo an immer tieferen Abgründen und immer höher aufragenden, wegen des Kupfergehalts des Gesteins grünlich schimmernden Felswänden entlang. Dann erreichten wir die Schneegrenze, und die Fahrt ging weiter durch weiß verschneite Landschaften. Im Hintergrund leuchteten die Gipfel und die Gletscher des über 7000 Meter hohen Aconcagua in der Sonne.

Vera und Carlos freuten sich wie die Kinder über den Schnee, den sie noch nie gesehen hatten. Wenn der Zug einer besonderen Steigung wegen so langsam fuhr, dass es möglich war, zu Fuß neben ihm herzulaufen, sprangen sie hinaus, bewarfen sich mit dem Schnee, sprangen am nächsten Trittbrett wieder auf und wurden von allgemeinem, wohlmeinendem Gelächter empfangen, als sie uns den in ihren Händen schnell schmelzenden Schnee zeigen wollten. Kurz nach Las Cuevas fuhren wir in einen langen Tunnel hinein. Noch im Dunkeln merkten wir an der beschleunigten Geschwindigkeit des Zuges, dass es bergab ging. Als wir aus dem Tunnel wieder ins Licht fuhren, waren wir in Chile.

Die ersten Wochen in Chile

Das Hotel im Zentrum Santiagos, das man uns in Buenos Aires empfohlen hatte, war altmodisch und teuer. Die Luft war stickig und überheizt. In der Halle lasen Herren gesetzten Alters und distinguierten Benehmens, versunken in schwere, restaurierte Klubsessel, den *Mercurio.* Aus der fettgedruckten Überschrift auf einer uns zugewandten Titelseite ging warnend hervor, dass die Regierung der *Unidad Popular* weitere für die Erhaltung der Prinzipien der freien Marktwirtschaft und des Privateigentums äußerst bedrohliche Maßnahmen getroffen habe. Die Aschenbecher aus schwerem Kristall auf den kleinen Glastischchen zwischen den übereinandergeschlagenen Beinen dieser Herren füllten sich mit Zigarren- und Zigarettenstummeln. Sie schienen der Besitzerklasse anzugehören, einige waren vielleicht Militärs in Zivil. Aber sie machten keinen besorgten Eindruck. Es saßen auch jüngere Leute in dunklen Anzügen und Krawatte im Saal, wahrscheinlich reisende Vertreter von Firmen, von denen einige sogar jenen Herren gehören konnten. Diese blätterten hastiger in ihren Zeitungen, um sich genauer zu informieren. Sie schienen besorgter. Aber sie versuchten, sich ihre Unruhe nicht anmerken zu lassen angesichts jener Herren, deren ruhiger Glaube an sich selbst und an die eigene unantastbare Überlegenheit keinen Zweifel zuließ.

Wir waren todmüde nach der langen Reise. Aber an Schlaf war nicht zu denken. Ich beschloss, einen Rundgang in der Umgebung des Hotels zu machen.

Auf der Straße brauste der Lärm des abendlichen Großstadtverkehrs. Meine Sorge um die Zukunft verflog, und ich fühlte mich ganz in den Moment der Gegenwart versetzt. Horden überfüllter, schiefhängender, Wolken schwarzen Qualms ausstoßender Omnibusse, an deren offenen Türen Menschen wie Trauben hingen – manche hielten sich nur mit einer Hand am Türgriff fest und standen nur mit einem Fuß auf dem Trittbrett, andere hingen, fast auf dem Boden schleifend, frei baumelnd in der Luft –, fuhren knatternd Richtung Außenbezirke. An den Haltestellen sammelten sich Arbeiter und Angestellte, müde Frauen und Männer, die nach Hause wollten.

Ein mir unerklärliches Klicken und Klacken drang überall durch den Lärm. Bald entdeckte ich, dass es Kinder waren, die inmitten des Tumults und Gedränges ein mir unbekanntes Spiel spielten. Sie ließen zwei mit einer Kordel zusammengebundene Holzkugeln gegeneinanderschlagen. Klick-klack, klick-klick-klack. Es schien darum zu gehen, die Kugeln so schnell wie möglich aneinanderschlagen zu lassen. An allen Straßenecken und überall sah ich die Kinder so spielen. Ganz ihrem Spiel hingegeben, das für sie in diesem Moment das Allerwichtigste auf der Welt war. In zur Straße hin offenen Lokalen, an der Theke stehend oder an kleinen, wackeligen Tischchen sitzend, wurden verschiedenartig zubereitete Wurstbrötchen verzehrt. Die hungrig Wartenden riefen lautstark und von allen Seiten gleichzeitig den hinter der Theke Arbeitenden ihre Bestellungen zu:

un completo, tres con palta, un chacarrero, dos palta mayo ... Die Köche arbeiteten mit professioneller Geschicklichkeit und pausenlos. Sie stellten die gefüllten Teller auf die Theke, wo sie umgehend von ungeduldigen Händen abgeholt wurden. Auch die Weinlokale waren voll trinkender und diskutierender Menschen. Redeten sie über Politik oder über Fußball? Ich konnte es nicht unterscheiden. Mir brauste der Kopf und ich verstand kein einziges Wort von dem, was da in volkstümlichem chilenischen Jargon durcheinandergeredet wurde. Ein Betrunkener torkelte auf die Straße und sang laut vor sich hin ... Auf einer Mauer stand in noch frisch glänzender Farbe:

Asalto al cuartel de Moncada – Comienzo de la Revolución Cubana

Esperanza para Chile

Viva Cuba! Viva Chile!

Angriff auf die Kaserne Moncada – Beginn der kubanischen Revolution

Hoffnung für Chile

Es lebe Kuba! Es lebe Chile!

Es war der Jahrestag des Angriffs auf die Festung Moncada, mit dem die kubanische Revolution begonnen hatte ... Dann wurde es stiller auf der Alameda. Aber immer noch hörte ich weit weg ein vereinzeltes Klick-klack, Klick-klick-klack.

Am nächsten Morgen noch zogen wir in die Pension Michimalongo. Sie lag in einem etwas verwahrlosten Stadtviertel, fast schon an der Peripherie. Das Essen war schlecht. Aber sie war billig, und wir waren froh, gleich eine bezahlbare Unterkunft gefunden zu haben. Vera und Miguel hatten eine noch billigere Pension gefunden, in der das Essen noch ungenießbarer war. Aber das spielte im Moment keine Rolle. In der Pension Michimalongo wohnten mehrere Brasilianer und Flüchtlinge aus anderen lateinamerikanischen Ländern. Wir freundeten uns bald mit ihnen an und verständigten uns anfänglich in »Portuniol«, einem Gemisch aus Spanisch und Portugiesisch, welches alle verstanden. An den Abenden, in einem Saal, in dem einige verschlissene Polstermöbel und eine Menge herumstehender Stühle dazu einluden, im Fernsehen in verschneiten, kaum erkennbaren Bildern die Nachrichten zu sehen, wurde viel über Politik geredet. Da saßen Bolivianer, Peruaner, Ekuadorianer und Brasilianer zusammen und erzählten sich gegenseitig von den politischen Ereignissen und ihren Erfahrungen in ihren Ländern. Die Diskussion gewann an Lautstärke, wenn jemand versuchte, die anderen von der Unfehlbarkeit der eigenen politischen Theorien und Strategien, wie der Imperialismus zu besiegen sei, zu überzeugen. Es gab Momente, in denen es sich anhörte, als ob das Ende des Kapitalismus kurz bevorstünde. Während wir so redeten, waren wir alle Sieger. Aber spät in der Nacht im Traum ließen die Gespenster angstvoller, quälender Erfahrungen manchem Schläfer keine Ruhe. Sicher gab es den einen oder anderen, der, obwohl ja alle Marxisten waren, heimlich zu Gott betete und darum bat, dass in Chile alles gut gehen möge ...

Wichtig war zunächst, eine Arbeit zu finden. Als Erstes besuchten Miguel und ich das Cine Experimental, dessen Adresse in der Calle Amunategui man uns in Brasilien gegeben hatte. Dort wurden zur Zeit viele politische Dokumentarfilme gedreht. Vielleicht gab es auch für uns etwas zu tun? Dort lernten wir Alberto Saenz kennen. Er war Brasilianer und einer der Gefangenen der Diktatur, der, nachdem er grausame Foltern überlebt hatte, durch die Entführung des amerikanischen Botschafters in Rio de Janeiro durch die Stadtguerilla befreit und nach Chile gebracht worden war. Alberto stellte uns dem Leiter des Cine Experimental, Peter Chaskel, vor. Nachdem dieser meinen Lebenslauf aufmerksam gelesen und mir einige Fragen gestellt hatte, aber auch des großen Ansehens wegen, welches der brasilianische Film damals in Chile genoss, gab er uns einen

Empfehlungsbrief an die vor Kurzem verstaatlichte Filmproduktionsfirma Chile Filmes.

Dort wollte man außer über unsere beruflichen Fähigkeiten auch über unsere politische Einstellung informiert sein. Das war ganz normal im damaligen Chile. Im Land wurde ein politisch-sozialer Konflikt ausgetragen, bei dem es hart auf hart zuging. Chile Filmes war »in den Händen des Volkes«. Die Linke gab jetzt dort den Ton an. Aber die Auseinandersetzung war noch lange nicht entschieden. Jeder, der links war, wurde gebraucht. Und wie hätte man auch Filme über die Agrarreform, über die Nationalisierung des chilenischen Kupfers, über das Elend und den Kampf der *pobladores*, der Bewohner der Armenviertel, und ähnliche Themen drehen sollen, ohne auf Seiten Allendes und seiner Reformen zu stehen? Alberto, ein Mitarbeiter von Chile Filmes, der die Verhältnisse in Brasilien kannte, bürgte für unsere guten Absichten. So bekamen wir Arbeit bei Chile Filmes, Miguel als Tontechniker und ich als Kameramann. Danach hat es uns beiden an Arbeit nicht mehr gefehlt, später wurde mir eine Lehrstelle an der Universidad de Valparaíso angeboten: zweimal in der Woche Kamera- und Beleuchtungspraxis im Studio von Chile Filmes für Studenten, die das Filmen lernen wollten. Es gab jedoch ein Problem: Um an einer Universität zu unterrichten, musste ich beweisen, dass ich an einer Universität studiert hatte. Aber ich hatte nicht einmal Abitur. Ich hatte nichts anderes gelernt als Zeichnen und Malen. All meine Kenntnisse als Kameramann hatte ich mir in der Praxis angeeignet. Mir fiel ein, an die Kölner Werkschule, die ich als Kunststudent absolviert hatte, zu schreiben mit der Bitte, mein Studium dort zu bescheinigen. Ich wusste nicht, dass die Kölner Werkschule inzwischen eine Hochschule geworden war. Das Antwortschreiben kam mit dem Briefkopf und dem Stempel einer Universität. Das genügte, um meine Stelle an der Universidad de Valparaíso zu bekommen.

Praktisch alle Filme, die damals gedreht wurden, handelten von dem sogenannten politischen Prozess, der sich in Chile abspielte. Ich filmte in den Salpeterbergwerken und in den Kupfergruben Chuquicamata und El Teniente, nahm teil an mehreren Filmen über die Agrarreform, dokumentierte mit der Kamera, was damals in den *poblaciones*, den durch Landbesetzungen der Armen entstandenen neuen Stadtvierteln, vor sich ging. Ich drehte einen nicht vollendeten Spielfilm über das Leben des Gründers der Kommunistischen Partei Chiles, Emilio Recabarren, drehte einen Film über Kinderarbeit und einen anderen gegen den in Chile grassierenden Alkoholismus. Ich besaß eine eigene kleine 16-mm-Bolex, mit der ich, wenn ich sonst nichts zu tun hatte, auf eigene Faust dies und das aufnahm. Es war nicht allzu viel, denn das Material war teuer, und das meiste, was ich gefilmt hatte, ging später leider verloren.

Damals herrschte in Chile ein intensiver kultureller Betrieb. Die Regierung förderte jede Art künstlerischer Initiativen: Theater und Film, Laientheater, Marionettentheater, die in Stadtvierteln und *poblaciones* in Zelten voll lachender oder gespannt die Handlung verfolgender Kinder ihre Vorstellungen gaben. Sänger wie Victor Jara oder Patricio Manns, die aus dem Volk kamen und für das Volk sangen, machten aus der Politik Kunst. Neu entstehende Musikgruppen entdeckten die Musik der Völker der Anden und übernahmen sie in ihren Kompositionen. Die Lieder von Violeta Parra waren überall zu hören. Hefte wurden herausgegeben und Kurzfilme wurden gedreht, in denen unter dem Thema »So arbeite ich« die Leute mit den verschiedenartigsten Berufen bekannt gemacht wurden. Geschichtsprofessoren hatten damit begonnen, die Geschichte Chiles neu zu schreiben. Ein neues Geschichtsbuch, in dem die historischen Ereignisse, so wie das Volk sie erlebte, dargestellt wurden, in dem manche Präsidenten Chiles, manche der »Väter des Vaterlandes« etwas von ihrer überlieferten

Würde einbüßten und in dem auch die Generäle und Admirale, die am Ende des vergangenen Jahrhunderts den Krieg gegen Bolivien geführt hatten, etwas vom Glanz ihres patriotischen Heldentums verloren.

Es ging damals sehr demokratisch zu in der Filmproduktion. In Chile Filmes wurden auf Versammlungen, an denen nicht nur das Filmteam, sondern auch alle Angestellten der Produktionsstätte, Putzfrauen und alle anderen Arbeiter des Films teilnahmen, das Drehbuch und dessen sozialer Wert diskutiert und dann darüber abgestimmt, ob es sich lohnte, staatliche Gelder für seine Produktion auszugeben. Bei Chile Filmes und im Cine Experimental stand das von allen gedrehte Material jedem, der es in eigenen Filmen verwenden wollte, zur Verfügung. So konnte man später oft nicht mehr mit Sicherheit sagen, was von wem gedreht worden war.

Zu jener Zeit kamen auch viele Filmer aus dem Ausland, um zu dokumentieren, was in Chile geschah. Manche brauchten einen Kameramann. Ich erinnere mich an Breni, eine junge Mexikanerin, die im Auftrag einer Universität einen Film über den politischen Prozess drehte. Wir stritten uns ständig und oft sehr heftig darüber, was von all den Ereignissen gefilmt und wie es gefilmt werden sollte. Aber als sie schließlich mit dem fertigen Film in ihrer Tasche kam, um Abschied zu nehmen, schlossen wir Frieden, und sie gab mir einen herzlichen Abschiedskuss.

Nie werde ich die jungen US-Amerikaner vergessen, die auch nach Chile gekommen waren, um mitzuerleben, was dort geschah, und einen Film über diese Ereignisse drehen wollten. Sie wohnten alle zusammen in einem großen Haus, in dem es ungeachtet dessen, was sich ringsherum abspielte, sehr US-amerikanisch zuging: Rockmusik, Alkohol, sicher auch Drogen. Sie malten, stickten und machten auch sonst allerlei Kunst und natürlich auch ihren Film. Sie waren freundlich und immer gut aufgelegt. Aber obwohl sie alle sehr links waren und mit den besten Absichten gekommen waren, verstanden sie von dem, was in Chile vor sich ging, recht wenig. Man hatte mich ihnen als Kameramann empfohlen, weil ich, obwohl selbst Gringo, das damalige Chile etwas besser verstand und zudem ein kleines bisschen Englisch sprach. Ruth und ich besuchten sie mehrmals in ihrem Haus, um über den Film zu sprechen. Der Film wurde nach dem Putsch in den Vereinigten Staaten fertig gestellt und hieß dann *Avenue of Americas*. Keiner von uns hätte voraussehen können, dass Charlie Horman, der junge Mann, der das Drehbuch geschrieben hatte, am Tag des Putsches verhaftet wurde und dann für immer verschwand. Es war derselbe junge Amerikaner, über dessen Verschwinden Costa Gavras den Film *Missing* gedreht hat.

Wie gesagt: An Arbeit hat es mir dann nicht mehr gefehlt. Nachdem ich in der Escuela de Cine de la Universidad de Valparaíso eine feste Anstellung als Kameradozent bekommen hatte, zogen Anneliese und ich in die *población* Torres de Macul. Sie lag damals noch am Stadtrand, in der Nähe sich bis an den Horizont ausbreitender Arbeiterviertel. Auf der anderen Seite, schon am Fuß des Gebirges, lagen die Weingärten des Weinguts Cousino Macul, schon seit hundert Jahren Erzeuger eines der besten chilenischen Weine. Es gehörte einer der alten chilenischen Patrizierfamilien. Das Herrenhaus, umgeben von uralten, im Wind rauschenden Eichen, stand verlassen. Aber das prunkvolle Portal wurde immer noch von zwei Löwen bewacht. Alte Löwen in steinerner Ruhe mit aus Stein gemeißelten, blinden Augen, die den in den Arbeitervierteln ringsum brodelnden Aufruhr ignorierten. Hoch oben, wie am Himmel schwebend, die verschneiten Gipfel der Anden.

Anfang Oktober 1971

Anfang Oktober 1971 nahmen wir das erste Mal an einer der von den Parteien der *Unidad Popular* organisierten Massendemonstrationen teil. Es war noch kühl, als wir am Treffpunkt der *población* Torres de Macul ankamen. Über den eiskalten Schmelzwassern des Rio Mapocho schwebte weißer, von der über dem Gebirge aufgehenden Sonne durchleuchteter Nebel. Durch den Dunst hindurch zunächst nur in verschwommenen Konturen sichtbar, näherte sich der erste aus den Stadtvierteln jenseits des Flusses kommende Demonstrationszug. Am Anfang sahen wir nur Fahnen. Rote, grünrote, weiß-blaue, schwarz-rote Fahnen. Unter ihnen bewegten sich unzählbar Tausende von Menschen. Dann wurden über den Fluss hinweg die Sprechchöre hörbar und die Lieder, die sie sangen. Ein zweiter Zug überquerte eine der Brücken über den Mapocho. Ein dritter strömte aus der Richtung des Großmarkts dem Platz zu, auf dem wir gewartet hatten. Bald waren wir umringt von Menschen, die, ihre Fahnen und Spruchbänder schwenkend, ununterbrochen, alle gleichzeitig, durcheinander ihre Slogans rufend der Alameda zudrängten. Wir wurden mitgerissen und ließen uns im Strom treiben.

Es war wie ein Meer von Menschen, das die Dämme durchbrochen hatte und das Zentrum Santiagos überflutete, sich in den engen Straßen staute, wenn kein Durchkommen war, zurückschwappte, wieder vorwärts drängte, um die Alameda O'Higgins zu erreichen. Pausenlos, unübersehbar strömte die Menge der Avenida Grecia zu. Dort würde Allende sprechen, um neue Schritte der Verwirklichung des Programms der *Unidad Popular* zu verkünden.

Die Alameda war vom Hauptbahnhof bis zur Plaza Italia

voll von Menschen. Vergeblich versuchten die von den Parteien beauftragten Ordner hin und her rennend, sich dazwischen drängend, gestikulierend, ermahnend und bittend Abstände zwischen den einzelnen Gruppen zu wahren. Der Sicherheit wegen. Aber auch um die die Breite der Straße einnehmenden Spruchbänder lesen zu können.

»*Población Victoria presente!* – Die *población* Victoria ist anwesend«, stand zum Beispiel darauf oder »*Aumentar la producción también es revolución* – Die Produktion zu steigern, ist auch Revolution«, oder »*Socialismo! – Revolución!* – Sozialismus! – Revolution!« »*Campamento Nueva Habana presente!* – Siedlung Nueva Habana ist anwesend!« Hin und wieder schrie ein besonders lautstarker Rufer in die Menge: »Wer nicht mitspringt, ist eine Mumie!« Sarkastische Spottverse auf die Opposition wurden hörbar: »Hi, hi, hiii, zum Teufel mit euch, ihr verkalkten Mumien! Hi, hi, hiii, da sind wir schon wieder, ob's euch gefällt oder nicht.« Reihenweise fingen die Demonstranten an, in die Luft zu springen, um zu zeigen, dass sie keine Mumien waren. So trieben wir in der rastlos vorwärtsdrängenden, unzählbaren Menge, umringt von pausenlos rufenden und singenden Bewohnern der Arbeiterviertel, die Kinder auf den Schultern ihrer Väter reitend. Auch verwahrloste, verwegen dreinschauende Menschen aus den ärmsten Elendsvierteln waren gekommen und marschierten mit, Studenten, gut gekleidete Angehörige des Mittelstandes, bekannte Intellektuelle und Bauern. Auf den Gesichtern stand Freude, Ausgelassenheit, Hoffnung. Manche blickten trotzig und ironisch um sich, wie um zu sagen: »Ihr könnt uns mal …!« Es gab aber auch solche, die nicht ganz anwesend zu sein schienen und fast unwillig umherschauten, so als ob ihnen die allzu große Ausgelassenheit und gedankenlose Siegesgewissheit ringsum nicht behage. Vielleicht waren sie sich der Gefahren und Konsequenzen des gemeinsamen Vorhabens bewusster und machten sich Gedanken darüber, inmitten des Trubels, wie sich das Volk auf den unvermeidbar auf alle zukommenden Konflikt am besten vorbereiten könne. Aber in keinem einzigen all dieser Gesichter sah ich den Ausdruck der an Fanatismus grenzenden Wut, den ich bei den Gegendemonstrationen der Rechten beobachten konnte.

Nach Überquerung der Plaza Italia teilte sich der Menschenstrom in zwei breite Marschkolonnen, die getrennt voneinander auf den Seitenstraßen des Parque Bustamante der Avenida Grecia zustrebten. Einige schienen es eiliger zu haben und rannten, um den anderen zuvorzukommen, mit ihren Fahnen und Spruchbändern mitten durch den Park, wobei sie mit Sicherheit manche sorgsam angelegte Blumenbeete und seltene Ziersträucher zertraten.

Der Park Bustamante grenzt das Stadtzentrum vom sogenannten Barrio Alto, das heißt von den Stadtvierteln der Wohlhabenden ab. Hinter geschlossenen Fenstern und Glastüren und halb zugezogenen Gardinen standen die Bewohner weitläufiger Wohnungen und beobachteten, vielleicht das erste Mal in ihrem Leben ernsthaft um ihre Sicherheit besorgt, den unter ihnen, jetzt schon direkt vor ihren Haustüren vorbeiziehenden Pöbel. Diese Menschenmassen mussten ihnen wie die Horden des entfesselten Proletariats vorkommen, vor denen man sie gewarnt hatte: primitiv, unberechenbar, skrupellos, mörderisch. Während sie beunruhigt schwiegen, spürten sie in sich eine bisher unbekannte Angst aufkommen: die Angst, vielleicht doch eines Tages »alles zu verlieren«. Sie hatten nie Hass empfunden dem Volk gegenüber. Es war ja »ihr chilenisches Volk«, primitiv und unwissend, aber harmlos und arbeitswillig, solange es die ihm gesetzten Grenzen respektierte. Aber jetzt schien es alle zum Schutz der Gesellschaft errichteten Dämme durchbrochen zu haben und ihre Existenz selbst zu bedrohen. Ihre Angst verwandelte sich in Hass. Sie fingen an, das Volk zu hassen. Ein wachsender Hass, der von den Drahtziehern und Wortführern der Opposition geschürt und als wichtiges Element in die Planung des Komplotts miteinbezogen wurde.

Von Weitem schon war die quer über die Avenida hinweg gebaute Tribüne und das in gigantischen Ausmaßen hinter ihr aufragende Wandbild zu sehen. Das Sonnenlicht ließ die in den chilenischen Nationalfarben Rot, Weiß und Blau, mit kräftigem Schwarz umrandeten, in äußerster Vereinfachung dargestellten Figuren leuchten. Arbeiter, Bergleute mit ihren Helmen, Bauern, Intellektuelle. Winzig klein und unscheinbar vor diesen wuchtigen Gestalten wirkten die sich auf der Tribüne versammelnden Repräsentanten des Volkes: Generalsekretäre der Parteien der *Unidad Popular*, Minister, Vorsitzende der Gewerkschaften und Bauernorganisationen, Delegierte des Volkes der Mapuche. Vorläufig spielten und sangen verschiedene Musikgruppen, die Quilapayun, Los Jaivas und andere, ihre von fröhlich hell klingenden andinischen Flöten begleiteten mitreißenden Lieder. Auch Victor Jara sang. Die sich vor der Tribüne stauende, ständig wachsende Menschenmenge sang mit. Kopf an Kopf, so weit das Auge reichte, Hunderttausende (eine Million sollen es gewesen sein). Schließlich traf, in einem schlichten weißen Fiat, Allende ein. Nachdem die tosende Begrüßung verebbt war, begann er seine Ansprache. Er erklärte weitere Schritte der Durchführung seines Programms:

»... Die Aufteilung der Wirtschaft in drei unterschiedliche Sektoren, den sozialen, den gemischten und den privaten Bereich, ist notwendig, um die Produktion zu erhöhen und um die Entwicklung Chiles voranzutreiben. Es eröffnen sich neue Horizonte für euch. Im sozialen und gemischten Sektor der Wirtschaft werden die Werktätigen keine einfachen Gehaltsempfänger mehr sein, sondern zusammen mit Repräsentanten der Regierung, die ihr selbst seid, an der Leitung der Unternehmen teilnehmen. Das abgesehen von der Tätigkeit der Gewerkschaften, denen andere Aufgaben zustehen. Wenn wir das für den sozialen und den gemischten Teil der Wirtschaft vorsehen, wird die Bildung von Produktionskomitees in den privaten Unternehmen unerlässlich werden. Es existieren mehr als 35 000 Firmen im Land. Davon werden wir vorläufig weniger als ein Prozent nationalisieren. Ihr müsst verstehen, wie wichtig die privaten, nicht nationalisierten Unternehmen für die Entwicklung unserer Wirtschaft sind. Wir wollen, dass in diesen Firmen Produktionskomitees entstehen, denn die Werktätigen sind keine Maschinen, sondern menschliche Wesen, die zu denken fähig sind, die leiden und Hoffnungen haben und deshalb auch in diesen Unternehmen zur Verbesserung der Produktion beitragen können …«

Der Besuch Fidel Castros

Im November 1971 kam Fidel Castro nach Chile. Zehntausende säumten die Straßen vom Flugplatz bis zum Nationalstadion. Wie ein Lauffeuer, bisweilen zu einem tosenden Jubel aufbrausend, begleiteten der Applaus und die Hochrufe der Menge den offenen Wagen, in dem er stand und nach allen Seiten grüßte. Das Stadion war gefüllt mit erwartungsvollen Menschen. Es dämmerte schon, als die beiden Präsidenten im hellen Licht der auf sie gerichteten Scheinwerfer auf der Rednertribüne aufeinander zugingen, sich schließlich die Hände schüttelten und sich umarmten. Die Menge sprang von ihren Sitzen auf, klatschte und schrie immer und immer wieder:

»*Viva Cuba – Viva Chile – Unidos Venceremos!*«

»Es lebe Kuba – Es lebe Chile – Gemeinsam werden wir siegen!«

Wenn auch beide Politiker und Revolutionäre von der Notwendigkeit, die Gesellschaft grundsätzlich zu verändern, überzeugt waren und beide im Sozialismus die Lösung für die gärenden Konflikte sahen, so waren sie doch in ihrem Wesen und ihren Anschauungen darüber, wie sie ihr Ziel erreichen könnten, grundverschieden. Sicher: Fidel Castro hatte den Weg zur Revolution schon hinter sich und diese seinen Vorstellungen entsprechend durchgeführt – in Kuba und unter den dort damals herrschenden Umständen. Allende befand sich noch inmitten einer Auseinandersetzung, deren Triebkräfte er klar durchschaute, deren Ausgang er aber nicht voraussehen konnte. Fidel war aggressiv, realistisch, selbstsicher, konnte manchmal fast wie ein Demagoge wirken, weil er von allen verstanden werden wollte, sich immer der Wirkung seiner Worte bewusst. Wenn er zur Menge sprach, schien er sich an jeden Einzelnen persönlich zu wenden. Bisweilen bat er seine Zuhörer darum, ihm Fragen zu stellen und beantwortete diese, sich weit zum Fragenden hinbeugend, mit seiner ganzen Aufmerksamkeit nur auf diesen konzentriert, so als ob sie sich beide allein im Stadion befänden, um zu diskutieren. Sein Charisma war unwiderstehlich.

Er sprach von den Schwierigkeiten des revolutionären Kampfes: »Revolutionen gab es nur sehr, sehr selten in der Geschichte der Menschheit. Sie sind ganz außergewöhnliche Ereignisse, die nur unter ganz bestimmten Umständen stattfinden können …« Er konnte es nicht unterlassen, seine Zweifel am Gelingen des »Friedlichen Wegs zum Sozialismus« auszusprechen: »Eine friedliche Revolution hat es noch nie gegeben in der Geschichte. Sie wäre etwas ganz, ganz Außergewöhnliches«, wiederholte er mehrmals. Aber man merkte ihm die Achtung und den großen Respekt an, den er Allende gegenüber hegte. Zum Schluss wünschte er ihm und dem chilenischen Volk von ganzem Herzen Erfolg bei ihrem Vorhaben.

Allende war vollkommen anders. Immer etwas formell und distinguiert in seinem Auftreten, niemals populär im demagogischen Sinn, konnte er manchmal geradezu anmaßend wirken. Aber er hatte die Herzen der Chilenen durch seine unanfechtbare Anständigkeit und Aufrichtigkeit gewonnen. Er war schließlich der Präsident, den das Volk gewählt hatte.

Der Himmel über dem Stadion wurde langsam dunkel. Nachdem Fidel Castro aus dem hellen Lichtkreis um das von Scheinwerfern beleuchtete Rednerpult herum in das dahinterliegende Halbdunkel zurückgetreten war, stand Allende allein im Licht. In seiner Rede beschrieb er unverblümt und ohne Umschweife den sich in Chile abspielenden Konflikt. Seine Rede klang nicht optimistisch. Er schloss sie mit den Worten: »Nur über meine Leiche hinweg können sie mich daran hindern, das Programm des Volkes durchzuführen. Ganz ruhig und mit Gelassenheit kann ich euch versichern, dass ich kein Talent dazu habe, ein Apostel oder Messias zu sein. Ich habe nicht die geringste Neigung zum Märtyrertum. Ich bin ein sozialer Kämpfer, der den Auftrag, den das Volk mir gab, erfüllen wird. Ich werde erst dann die Moneda verlassen, wenn ich den Auftrag, den das Volk mir gab, erfüllt haben werde.«

Im Stadion war es ganz still geworden. Hatte das Publikum die Bedeutung seiner Worte verstanden? Dass es ein Kampf auf Leben und Tod sein würde? Da es Chilenen waren, die ihm zuhörten, hatten sie sich mit seinem heroischen Pessimismus identifiziert. Denn der war, wie auch ein oft prahlerischer Optimismus, ein chilenischer Wesenszug. Sie hatten in ihm den Chilenen erkannt und gespürt, dass er zu ihnen gehörte. Vielleicht war es auch manchem von ihnen bewusster geworden, mehr als je zuvor, dass seine Politik des »friedlichen Wegs zum Sozialismus« der für Chile einzig mögliche Weg war, obwohl sie den politischen Erfahrungen der realen Welt widersprach, und abgesehen davon, dass sie nicht bereit waren, das im Voraus gefällte Urteil der Geschichte zu akzeptieren.

Fidel Castro blieb noch fast einen Monat in Chile. Auf seiner Rundreise durch das Land hatte er auf zahlreichen Treffen mit Arbeitern, Intellektuellen, Bergleuten, Bauern und Studenten diskutiert. Als er schließlich von Allende Abschied nahm, überreichte er ihm als Abschiedsgeschenk eine Waffe. Auf einer kleinen, auf den Kolben genieteten Bronzeplakette stand: »*A Salvador de su compañero de armas Fidel Castro*« – »Für Salvador, von seinem Waffenbruder Fidel Castro«. Niemand konnte voraussehen, dass Allende sich weniger als zwei Jahre später mit dieser Waffe das Leben nehmen würde.

Der Mord an René Schneider

Dass Allende beseitigt werden müsse, das war seit seinem Wahlsieg in Kreisen der chilenischen Rechten und für die meisten Militärs ausgemachte Sache. Die Terrorkampagne, die vor den Wahlen das Volk in Schrecken vor der »kommunistischen Gefahr« versetzen sollte, wurde von den Medien, die im Besitz der Rechten waren, auch nach dem Regierungsantritt Allendes ohne Unterbrechung weitergeführt. Ganz grob und unmissverständlich wurden Slogans ausgestrahlt vom Typ: »Rettet unser Vaterland vor der bolschewistischen Sklaverei«, oder es wurde mit spitzfindiger Überredungskunst auf bevorstehende wirtschaftliche Schwierigkeiten hingewiesen oder vor Gefahren für das Privateigentum und die individuellen Freiheiten gewarnt. Nie wurde in diesen Medien die Möglichkeit von Kompromissen mit Allende auch nur erwähnt.

Der erste Versuch, Allende mit Gewalt aus dem Weg zu räumen, scheiterte: Am 26. Oktober 1970 ermordeten rechtsradikale chilenische Offiziere in Zusammenarbeit mit Agenten der CIA den Oberkommandierenden des Heeres,

General René Schneider. Das Attentat wurde der extremen Linken zugeschoben. Die Absicht war, mit dem Argument, dass sich das Vaterland in höchster Gefahr befinde, die Streitkräfte noch vor dem Regierungsantritt Allendes zum Putsch zu bewegen. Die wirklichen Mörder wurden jedoch bald identifiziert. Die Teilnahme der CIA konnte erst zehn Jahre später durch die periodisch stattfindende Veröffentlichung der Geheimakten dieser Organisation bestätigt werden. Wie ist es zu verstehen, dass hohe Offiziere der Streitkräfte bereit waren, einen anderen Offizier, also einen der ihren, ihren Plänen zu opfern? Die Putschisten hatten ihre Gründe. In Wahrheit gehörte René Schneider schon nicht mehr zu ihnen. Wegen seiner unbezweifelbaren Verfassungstreue stand er im Lager Allendes. Er genoss großes Ansehen innerhalb der Streitkräfte. Er stand hinter dem Gesetz. Er hätte wenigstens einen Teil des Militärs zur Verteidigung des rechtmäßig gewählten Präsidenten aufrufen und den Putschisten sehr gefährlich werden können. Sie beschlossen, ihn zu beseitigen. Und wenn glaubhaft gemacht werden konnte, dass die extreme Linke den Mord begangen hatte, wäre das gleichzeitig ein Signal höchster Gefahr für die Institutionen, und das Eingreifen der Streitkräfte wäre gerechtfertigt. So dachten die militärische Rechte in Chile und die CIA. Aber lange nicht alle in den Köpfen hoher Offiziere und im Büro der CIA gefällten Entscheidungen sind intelligent und gut durchdacht ...

Der erste Putschversuch scheiterte an der demokratischen Gesinnung der Chilenen. Die Mehrheit im Parlament, einschließlich der Christdemokraten und vieler Angehöriger der Rechten, verurteilte entschieden den Mord und unterstützte den Regierungsantritt Allendes. Die Verschwörer mussten einsehen, dass es ihnen in Chile, dem vielleicht demokratischsten Land Lateinamerikas, nicht so leicht fallen würde, eine rechtmäßig gewählte Regierung zu stürzen. Es bedurfte einer weit größeren Konzentration von Macht, um ihre Pläne zu verwirklichen. Andere Mittel mussten erdacht werden, es musste mit Geduld und mehr Vorsicht vorgegangen werden. Die Frage von diesem Zeitpunkt an war die nach dem Wie und Wann. Nach und nach entwickelte die Rechte eine der Situation angemessene Strategie, mittels derer sie schließlich ihr Ziel erreichte.

Der Marsch der leeren Töpfe

Der Besuch Fidel Castros hatte der Opposition Auftrieb gegeben und die Vorbereitungen für die erste Massendemonstration gegen die Regierung beschleunigt. Im Mittelstand begann man sich ernsthaft Sorgen zu machen. Der Feind selbst war ins Land gekommen und von Allende freundschaftlich wie ein Alliierter empfangen worden. In den Reihen der Christdemokraten, die bisher der Politik Allendes zugestimmt und die wie ein breites Niemandsland die unvereinbaren Positionen der radikalen Linken und Rechten voneinander getrennt und konfliktgeladene Situationen neutralisiert hatten, begann sich Unruhe auszubreiten. Die alten reaktionären Politiker um Eduardo Frei verschafften sich erneut Gehör. Manch guter Christ begann sich aus Angst vor der marxistischen Gefahr zu überlegen, ob es nicht vielleicht besser wäre, in das Lager der Opposition überzulaufen.

Der Protest sollte eine Angelegenheit der Frauen sein, wurde von den Strategen der Demonstration beschlossen. Ihm wurde der Namen »Marsch der leeren Töpfe« gegeben. Aber er wurde von denjenigen organisiert, die mit allem reichlich versorgt waren, in deren gekühlten Speisekammern sich Lebensmittel für Monate stapelten: »Wir müssen uns auf das Schlimmste vorbereiten«, wurde gesagt.

Es gingen Gerüchte um von versteckten Warenlagern, in

denen tonnenweise Lebensmittel gehortet wurden, und von geheimen Wegen durch das Gebirge, auf denen die Großgrundbesitzer ihr Vieh über die Grenze nach Argentinien trieben. Das waren jedoch erst die Vorbereitungen für den groß angelegten Lebensmittelboykott der Besitzerklassen, der später zu ernsthaften Versorgungsschwierigkeiten führen sollte. Zu diesem Zeitpunkt ging es dem Volk besser als je zuvor. Der »Marsch der leeren Töpfe«, der unter diesem Namen in die Geschichte eingehen sollte, hatte rein propagandistische Funktion. Er wurde zu einem auf größte politische Wirksamkeit zielenden Spektakel. Die Darstellerinnen waren die Damen des Barrio Alto. Die Regie lag in den Händen der Nationalpartei.

1. Dezember 1971. Die Ouvertüre war lärmend. Die Fenster der an der Avenida Providencia liegenden Wohnungen öffneten sich. Die Damen mit leeren Kochtöpfen und Kochlöffeln in den Händen beugten sich weit vor und begannen zu trommeln. Das war das Signal. Umgehend begann man auch auf der Straße selbst Krach zu schlagen. Die an den Straßenkreuzungen zusammenströmenden Demonstrantinnen bildeten bald eine kompakte, auf leere Kochtöpfe trommelnde Masse. Aus der Tiefe der sonst stillen, von respekteischenden Patrizierhäusern in altfranzösischem und altenglischem Stil gesäumten Seitenstraßen näherten sich immer zahlreicher weitere auf ihre Kochtöpfe trommelnde Gruppen. Die Menge wurde unübersehbar. Auf ein lang anhaltendes Pfeifen hin wurde ein die Breite der Avenida einnehmendes Spruchband entrollt, auf dem stand: »*Chile libre marcha*« (Das freie Chile marschiert). Langsam setzte sich der Zug in Richtung Stadtzentrum in Bewegung.

An diesem Tag stand mir keine Kamera von Chile Filmes zur Verfügung. Ich hatte nur meine eigene kleine Bolex bei mir und sehr wenig Filmmaterial. Ich war auch gar nicht gekommen, um zu filmen. Ich wollte mir nur persönlich ansehen, wie ein solcher »Marsch der leeren Töpfe« aussieht. Ich drehte eine Szene von dem großen Spruchband und marschierte dann einfach mit. Ich muss gestehen, dass ich mich gar nicht wohl fühlte in diesem Gedränge. Außerdem war es in Chile damals nicht ungefährlich, inmitten einer solchen Demonstration der Gegenseite zu sein. Mein Aussehen als Ausländer, der ich ja auch war, erregte jedoch keinen Verdacht. Im Gegenteil: Jedes Mal, wenn ich die Kamera hob, lächelten mir die Damen von allen Seiten zu, manche herausfordernd, andere etwas verlegen, wie kleine Mädchen, wenn sie merken, dass sie gefilmt werden. Sicher waren sie alle überzeugt davon, dass ich so dachte wie sie, und dass ich filmte, um im Ausland bekannt zu machen, was sie in Chile erlitten.

Die jüngeren Demonstrantinnen waren ganz bei der Sache. Sie hieben mit aller Kraft auf ihre Töpfe und schrien dabei aus vollem Halse Parolen, deren Wortlaut im allgemeinen Lärm jedoch unterging. Aber der Krach schien ihnen Spaß zu machen. Auch das weibliche Dienstpersonal war mitgekommen. Frauen dunkler Hautfarbe mit breiten Gesichtern, umrahmt von üppigem schwarzen Haar, und schmächtige hellhäutige Frauen, deren Gesichtszüge von der Armut in der Jugend und vom oft jahrzehntelangen Dienst für die Herrschaften, bei dem vor allem Unterwürfigkeit gefordert wurde, geprägt waren. Auch sie schlugen auf Töpfe, obwohl sie wussten, dass diese zu Hause nie leer waren. Manche von ihnen waren sicher nicht überzeugt von den patriotischen Motiven des Marsches. Sie durchschauten die Farce und hätten lieber nicht mitgemacht. Doch sie hatten Angst, ihre Arbeit zu verlieren.

Unversehens war ich zwischen die Reihen älterer Damen aus wirklich hohen gesellschaftlichen Kreisen geraten. Manchen stand die aristokratische Herkunft unverkennbar ins Gesicht geschrieben. Anderen der überhebliche Anspruch auf Reichtum, an den sie gewöhnt waren. Viele waren Gattinnen hoher Offiziere der Streitkräfte. Sie hätten ein ernst zu nehmendes Heer für die Freiheit kämpfender Kreuzritterinnen darstellen können. Wenn es nur an diesem Sommertag nicht ganz so heiß gewesen wäre. Mit dem Schweiß tropfte ihnen das am Morgen diskret, zur Gelegenheit passend, aber sorgfältig aufgelegte Make-up in den Halsausschnitt und hinterließ dabei schmutzige Streifen im zartrosa gepuderten Teint.

Falten im Gesicht einer alternden Frau können schön sein, ihm einen besonderen Charme verleihen, können Ausdruck einer zu wissender Toleranz und Wohlwollen sublimierten Lebenserfahrung sein, von durchgestandenen Leiden und Sorgen um die Kinder sprechen, Lebensbejahung ausstrahlen. Die Falten jener Damen der Gesellschaft jedoch waren, nachdem die Maske mitleidigen Wohlwollens und distanzierter Wohltätigkeit zerronnen war, hart geworden und hässlich. Sie schrien, während sie auf ihre Töpfe trommelten, ihre Slogans von Freiheit, Familie und Vaterland mit sich bis zum Fanatismus steigerndem Hass. Sie nahmen die Sache, für die sie demonstrierten, sehr ernst und waren gewillt, den Feind, der ihre Ansprüche bedrohte, in die Knie zu zwingen, um ihn ein für allemal wissen zu lassen, welcher Platz in der Gesellschaft ihm zukam.

Nachdem ich endlich die letzten Reihen des Demonstrationszuges durchquert hatte und ins Freie gelangte, glaubte ich, der Marsch sei hier zu Ende. Das war jedoch ein Irrtum, denn sofort begann hier der zweite Teil des Spektakels. Er bestand aus einem kilometerlangen Korso eleganter Autos, die pausenlos hupend in Dreierreihen, feierlich langsam fahrend, der vorwegmarschierenden Demonstration folgten. Viele der Wagen hatten ihr Verdeck heruntergelassen. Auf dem Rand über dem Rücksitz saßen mit baumelnden Beinen im Halbkreis die jungen Mädchen und trommelten auf ihrem Alter entsprechend kleineren Töpfen. Manche schwenkten blaue und weiße Fähnchen mit den Insignien der Nationalpartei und der Christdemokraten und lachten dabei. In manchen der Autos standen aufrecht hochgewachsene, weiß gekleidete junge Frauen mit blauen Schärpen, auf denen die Parole »Chile bleibt frei« zu lesen war. Sie hielten wie Fahnenträgerinnen im Fahrtwind flatternde blaue Fahnen und blickten dabei selbstsicher und siegesbewusst ins Leere, wie Freiheitsstatuen, die ihre Fackeln gegen Fahnen eingetauscht hatten. Am schönsten waren jedoch die jungen Damen, die sich wie Galionsfiguren auf die Motorhauben der großen Autos gebettet hatten. Manche lagen bäuchlings auf die Arme aufgestützt und blickten mit herausforderndem Lächeln nach vorn. Andere lagen hingegossen wie Odalisken auf Kissen und kleinen Teppichen, die sie mitgebracht hatten, um sich auf dem glühend heißen Blech ihre entzückenden Hintern nicht zu verbrennen. Die meisten waren wie Schönheitsköniginnen gekleidet, mit Blumen im Haar, einige mit glitzernden Diademen.

Der Zug sollte eigentlich im Stadtzentrum vor der Moneda enden. Die Polizei hatte jedoch etwas unterhalb der Universidad Católica mit großem Aufgebot die Alameda abgeriegelt, um einen Zusammenstoß mit den sich immer zahlreicher in der Nähe der Bibliothek am Cerro Santa Lucia versammelnden Anhängern der *Unidad Popular* zu verhindern. Die Damen begnügten sich damit, noch einige Reden, die vom Balkon der Universidad Católica aus gehalten wurden, anzuhören. »Das Vaterland ist in Gefahr! Unsere Freiheit und unsere Familien sind bedroht! Setzt euch zur Wehr!« Das waren die Worte, die immer wieder mit Nachdruck von den Anführerinnen der Demonstration und anderen Vertretern der Rechten wiederholt wurden. Dann begann sich die Demonstration aufzulösen. Viele der Demonstrantinnen wurden in den Seitenstraßen oder an der Plaza Italia von ihren Ehemännern erwartet und fuhren erschöpft, aber freudig erregt von dem großen Ereignis im Auto nach Hause.

Die Anhänger der *Unidad Popular* nahmen den »Marsch der leeren Töpfe« nicht allzu ernst. Viele lachten über dieses Spektakel. Sie nannten die Demonstrantinnen, wie die ganze Rechte, »Mumien«, weil sie glaubten, dass diese eigentlich schon tot seien und ihre Ansichten und ihre Ideologie endgültig der Vergangenheit angehörten. Sie fühlten sich noch als Sieger. Allende war auf dem Weg, Schritt für Schritt sein Programm zu verwirklichen. Der Mehrheit der Chilenen ging es besser als vorher. Deshalb wurde nur Wenigen die Gefahr bewusst, die sich hinter dieser Zurschaustellung traditioneller Überzeugungen und Macht verbarg. Die Reaktion wusste, dass sich die Anhänger der Linksparteien nicht vom Lärm leerer Kochtöpfe einschüchtern lassen würden. Das war auch gar nicht ihre Absicht gewesen. Sie hatte es auf die unentschieden in der Mitte stehenden Christdemokraten abgesehen. Tatsächlich hatten sich in den Reihen dieser Partei, nach dieser ersten Massendemonstration der Opposition, die Zweifel, ob es nicht doch besser wäre, zur alten, gewohnten Ordnung zurückzukehren, verstärkt. Von diesem Zeitpunkt an begannen viele Christdemokraten, der Reaktion Gehör zu schenken. Immer zahlreicher entschlossen sie sich zu desertieren. Die Christdemokraten von Allende abtrünnig zu machen, sie dazu zu überreden, dass ihr Platz auf der Seite der Opposition sei, das war Teil der Strategie der Rechten. Es sollte ihr schließlich gelingen. Aber im Dezember 1971 war es noch lange nicht so weit.

Silvester 1971

Kurz vor Weihnachten besuchte uns Ruth, um uns einzuladen, bei ihr Silvester zu feiern. Auch Vera und Miguel sollten kommen. Sie wohnte im obersten Stockwerk, sozusagen auf dem Dach, eines jener grauen Wohnblocks an der Avenida 10. julio, weil die Miete dort billig war. Vor der Haustür ratterten, ständig schwarze Qualmwolken ausstoßend, die Omnibusse vorbei. Aber oben war es erstaunlich still. Von der großen Dachterrasse aus konnte man halb Santiago überblicken. Das Schlafzimmerfenster ging auf den Hof eines Klosters. Bisweilen hörten wir die Nonnen singen. Die Wohnung schien in höheren Sphären, jenseits der Wirklichkeit zu liegen.

Es war das erste Mal seit unserer Ankunft in Chile, dass wir fünf – Ruth, Anneliese, Vera, Miguel und ich – mal wieder beisammen saßen. Während wir auf den Beginn des neuen Jahres warteten, unterhielten wir uns über Gegenwärtiges und Vergangenes und tranken dabei den schweren, erdig schmeckenden chilenischen Rotwein.

Ich saß neben Ruth. Trotz meines schlechten Spanisch war zwischen uns ein angeregtes und intensiv geführtes Gespräch zustande gekommen. Sie sprach mit entwaffnender, ungewohnter Offenheit über die Dinge. Ich fühlte mich wohl in ihrer Gegenwart. Aber irgendetwas in unserem Gespräch, vielleicht nur das Thema, vielleicht aber auch unser uns selbst noch nicht bewusstes, für andere jedoch offensichtliches Einverständnis, musste Miguel irritiert und ihm zutiefst missfallen haben. Ich begriff im ersten Moment nicht, warum er mich ganz plötzlich feindselig ansah und begann, mich ungehalten, mit wachsender Aggressivität und mit immer verletzenderen Worten zu beschimpfen.

Schließlich verstand ich, was er meinte. Er sah eine Art Verrat darin, dass ich mich mit Chile so schnell angefreundet hatte und dass ich an der chilenischen Politik genauso beteiligt war, sie für genauso wichtig hielt wie den Kampf in Brasilien. Sollte man nicht in erster Linie an Brasilien denken und nicht so schnell die Fahne wechseln, wie ich es seiner Ansicht nach tat? Ich weiß nicht, ob er zu viel getrunken hatte. Aber ganz unerwarteterweise brach er in Tränen aus. Er hatte mich beleidigt. Auch in mir war Feindseligkeit aufgekeimt. Aber auf einmal begriff ich, dass er Heimweh hatte und dass ich für ihn immer ein Gringo war und blieb, dass Brasilien seine Welt war, der ich nicht angehörte. Ruth und ich blickten uns an. Waren wir nicht beide Gringos, vaterlandslose, entwurzelte Internationalisten? Anneliese und Vera beobachteten uns und schwiegen. Sie fühlten sich gar nicht wohl in ihrer Haut. Alle waren froh, als es draußen auf einmal unruhig wurde, denn es war kurz vor Mitternacht.

In den Straßen hupten die Autos, über den Dächern stiegen Raketen in den Himmel, zerplatzten, zerstoben und entfalteten sich zu prachtvollen Blumen und Sternen. Aus den Bars und Restaurants unter uns strömten die Menschen auf die Straße, umarmten sich und schrien Glückwünsche zum Neuen Jahr. Die Betrunkenen blickten schwankend zum Himmel. Überall öffneten sich die Fenster. Mütter zeigten ihren Kindern das Feuerwerk. Hinter ihnen standen die Männer mit dem Glas in der Hand und riefen: »*Viva el año 1972! Viva Chile!*«

Ich umarmte zuerst Anneliese und merkte, dass sie sich freute, dann Miguel, auf brasilianische Art uns gegenseitig auf den Rücken klopfend, unser Streit war vergessen, dann etwas zaghafter und respektvoller Vera und schließlich Ruth. Unsere Umarmung und der Kuss, den wir uns gaben, war etwas zu lang für einen Neujahrskuss unter Freunden. Vielleicht hatte es niemand bemerkt? Vielleicht doch? Mir schien der nur Sekunden andauernde Moment der Liebe ein natürliches, unvermeidliches Ereignis gewesen zu sein. Ich sollte ihn nie mehr vergessen. Über den Dächern flammte das Feuerwerk. Wir fühlten uns voller Erwartungen und Hoffnungen. Das Gefühl von Befreiung, welches die Chilenen erfasst hatte, hatte auch uns erfasst und war stärker als all unsere Befürchtungen.

Zurück in unserem »Zuhause«, es war schon kurz vor Anbruch des neuen Tages, sagte Anneliese mit Resignation in der Stimme: »Ihr versteht euch«, und meinte damit Ruth und mich. Sie versuchte ein freundliches, belustigtes Gesicht dabei zu machen. Aber es gelang ihr nicht zu verbergen, dass sie traurig war.

Januar 1972

Der Januar war heiß und trocken. Die Sonne stand glühend am knallblauen Himmel. Aber über den *poblaciones* hing der graue Staub wie tief hängende Wolken. Das schrille Geschrei der spielenden Kinder und hartes Hämmern und Klopfen durchdrangen sich und wurden zusammen mit den Stimmen rufender und schimpfender Frauen und laut fluchender Männer zu einer von Weitem schon hörbaren klanglichen Atmosphäre. Es war nicht leicht für ungelernte Zimmerleute, aus dem von der Regierung zur Verfügung gestellten Material die Baracken aufzubauen. Aber langsam verwandelte sich das in Eile und Hast unmittelbar nach der illegalen Landbesetzung errichtete chaotische Zeltlager in eine Siedlung von Baracken, in denen man wohnen konnte, mit geraden Straßen und Abflussgräben für den künftigen Regen. Das kommunistische La Victoria und das vom MIR, der Bewegung der Revolutionären Linken, gegründete Nueva Havana wurden zu Beispielen für funktionierende

Selbstverwaltung. Die von der Basis gewählten Fünferkomitees kümmerten sich um die Einrichtung von Schulen und Erste-Hilfe-Stationen und legten Wert auf kulturelle Bildung. Wir wohnten Unterrichtsstunden bei, die in ausrangierten, verrosteten Autobussen oder in der Nacht bei Kerzenlicht in Zelten abgehalten wurden. Die Menschen begannen, sich für die Gemeinschaft verantwortlich zu fühlen und blickten mit Selbstvertrauen und Hoffnung in die Zukunft.

Wie im Frühling, wenn der Samen aufbricht und die neugeborene Pflanze, unwissend noch, was sie erwartet, durch das harte Erdreich nach draußen in die Freiheit drängt, so drängte die Hoffnung, dass die Armut ein Ende haben könnte, die Bewohner der *poblaciones* zu politischem Handeln. Aber die meisten waren noch verwirrt von der neuen Situation und wussten nicht, was sie tun und wie sie sich verhalten sollten und handelten oft unbedacht und chaotisch. Die Armut hatte ihre Gemüter verhärtet, abgestumpft, sie unwissend und apathisch werden lassen, ihr Selbstbewusstsein zerstört und sie unfähig gemacht, gemeinschaftlich zu denken. Die Gewalttätigkeit, der Alkoholkonsum und die Kriminalität hatten dermaßen zugenommen, dass die Bürger sich vor ihnen fürchteten und sie verabscheuten. Jetzt sickerten belebend politisches Bewusstsein und der Sinn für Gemeinschaft in den verhärteten Boden der Erfahrung des Elends.

Ruth hatte Anneliese und mich in die *población* Lo Hermida mitgenommen: ein sich über viele Kilometer am Fuß des Gebirges hinziehendes graues, von staubigen Wegen durchzogenes Meer von Hütten und hölzernen Baracken. Die *población* war in Bezirke eingeteilt, manche so groß wie Stadtviertel, in denen verschiedene Parteien mit unterschiedlicher politischer Einstellung die Leitung übernommen hatten.

Wir lernten *poblaciones* und Elendsviertel kennen, in denen das damals sogenannte Lumpenproletariat den Ton angab, in denen kriminelle Typen eine entscheidende politische Rolle spielten, in denen ein solcher ideologischer Wirrwarr herrschte, dass es kaum zu unterscheiden war, ob jemand auf der Seite der Linken oder der Rechten stand. Gerade in den Stadtvierteln der Ärmsten grassierte vielfältiger politischer Opportunismus mit oft radikal-revolutionärem Anstrich. Untereinander rivalisierende Demagogen stritten sich um die Vorherrschaft in den *poblaciones* und rissen ihre irregeführten Anhänger zu pseudorevolutionären Aktionen hin, deren Verantwortung sie sich später entzogen. Aber erst nachdem wir angefangen hatten selbst mitzuhelfen, beim Aufbau der Baracken zum Beispiel, beim Ausheben von Abflusskanälen, bei der Verteilung von Lebensmitteln, begannen wir, auf Grund direkter Erfahrung, die Probleme der Chilenen zu verstehen. Nach und nach lernten wir, uns in dem komplizierten, widersprüchlichen Netzwerk der politischen Tendenzen zurechtzufinden. Es war ja nicht allein die Arbeiterklasse, die als geschlossener Block ihrem Hauptfeind, der reaktionären Besitzerklasse, gegenüberstand. Es gab Arbeiter in den Parteien der Rechten, die in derselben Weise wie ihre Chefs die Regierung beschimpften. Es gab wohlhabende Bürger und fortschrittlich denkende Unternehmer, die aus Überzeugung Allende gewählt hatten. Auch in der *Unidad Popular* selbst gab es unterschiedliche, einander widersprechende politische Strömungen. Tatsächlich gab es nur wenige politisierte Arbeiter, denen das eigentliche Ziel der Politik Allendes klar bewusst war. Denn es ging ja um wesentlich mehr als um Lohnerhöhungen oder die Versorgung der *poblaciones* mit Wasser, Licht und Abflussrohren. Es ging um Gleichberechtigung, Gerechtigkeit und um die effektive Beteiligung des Volkes an der Politik des Landes.

Abschied von Anneliese

Ausgestandene Ängste können wir nie mehr vergessen. Sie leben im Unterbewusstsein weiter und drängen unsere Seele in einen Zustand ständiger Beunruhigung. Auch wenn wir ganz auf die Gegenwart konzentriert sind, glauben, wir hätten sie überwunden und ihre Ursachen endgültig in die Vergangenheit geschickt, können sie wieder hervorbrechen wie Flammen aus scheinbar erloschener Asche, wenn der Wind darüberweht. Anneliese hatte den Nachmittag bei unseren brasilianischen Bekannten verbracht. Ein kaum merkliches Zittern ihrer sonst festen und klaren Stimme verriet mir, dass sie beunruhigt war. Dort hatte man nur von einem bevorstehenden Putsch gesprochen, sagte sie. Es hätte dort eine große Aufregung geherrscht. Manchen hätte man angesehen, dass sie Angst hatten. Sie verstünde ihre Beunruhigung, denn fast alle waren ja als politische Flüchtlinge nach Chile gekommen. Einige von ihnen waren in den Folterkammern der brasilianischen Militärdiktatur gequält worden und mussten im Fall einer Machtergreifung rechtsradikaler Militärs auf das Schlimmste gefasst sein.

Wir stellten das Radio an und hörten, dass tatsächlich eine Gruppe von Offizieren eines Panzerregiments einen Aufstand geplant hatte. Die Regierung hätte jedoch rechtzeitig von dem geplanten Putsch erfahren. Sie hätte umgehend das Militäroberkommando unterrichtet. Die chilenischen Streitkräfte hätten einstimmig den Putschversuch verurteilt. Die Verantwortlichen wären schon verhaftet worden und würden vor ein Militärgericht gestellt und verurteilt werden. Dann wurde mehrfach wiederholt: »Es herrscht absolute Ruhe im Land …«

Anneliese ließ sich nicht beruhigen. Sie bestand darauf,

dass die Politik Allendes, die sie von ganzem Herzen unterstütze, auf kurz oder lang zum offenen Konflikt und zum Eingreifen des Militärs führen würde. In Brasilien wäre es genauso gewesen. Ein paar Tage lang vermieden wir es, weiter über das Thema zu sprechen. Aber eines Abends teilte sie mir unvermittelt mit, dass sie sich entschlossen hätte, nach Deutschland zurückzukehren. Sie wäre sehr froh, wenn ich sie begleiten würde. Wenn es aber sein müsste, führe sie auch allein. Sie wäre nicht bereit und fühle sich außerstande, das, was sie in Brasilien erlebt hätte, noch einmal durchzustehen.

Wäre ich der vertrauenswürdige Mensch gewesen, den sie in mir sah, hätte ich geantwortet: »Ich fahre mit. Ich werde dich nicht allein lassen. Unser Zusammenleben ist mir wichtiger als alle Politik …« Aber ich war nicht der getreue, verantwortungsvolle Ehemann, in den sie Vertrauen hatte, und so sagte ich: »Ich verstehe dich sehr gut. Ich selbst bin mir gar nicht sicher, wie das hier ausgehen wird. Ich will dich nicht noch einmal in Situationen drängen, die deinem Wesen nicht entsprechen. Fahre du nach Deutschland. Ich werde nachkommen. Ich kann einfach dieses Land in diesem Moment nicht verlassen.« Ich hatte sie zutiefst enttäuscht. Mit einem gespielt ironischen Lächeln entgegnete sie mir nur noch: »Für wie wichtig hältst du dich eigentlich? Meinst du nicht, dass die Chilenen auch ohne dich auskommen können?« Sie wandte sich von mir ab und war nicht mehr dazu zu bewegen, die Angelegenheit noch weiter zu diskutieren. Damals glaubte ich selbst an mein Versprechen, bald nachzukommen. Erst viel später wurde mir bewusst, dass ich gelogen hatte und dass sie es gemerkt hatte. Der sich in Chile abspielende Konflikt, an dem ich anfing teilzunehmen, war mir in Wahrheit wichtiger als unsere Ehe gewesen. Mit dabei zu sein, schien mir wichtiger als alles andere auf der Welt. Ich war wie besessen von der Idee, die sich damals im lateinamerikanischen Kontinent ausbreitete, ähnlich unaufhaltsam wie eine Epidemie, die immer mehr Menschen in Mitleidenschaft zieht: dass ein friedlicheres Zusammenleben der Menschen doch möglich sei, dass in Zukunft eine Gesellschaft entstehen könne, in der die von allen erarbeiteten Güter gerecht unter allen verteilt würden, in der es keine Privilegien mehr gäbe, deren Politik von allen gleichermaßen bestimmt würde, in der die Menschen frei sein würden.

Diese Utopie auf demokratische Weise zu verwirklichen, hatte man sich damals in Chile auf den Weg gemacht. Nie zuvor hatte ich mich so frei gefühlt. Nie zuvor hatte ich die engen Grenzen meiner Ichbezogenheit und meines Alleinseins so weit hinter mir gelassen und so intensiv die anderen als Mitmenschen empfunden. In keiner anderen Epoche meines Lebens fühlte ich mich so bereichert. Nie vorher und nachher war ich so glücklich gewesen. Das ist der Grund, warum ich Chile nicht verlassen wollte.

Anneliese jedoch mahnte in klarer Voraussicht der auf uns zukommenden Katastrophe zur Vernunft und zur Umkehr. Sie hatte genug von der Politik und deren Frustrationen. Sie wollte nach Hause. Ich aber bestand auf meinem leidenschaftlichen Vorsatz, teilzunehmen an dem, was sich in Chile abspielte. Da wir für unsere auseinanderstrebenden Ziele keine gemeinsame Lösung fanden, fingen wir an, jeder seine eigenen Wege zu gehen. Um die Ursache unseres Konflikts nicht zu berühren, stritten wir immer öfter und heftiger um belanglose Dinge. Wir verstanden uns immer weniger. Unsere Liebe welkte dahin. Unsere zwanzigjährige Ehe zerbrach.

Anneliese schob Ruth alle Schuld zu. Sie hätte mich verführt und betrügerisch meine romantische Einstellung zur Politik ausgenutzt, um ihre Ziele zu erreichen. Ich entgegnete, dass ich Ruth seit unserer gemeinsamen Silvesterfeier nur einmal zufällig auf der Straße getroffen hätte, und das stimmte sogar. Ich war tatsächlich dabei, Ruth zu vergessen.

Meine Arbeit als Kameramann nahm mich jetzt ganz in Anspruch. Sie machte mir Spaß. Das erste Mal hatte ich das Gefühl, dass meine Arbeit sinnvoll und nützlich sei. Aber in meinem Unterbewusstsein sehnte ich mich danach, Ruth wiederzusehen. Immer wieder ertappte ich mich dabei mir vorzustellen, was sie in diesem Moment wohl gerade tat und wie sie ganz genau aussah. Ich erinnerte mich an ihre Stimme und an ihr offenes, hemmungsloses Lachen. Langsam wurde es mir bewusst, dass es nicht nur das politische Einverständnis war, das mich zu ihr hinzog. In Wahrheit war es diese unerklärliche, auf unbewussten Wesenszügen und körperlichen Eigenheiten beruhende »Liebe auf den ersten Blick«, die damals im Zug nach Chile begann, die mich zu ihr hintrieb und uns schließlich zusammenführte. Diese Liebe war stärker und vitaler als meine Zuneigung zu Anneliese und verdrängte diese mit aller Brutalität meines unterbewussten männlichen Handelns. Ich wollte auf die Liebe zu Ruth nicht verzichten, so wie ich auch nicht darauf verzichten wollte, die Veränderung in Chile mitzuerleben. Ich war egoistisch genug, um die Trennung von Anneliese nicht zu verhindern. Im April kehrte sie zurück nach Deutschland.

Abschiede am Hafen, wenn jemand mit dem Schiff wegfährt, ziehen sich stundenlang hin. Quälend langsam verging uns die Zeit, denn wir hatten uns ja schon hundertmal Auf Wiedersehen gesagt, und ich hatte schon hundertmal versprochen, dass ich bald nachkommen würde. Wir standen uns gegenüber, versuchten zu lächeln und uns etwas Lustiges zu erzählen. Aber wenn ich ihr in die Augen blickte, sah ich nur Zweifel und Traurigkeit. Ich erinnerte mich an all das Schöne, das wir zusammen erlebt hatten, an die Geburt unseres Sohnes in jener kalten Nacht im August im Haus meiner Eltern in Monte Alegre in Paraná, sein Aufwachsen in den verschiedenen Wohnungen, die wir eine nach der anderen wie die Etappen unseres eigenen Erwachsenwerdens hinter uns ließen, an die schwierigen Situationen, die wir zusammen durchstanden und bewältigt hatten. Ich spürte, wie der versiegende Strom unserer Zuneigung erneut zu fließen begann und unsere schon vereinbarte Trennung rückgängig machen würde. Ich war überzeugt davon, dass wir uns bald wiedersehen würden.

Das Schiff hieß Stella Maris. Auf dem Landesteg herrschte lebhafter Betrieb: Von ihrem kurzen Urlaub zurückkehrende Matrosen, hoch beladene Karren voller Koffer schiebende Gepäckträger, Zollbeamte, Passagiere, die einstiegen und sich in der Tür noch einmal umdrehten, um zu winken. Ein Kran hievte letzte Kisten in eine noch offen stehende Luke. Ein Glockenläuten mahnte die sich am Kai immer noch verabschiedenden Menschen, an Bord zu kommen. Wir gaben uns den Abschiedskuss. Anneliese wandte sich von mir ab und ging, ohne sich noch einmal umzusehen, auf die Landebrücke zu und verschwand in der Dunkelheit hinter der in den Schiffsrumpf eingelassenen Tür.

Mit der erhabenen Langsamkeit, die heute nur noch den großen Schiffen eigen ist, drehte die Stella Maris von Schleppern gezogen ihren Bug der Hafenausfahrt zu. An der Reling und am Kai standen dicht gedrängt die Menschen und winkten. Die weißen Taschentücher flatterten wie Schwärme kleiner weißer Vögel über ihren Köpfen. Sie schrien sich letzte Abschiedsworte zu. Ratschläge für die Reise, Grüße an Bekannte, Worte der Zuneigung und Liebe. Sie warfen sich über das Wasser hinweg Handküsse zu. Ich entdeckte unter den sich an die Reling drängenden, winkenden Menschen ihre helle, schmale Gestalt. Auch sie winkte. Ich winkte zurück, bis ich sie aus den Augen verlor.

Das Schiff fuhr auf das offene Meer hinaus. Es schien sich aufzulösen im Funkeln und Glitzern der im Licht der Nachmittagssonne schimmernden Wogen. Es verlor all seine materielle Wirklichkeit und verwandelte sich zusehends in Erinnerung. Ich wandte mich ab und sah Valparaíso vor mir.

Das helle Licht der im Pazifik versinkenden Sonne ließ die Stadt leuchten: die Gebäude des Zentrums, die Hotels am Hafen, die Lagerschuppen, die Villenviertel und darüber das Gewirr unzählbarer Hütten und Holzhäuser, die wie angeklebt, manche wie auf Stelzen stehend, von hölzernen Stützen gehalten, an den steilen Hängen der hinter der Stadt aufragenden Berge hingen. Die Hauptstraße war voller Menschen, die von der Arbeit nach Hause zurückkehrten. Der Anprall der Wirklichkeit ließ mich Anneliese vergessen. Auf der Fahrt im Bus zurück nach Santiago wurde mir bewusst, dass unsere Trennung endgültig gewesen war.

Reforma Agraria

Die ersten zwei der zwanzig Punkte des Plans der Agrarreform der *Unidad Popular*:

»Die Agrarreform und die Entwicklung der Landwirtschaft können nicht isoliert von unserem Gesamtprogramm betrachtet werden. Sie sind Teil eines globalen Plans der Transformation der herrschenden kapitalistischen Wirtschaft in eine Wirtschaft im Dienst des Volkes. Das bedeutet, dass die Agrarreform nicht nur beabsichtigt, den gesamten Großgrundbesitz zu enteignen, um den Boden den Bauern zu übergeben, diesen technische Unterstützung und die nötigen Kredite zu vermitteln, damit sie die Lebensmittel produzieren können, die Chile braucht, sondern schließt auch die Veränderung der kommerziellen und industriellen Beziehungen mit ein, die die Bauern benötigen, um leben und produzieren zu können. Der gesamte Sektor der Kommerzialisierung und der industriellen Verarbeitung der landwirtschaftlichen Produktion muss in die Hände des Staates übergehen und von Bauernkooperativen und Verbraucherorganisationen überwacht werden.

Die in Gewerkschaften und Kooperativen organisierten Bauern und Kleinbauern treten an die Stelle der Vertreter der Großgrundbesitzer in ihren Beziehungen zum Staat. Die Regierung der *Unidad Popular* wird nur mit den Vertretern der Bauern verhandeln, weil diese die wahren Vertreter von 98 % der Bevölkerung sind, die von der Landwirtschaft lebt und von dieser abhängt.«

Miguel und ich waren mit Leuten der CORA, so hieß die mit der Durchführung der Agrarreform beauftragte Regierungsstelle, unterwegs, um einen Film über die Situation auf den vor Kurzem enteigneten Gütern zu drehen. Wir sollten Erfolge und Misserfolge aufzeichnen und die Probleme der Bauern in der neuen Situation dokumentieren. Die Fahrt ging in den Süden Chiles.

Es war noch dunkel und empfindlich kalt, als wir mit unseren Geräten das Hotel verließen. Bevor wir abfahren konnten, mussten wir erst den Reif von den Fenstern des Autos kratzen. Schwarz stand das Gebirge vor der blassrosa Morgendämmerung. Während der Fahrt hörten wir im Radio eine hell klingende, in tanzenden Rhythmen auf der *quenia* geblasene Melodie aus den Anden. Dann wurde die Melodie zu einem in freudigem Marschtempo von vielen Menschen gesungenen Lied:

»*Venceremos, venceremos …*«

»Wir werden siegen, wir werden siegen.
Tausend Ketten gilt es zu zerbrechen.
Wir werden siegen.
Das Elend werden wir besiegen.

Bauern, Soldaten, Bergleute,
Frauen unseres Vaterlandes,
Arbeiter, Angestellte und Studenten,
vereint wird es uns gelingen.

Wir säen die Saat unserer Zukunft,
sozialistisch wird sie sein.
Vereint sind wir Geschichte.
Der Sieg wird unser sein…«

Schnell wurde es heller. In dem Moment, in dem wir in das weite, in das Gebirge hineinführende Tal einbogen, erschien strahlend über den Bergen die Sonne und schüttete ihr funkelndes Licht auf die Hänge. Der abziehende Nebel leuchtete. Von den Pappeln voller aufbrechender braungrüner Knospen tropfte der Tau.

Schließlich erreichten wir das im Namen der Agrarreform enteignete Gut, auf dessen Feldern wir die Bauern beim Säen filmen sollten. Der Boden war steinig. An manchen Stellen mehr Stein als Erde. Rund geschliffenes, glashartes, in Millionen von Jahren aus dem Gebirge in die Ebene geschwemmtes Geröll. Die Steine machten die Pflugscharen der Bauern stumpf und schartig. Aber die Erde war fruchtbar. Graubraun und staubig an der Oberfläche. Schwarz glänzten die aufgebrochenen Schollen in ihrem Innern von der Feuchtigkeit der letzten Septemberregen. Je drei Pferde zogen fünf schwere, aus grob zugehauenen Stämmen gezimmerte Eggen. Auf jeder Egge stand mit den Zügeln in der einen und der Peitsche in der anderen Hand ein junger Bauer. Der Wind ließ ihre lose übergeworfenen Hemden und ihre schwarzen Haare flattern und wehte ihnen den Staub ins Gesicht. Mit gellenden Zurufen, weithin schallendem Schnalzen und Peitschenknallen trieben sie die Pferde vorwärts.

Die kräftigen Pferde rutschten mit ihren Hufen auf den Steinen aus und versanken bis zu den Knöcheln im Staub. Sie stemmten sich mit aller Kraft in die schweißnassen Gurte. Es roch nach Erde und Schweiß. Eines der Pferde war weiß. Es leuchtete silbern in der Morgensonne.

Hinter den Eggen kamen in einer die ganze Breite des

Ackers einnehmenden Reihe die Säer. In umgehängten Tüchern trugen sie das Saatgut. Mit weit ausholenden Bewegungen der Arme, in den Händen das Korn, wie aufeinander abgestimmt, schleuderten sie alle gleichzeitig in weiten Bögen das Korn vor sich hin, hoch in die Luft. Gleichmäßig verteilt rieselte die Saat auf die Erde. Als letzte in diesem langsam, wie feierlich vorbeiziehenden Aufmarsch kam wieder eine Reihe von Pferden, die breite Querhölzer hinter sich herzogen, um den Samen mit Erde zu bedecken. Hinter dem Filigran der Zweige der an den Bewässerungsgräben entlang wachsenden Pappeln leuchteten die jetzt hell von der Sonne beschienenen verschneiten Gipfel der Anden.

Ich erinnere mich an die Worte eines brasilianischen Zuckerrohrschneiders. Er hatte sie während einer Streikversammlung bewegt und mit Nachdruck den versammelten Landarbeitern zugerufen:

»Landarbeiter! Genossen! Das Volk braucht die Erde. Die Erde gehört allen. Wir alle haben ein Recht auf sie. Wir alle haben das Recht, die Erde zu bebauen und uns von ihr zu ernähren. Wir wollen nicht eingepfercht in den Städten leben, damit die Geschäftsleute, die Großgrundbesitzer und andere ihren Gewinn aus uns ziehen, die Zwischenhändler …

Wenn dem Volk das Land gehört, dann würde es keinen Luxus wollen, auch keine Vergünstigungen. Aber was ist die Lösung? Der Mann vom Land muss zurückkehren aufs Land, denn in der Stadt ist der Bauer fehl am Platz! Deshalb sage ich euch, *companheiros*: Solange die Agrarreform nicht verwirklicht wird, so lange wird dieser Kampf andauern!«

Die chilenischen Landarbeiter und Bauern dachten dasselbe. Deshalb hatten sie Allende gewählt. Sie waren bereit, wenn es sein musste, für die Durchführung der Agrarreform zu kämpfen.

Aber wenn sie auch alle gemeinsam die Unterdrückung empfanden, die Verachtung, der sie als Landarbeiter ausgesetzt waren, die Angst um ihre Existenz als Kleinbauern, die Furcht, vom Großgrundbesitz wirtschaftlich erdrosselt zu werden – man hatte buchstäblich schon damit begonnen, ihnen das lebensnotwendige, vom Gebirge in die Ebene strömende Wasser abzugraben und umzuleiten auf die Felder der großen Güter. Wenn sie auch alle wussten, dass für sie jetzt der Augenblick gekommen war zusammenzustehen, um im gemeinsamen Kampf die endgültige Entrechtung und Niederlage zu verhindern, so waren sie sich über die Art des Kampfes, seine Methoden und Prioritäten und in der Identifizierung des eigentlichen gemeinsamen Feindes durchaus nicht einig.

In den Satzungen des Nationalen Plans der Agrarreform stand, dass die auf enteignetem Boden angesiedelten Bauern als erstes eine Art konstituierende Versammlung einberufen sollten, um über die Organisation der Produktion abzustimmen und um einen Bauernrat zu wählen, der damit beauftragt war, die Angelegenheiten der neu entstandenen Produktionsstätte sachgemäß zu verwalten. Drei verschiedene Formen der Produktion waren vorgesehen:

1. Jeder Bauer bekam sein eigenes Land und konnte über das Einkommen, welches er imstande war zu erwirtschaften, frei verfügen. Nur z. B. der Zugang zu staatlichen Krediten, der Verkauf der Ernte, der Bau einer Schule oder Krankenstation sollte gemeinschaftlich geregelt werden.

2. Die Bildung einer Kooperative mit gemeinschaftlichem Besitz von Landwirtschaftsmaschinen, Zusammenarbeit während der Ernte, gemeinschaftlichem Verkauf der Ernte, wobei jeder Anspruch auf den seiner Arbeit entsprechenden Anteil hatte ... Diese Form fand den meisten Zuspruch und wurde *asentamiento* genannt.

3. Der Zusammenschluss der Bauern in einem *Centro de Reforma Agraria,* in dem die Produktion und Arbeitsteilung den Beschlüssen des Bauernrats entsprechend kollektiv organisiert war. Auch über die Bestimmung des gemein-

schaftlichen Jahreseinkommens, wie viel reinvestiert, für soziale Ausgaben verwendet oder unter die Familien verteilt werden konnte, sollte eine zu diesem Zweck einberufene Vollversammlung der Bauern entscheiden.

Das Gut, auf dem wir die Bauern beim Säen gefilmt hatten, war jetzt ein *Centro de Reforma Agraria* und wurde kollektiv verwaltet. Im Büro des ehemaligen Besitzers sprachen wir mit dem Vorsitzenden des Bauernrats. Er hieß Ramon Contreras, wurde aber seiner dunklen Hautfarbe wegen einfach *El Negro,* der Schwarze, genannt. Er erzählte uns von den Anfängen:

»Das Gut ist Anfang November 1970 enteignet worden und wurde am 29. November den Bauern übergeben. Als wir kamen, um das Gut in Besitz zu nehmen, hatten sich der Gutsherr und seine Familie und die beiden Aufseher schon aus dem Staub gemacht. Wir besetzten das Herrenhaus und die umliegenden Gebäude ohne Probleme. Dann wurde erst mal gefeiert ...

Die Schwierigkeiten begannen erst später. Es gab große Schwierigkeiten! Die Dinge sind nicht so einfach, wie sie auf dem Papier stehen. Theorie und Praxis sind auch bei der Agrarreform nicht dasselbe. Außerdem denken die Bauern langsamer wie die Städter. Sie brauchen Zeit, um sich für irgendetwas zu entscheiden. Sie waren es ja auch gar nicht gewohnt, selbst zu entscheiden, selbst zu bestimmen. Es kam zu monatelang sich hinziehenden Diskussionen über die Form, wie man die Produktion organisieren sollte. Die Vernünftigsten waren noch diejenigen, die einer Partei angehörten. Die hatten eine Vorstellung von der herrschenden politischen Situation und wussten, worum es ging. Aber die jeweilige Ideologie ihrer Partei und das Parteiprogramm, welches sie vor allem verfochten, stand ihnen im Wege, um zu gemeinsamen Beschlüssen zu kommen. Sie dachten nur in der Linie der Partei und waren unfähig, Andersdenkende auch nur anzuhören. Sie waren kaum dazu imstande, eigene, unabhängige Ideen zu entwickeln oder auf ein produktives Verhandeln mit anderen einzugehen.

Die meisten der Bauern hatten von Politik und der wirtschaftlichen Realität überhaupt keine Ahnung. Sie wollten nur ihr Stückchen Land bekommen. Manche von ihnen, um es gleich wieder zu verkaufen, obwohl das nach den Regeln der Agrarreform verboten war. Auch die hatten ihre Wortführer und das waren bei Gott nicht die Besten! Die verschiedenen Gruppen begannen, sich in ihren verschiedenen Auffassungen immer mehr zu versteifen. Sie wurden immer parteiischer und intoleranter. In die lautstark geführten Diskussionen mischte sich aufkommender gegenseitiger Hass, sie wurden zu einem allgemeinen Gezänk zwischen rivalisierenden Anführern. Es ist unglaublich«, fuhr Ramon Contreras fort und tippte sich dabei mit dem Zeigefinger an die Stirn, weil er es selbst nicht glauben konnte. »Es gab Bauern, die dachten, dass sie jetzt, weil sie ja keinen *patrón* mehr hatten, für den sie arbeiten mussten, überhaupt nicht mehr arbeiten müssten. Sie lungerten nur herum. Die Felder wurden nicht bestellt, sie ließen ihre Familie verwahrlosen und vertranken ihr letztes Geld, und wenn sie dann keins mehr hatten, schickten sie ihre Kinder in die Stadt, um zu betteln. Das war wirklich traurig mitanzusehen. Man konnte alle Hoffnung verlieren.«

Der Vorsitzende hatte, während er die letzten Worte sprach, den Kopf gesenkt. Dann fasste er sich wieder und fuhr fort: »Dann geschah ein Wunder. Das Wunder war eine Frau. Sie heißt Teresa. Ihr gelang es, die Bauern zur Vernunft zu bringen.«

Teresa Guzman war die Tochter armer Landarbeiter und hatte als Kind schon im Herrenhaus gearbeitet. Der Gutsherr entdeckte ihre besondere Intelligenz und schickte sie zuerst in die Volksschule und dann auf die Mittelschule. In der Bibliothek des Gutes fing sie an, viele Bücher zu lesen. Sie stieg dann zu einer Art Sekretärin des Gutsherrn auf, ordnete seine Finanzen und schrieb seine Briefe, denn der Gutsherr selbst konnte kaum schreiben. Den Rest ihres Wissens und einen politisch-wirtschaftlichen Hintergrund erwarb sie sich in der Partei. In den Sechzigerjahren, als sich die kommende soziale Auseinandersetzung in immer deutlicheren Konturen am politischen Horizont abzuzeichnen begann, war Teresa Guzman schon über vierzig und Mutter von drei Kindern. Auch politisch war sie erwachsen geworden. Die Differenzen zwischen ihren Ansichten und denen des Gutsherrn begannen sich auf dramatische Weise zuzuspitzen und ließen sich bald nicht mehr miteinander vereinen. Sie kündigte, bevor sie als nicht mehr vertrauenswürdig weggeschickt wurde. Sie fing an, in der Gewerkschaft der Landarbeiter zu arbeiten und begann dort, die Angelegenheiten der Frauen der Bauern zu vertreten.

Teresa Guzman war ihrem Aussehen nach ganz Bäuerin. Von untersetzter, kräftiger Statur, mit derben, breiten Gesichtszügen, umrahmt von überquellend dichtem schwarzen Haar, fesselten an ihr vor allem die leuchtenden schwarzen Augen und der beobachtende, wache Blick, mit dem sie ihr Gegenüber oder das Publikum, zu dem sie sprach, musterte. Sie sprach mit weicher, zurückhaltender, fast leiser, aber eindringlicher Stimme. Nur wenn sie etwas besonders Wichtiges zu sagen hatte, konnte sie einen schrillen, fast schmetternden Klang annehmen. Aber für einen Moment nur. Dann fiel sie wieder in ihren gewohnten, schleppenden, ganz undramatischen Tonfall zurück. Die Bauern und Bäuerinnen hörten ihr aufmerksam zu. Sie wollten verstehen, was sie meinte, und es gelang ihr, sich verständlich zu machen. Manchmal redete sie zu ihnen wie eine Mutter zu ihren Kindern, die, wenn es nötig war, auch mal angeschrien werden müssen, wenn sie sich allzu schwerhörig stellen.

Sie sprach anscheinend nie von Politik. Auch nicht von Parteien oder wirtschaftlichen Theorien, sondern von einfachen praktischen Dingen, die den Bauern wichtig waren: von der Saat und der Ernte, vom Erlös, von der Notwendigkeit, Geld zurückzulegen für die nächste Saat, von den Kindern, der Schule, von Krankheiten. Sie sprach von der Notwendigkeit, gemeinschaftlich zu produzieren, vorläufig wenigstens, um den Kampf der Produktion zu gewinnen, von dessen Ausgang das Überleben der Regierung des Volkes abhing, und von der Wichtigkeit für Chile, die Produktion von Lebensmitteln zu garantieren, die von der reaktionären Opposition mit allen Mitteln boykottiert wurde.

Für Teresa Guzman war es wichtig, dass die Bauern selbst zu denken anfingen, denn nur so könnten sie ihre Probleme bewältigen. Aber sie war sich auch des in Chile grassierenden Machismus bewusst. Deshalb versuchte sie nie, den Bauern gegenüber als die Intelligentere, Überlegene zu erscheinen. Klug versuchte sie, ihre Ideen so zu formulieren, als seien sie in den Köpfen der ihr zuhörenden Männer entstanden, und die fingen an, das selbst zu glauben. Sie überzeugte die Bauern. So wurde schließlich das *Centro de Reforma Agraria* gegründet, diesem der Name *Venceremos* gegeben und sie selbst zur Vorsitzenden gewählt. Drastische Maßnahmen wurden unter ihrer Leitung getroffen. Wer nicht arbeiten wollte, wurde aus der Gemeinschaft ausgeschlossen und musste die Siedlung verlassen, Störenfriede und chronische Trinker wurden ebenfalls nicht geduldet. Das Geld wurde gemeinschaftlich verwaltet. Die fähigsten und bewusstesten Bäuerinnen und Bauern wurden in den Bauernrat gewählt.

»Es fand ein Prozess der geistigen und moralischen Sanierung statt, der zu einer beträchtlichen Erhöhung der Produktion führte. Das Gut produziert jetzt mehr als unter der Leitung des ehemaligen Besitzers.

Trotzdem verlor Teresa Guzman bald schon ihre Stellung als Vorsitzende. Sie wurde buchstäblich abgesetzt. Sie wurde Opfer eines Komplotts der schlimmsten Machisten unter den Bauern, eines wahren Putschs, welcher gegen sie als Frau gerichtet war, und dem am Ende die Mehrheit der Bauern zustimmte.

Die Männer hier konnten es einfach nicht ertragen, von einer Frau kommandiert zu werden, sie brachten es nicht fertig, eine Frau als ihre Führerin anzuerkennen. Sie vermochten es einfach nicht.«

Seine Stimme klang betrübt und enttäuscht, als er fortfuhr: »Ich schäme mich für diese *compañeros*. Dieser unser verfluchter Machismus! Diese lächerliche, aus der Machtlosigkeit dem Besitzer gegenüber und vielleicht auch aus Minderwertigkeitsgefühlen gegenüber der Frau entstandene sogenannte männliche Ehre. Dieser unwiderstehliche Trieb zu herrschen, Herrscher zu sein, wenn auch nur im kleinen Kreis der Familie. Der Anspruch, die Frau und die Kinder schlagen zu dürfen, wenn man betrunken nach Hause kommt. Unterdrücker zu sein, auch wenn man selbst ein armseliger Unterdrückter war! Und dabei war es eine Frau, die uns den Mut und die Kraft gab, das aufzubauen, was ihr hier seht! Wie sollen wir unser Ziel, den demokratischen Sozialismus, erreichen, wenn wir selbst zu demokratischem Handeln nicht fähig sind?«

Wir filmten noch die Siedlung, die Kinder in der Schule und die Lehrerin und manches andere auf dem ehemaligen Gut. Alles war gut organisiert und sauber. Überall wurde gearbeitet. Es war wirklich eine Freude zu sehen, was die Bauern zustande gebracht hatten.

Am Morgen fuhren wir weiter gen Süden. Zu unserer Linken glitten die gezackten Gipfel der Anden vorüber, im Sonnenlicht gleißende Schneehalden, tausend Meter in die Tiefe stürzende felsige Abhänge, hin und wieder der ebenmäßig geformte, erhaben alle anderen Berge überragende, schneebedeckte Kegel eines Vulkans. Tiefblauer Himmel, leuchtend gelbe Rapsfelder, von denen der Nebel abzog, am Straßenrand. Zur Rechten grüne Weiden, Pappelreihen, Kartoffel- und Zuckerrübenfelder. Auf den Hügeln in der Ferne Weingärten. Bauernhäuser, Dörfer, die prunkvollen Portale großer Besitztümer zogen vorbei. Wir kamen durch kleine Städte: Los Angeles, Talca, Chillán …

Wir filmten Dutzende von *asentamientos* und entdeckten verschiedene Stadien der Selbstorganisation. Während es in vielen nach Überwindung anfänglicher Schwierigkeiten jetzt gut vorwärtsging und die Ernte gesteigert wurde, standen andere kurz vor dem Zusammenbruch. Es gab Streitereien zwischen angrenzenden *asentamientos* wegen der Verteilung des Wassers, bei denen es sogar Tote gegeben haben sollte. Wir waren tief bewegt, nachdem wir eine Versammlung in einer Scheune gefilmt hatten, bei der es um die Festsetzung der Löhne der Traktorfahrer ging, die normalerweise ja mehr verdienen als die anderen Landarbeiter. Die Mehrheit der Bauern einschließlich der Traktorfahrer selbst beschlossen, dass alle das Gleiche verdienen sollten. Wir erlebten viele hoffnungsvolle Momente. Eines Abends, bei schon hereinbrechender Dämmerung, erreichten wir einen enteigneten Hof im Zustand äußerster Verwahrlosung. Die Häuser waren vernachlässigt und schmutzig. Nicht reparierte Geräte lagen herum und verrosteten. Kinder in Lumpen bettelten uns an. Die Bauern schimpften auf die Regierung. Es war ein trauriger Anblick und er stimmte uns mutlos. So lernten wir die Probleme der Agrarreform kennen.

»Die Enteignung ist nur der Anfang, vielleicht sogar das geringste Problem für die Durchführung der Agrarreform«, erklärte uns der Beauftragte der CORA, der uns begleitete.

»Man muss die Bauern verstehen lernen«, fuhr er fort, »als Abhängige und Ausgebeutete hatten sie ja nie selbst etwas entschieden. Sie waren nie verantwortlich gewesen für die Konsequenzen ihrer Entscheidungen. Sie mussten erst lernen, gemeinsam zu denken. Dazu braucht man Zeit. Auch die Regierung braucht Zeit, um sich manch eigener

Fehler bewusst zu werden. Die CORA hat Statistiken aufgestellt, denen zufolge der Erfolg eines *asentamientos* größtenteils von der Zeit abhing, die den Bauern zur Verfügung stand, um sich selbst zu organisieren, um wirklich eigenständig produzieren zu können. Den bis jetzt gesammelten Erfahrungen nach sind im Durchschnitt zwei Jahre nötig, um mit einer normalen Produktion beginnen zu können.

Wir brauchen also Zeit! Davon hängt das Gelingen der Agrarreform ab. Ob uns diese Zeit zur Verfügung stehen wird, das wissen wir noch nicht.«

El Quisco

Im Juli stattete ich Ruth einen Besuch ab. Wir gingen zusammen ins Kino. Anschließend lud mich Ruth zu sich zum Abendessen ein. Wir unterhielten uns über die verschiedensten Dinge und merkten, dass wir uns verstanden. Von da an sahen wir uns immer öfter.

Ende September fuhren wir zusammen ans Meer. Nebeneinander sitzend im Bus berührten sich unsere Arme. Wärme sickerte in meinen nach Liebe dürstenden Körper, elektrische Ströme, die bewirkten, dass wir uns, ohne es zu merken, besser kennenlernten. Wir rückten näher zusammen. Aber es waren lang anhaltende, nicht immer angenehme Aussprachen nötig, um das körperliche Einverständnis zu einem auch für das Bewusstsein akzeptierbaren Zusammenleben werden zu lassen. Ruth ist Jüdin. Ich bin Deutscher. Das war damals noch ein Problem, das bewältigt werden musste. Ein großer Teil ihrer Familie war in Auschwitz umgekommen. Das konnte sie nicht so ohne Weiteres vergessen. Nach Kriegsende hasste sie uns und wünschte allen Deutschen den Tod. Ich hatte auch den Krieg erlebt. Es war mir gelungen, nach diesen dunklen Jahren zum Licht und zum Frohsinn zurückzufinden. War es möglich, unsere Begegnung in ein wechselseitiges Nötig-Haben zu verwandeln? Über das Geschehene musste rückhaltlos gesprochen werden, um das noch zwischen uns liegende Fremde loszuwerden.

Bevor man El Quisco erreicht, liegt auf der linken Seite die Isla Negra, Pablo Nerudas Königreich am Meer. El Quisco war damals noch ein Fischerdorf mit einem kleinen Hafen voller Boote und Segel.

Nun kletterten wir zum ersten Mal zusammen über von der Brandung rund geschliffene Felsen. Die Gischt der sich im Anprall hoch aufbäumenden Wogen wehte uns ins Gesicht. In der wässrigen Tiefe wiegten sich mit dem Atem des Ozeans, wie in einem endlos neu beginnenden Tanz, der *cochayuyo*: braune Büschel meterlanger Algen, hart und biegsam wie Lederriemen, glitschig, salzig, chilenisches Volksnahrungsmittel. Das Geschrei der Möwen. Ruhig am blauen Himmel über dem Meer kreisende Pelikane.

Die Sonne brannte. Aber das vom Humboldtstrom von der Antarktis her an der chilenischen Küste entlanggetriebene Wasser war eiskalt. Ruth hatte trotzdem in einer kleinen Bucht gebadet und war dann erschöpft auf dem Kies des Strandes eingeschlafen. So musste Eva ausgesehen haben. Eva, der Inbegriff des Weiblichen. In der von Männern geschriebenen Bibel des Ungehorsams Gott gegenüber bezichtigt, mit der Schlange und mit der Vorstellung des Bösen an sich in Zusammenhang gebracht und seitdem verachtet, war sie es, die, indem sie das Gebot Gottes missachtete, den Menschen schuf, der frei, nur sich selbst verantwortlich, sein Schicksal in seine eigenen Hände nimmt. Mit der Vertreibung aus dem Paradies begann der Mensch der Mensch zu sein, der er bis heute ist: dieses von Ängsten vor sich selbst und vom Verlust des Friedens gepeinigte Tier mit freiem Willen, ein sich selbst nicht verstehendes, unruhiges Wesen. In diesem Moment war Ruth Eva und ich Adam. Wir näherten uns in gegenseitiger Sehnsucht nach Liebe.

Oberhalb des Strandes breitete sich eine mit niedrigem, borstigem Gestrüpp bewachsene Ebene aus bis hin zum nächsten Fischerdorf. Dort gingen wir stundenlang spazieren und sprachen von unserem vergangenen Leben.

Ruth begann damit, von ihrer Kindheit zu erzählen. Sie hatten wie die meisten Juden in der Tschechoslowakei nur Deutsch gesprochen. Aber sie selbst fühlte sich als Kind schon als Tschechin und antwortete auf Tschechisch, auch wenn es ihren Eltern nicht gefiel. Sie beschrieb mir das vierstöckige Haus auf der Olomoucká Ulice in Prag, in dem die fünf Brüder Sborowitz und deren Familien wohnten, gleich neben der Textilfabrik »Gustav Sborowitz und Sohn«. Der parkähnliche Garten endete an der Mauer eines Gefängnisses. Dort spielte die kleine Ruthinka allein Theater, um den Gefängnisinsassen die Zeit zu vertreiben, weil sie ihr leid taten. Die Häftlinge standen hinter den vergitterten Fenstern und applaudierten. In der Schule hatte sie gespannt ihrer Lieblingslehrerin zugehört, wenn diese vom Kommunismus sprach: »Dann würden nicht nur einige Schüler, sondern alle Füllfederhalter haben.« Mit den Hausangestellten verstand sie sich gut. Mit ihrem Bruder, dem Erben der Fabrik, jedoch gar nicht.

Dann sprach sie vom Tod ihrer Großeltern. Man hatte sie in Auschwitz umgebracht. Ebenso ihre Tante Lili und ihren Vetter Ernst. Auch davon, dass sie zugegen war, als bei ihrer Tante Sara Glass in einem Pappkarton die Asche ihres Onkels Fritz Glass abgegeben wurde. Er starb in Theresienstadt. Ich hörte zu und es schmerzte mich. Ich fühlte mich mitschuldig. Ich wusste nicht, ob sie wollte, dass ich mich schuldig fühlte und dass es mich schmerzte. Ich versuchte ihr zu erklären, dass ich nicht daran glaube, dass man eine Schuld durch ein Geständnis oder durch die Geste des Sich-schuldig-Fühlens wieder gutmachen könne, dass meiner Ansicht nach nur die Einsicht und bewusste Stellungnahme und die ihr entsprechende Aktion die Schuld löschen und die Vergangenheit begraben könnten. Sie verstand, was ich meinte.

Es war mir klar, dass alles zwischen uns aus gewesen wäre, wenn ich versucht hätte zu lügen oder zu beschönigen. So gestand ich Ruth, dass ich bis zu meinem dreizehnten Lebensjahr ein romantischer, patriotischer, dem Nationalsozialismus verfallener Hitlerjunge gewesen war, wenn auch nicht die Art von Jugend, wie Hitler sie sich vorstellte: kriegerisch, vaterlandstreu und gnadenlos. Diese Eigenschaften entsprachen überhaupt nicht meinem etwas schüchternen, etwas ängstlichen Wesen. Meine Mutter hatte mich als melancholisch in seine Gedanken versunkenen, gefühlvollen Jungen porträtiert. Dieses »undeutschen« Bildes wegen wurde ihr das Malen verboten. Erst Jahre später wurde mir, vielleicht beeinflusst von meinen Eltern, vielleicht aus eigener Veranlagung heraus, vielleicht auch einfach aus Angst vor dem immer sichtbarer werdenden Grauen des Krieges, die ganze Verlogenheit und Unmenschlichkeit der nationalsozialistischen Ideologie bewusst. Ich erzählte ihr auch von den letzten Tagen des Krieges, die ich als kaum achtzehnjähriger Soldat in Berlin überlebte. Ruth hörte mir zu und schwieg. Vielleicht schauderte ihr vor mir, vielleicht hasste sie mich in diesem Moment? Dann lachte sie plötzlich hell auf und erzählte mir von Emmi.

Emmi war Sudetendeutsche und Köchin im Haus ihrer Eltern. Sie war für die Nazis, weil sie diese für Sozialisten hielt. Ihr Verlobter war Jude. Ruth liebte Emmi. Auch Emmi hatte Ruth in ihr Herz geschlossen. Emmi und ihr Verlobter luden Ruth öfter ein mitzukommen, um am Ufer der Louchele zu picknicken. Sie taten es, um den Anstand zu wahren. Ruth wusste das. Aber es machte ihr nichts aus und die belegten Brote schmeckten ihr. Als Ruth für immer ihr Elternhaus verlassen musste, um zuerst nach Frankreich und von dort aus nach Chile zu fliehen, hatte ihre Mutter zu Emmi gesagt: »Nehmen Sie sich, was Sie wollen. Wir kommen nicht mehr zurück.« Emmi nahm sich dies und das mit nach Hause und kam deswegen ins Gefängnis, weil sie »Eigentum des deutschen Staates« gestohlen hatte. Wir sahen uns an und lachten über die manchmal komischen Widersprüche des Daseins. Ich beschrieb ihr mein Leben, meine Arbeit und die politischen Ereignisse in Brasilien. Ruth sprach von den Sorgen, die sie sich um ihre Tochter gemacht hatte, als diese drauf und dran war, drogenabhängig zu werden. Wir redeten und redeten und kamen uns so näher.

Wir gingen früh zu Bett, liebten uns leidenschaftlich, immer wieder, immer von Neuem. Im Fensterviereck stand der Nachthimmel ohne Mond, aber voll flimmernder Sterne. Das Donnern der Brandung gegen die Felsen, ganz nahe. Das beruhigende Geräusch des in das Meer zurückfließenden Wassers. Drinnen: unser aufgepeitschter Atem langsam ruhiger werdend. Aneinandergeschmiegt schliefen wir ein, bis uns die Sonne ins Gesicht schien. Das helle Licht eines neuen, blauen Frühlingstags.

Sie waren schnell vorbei, die drei Tage am Meer. Aber wir mussten zurück. Gleich an der Busstation in Santiago schlug uns der Geruch von Tränengas entgegen. Fliehende Demonstranten mit ihren Spruchbändern und flatternden Fahnen rannten hustend, nach Atem ringend, sich nutzlos mit dem Taschentuch die Augen wischend, durch den weißen, stickigen Nebel. Erst kurz zuvor war es der Polizei gelungen, den Zusammenstoß von zwei Demonstrationszügen zu verhindern. Heftige Auseinandersetzungen zwischen Militanten der Volksfront und der Opposition fanden jetzt immer häufiger statt. Wir kehrten in die politische Wirklichkeit zurück.

»El Paro Patronal«

Im Oktober glaubte die Opposition, die Zeit sei reif, um zum endgültig vernichtenden Schlag gegen die Regierung der Volksfront ausholen zu können. Die in ihren Verbänden und Vereinigungen organisierten Unternehmer traten in den Generalstreik: *El Paro Patronal*. Das Ziel war, mit dem Zusammenbruch der chilenischen Wirtschaft, die durch den internen und vom Ausland her betriebenen Boykott schon sehr in Mitleidenschaft gezogen war, den Rücktritt Allendes zu erzwingen. Tausende von Produktionsstätten wurden stillgelegt. Der Strom wurde abgeschaltet, die Tore der Fabriken geschlossen und mit Ketten verriegelt. Die Nachtschicht verließ das Werksgelände durch Seitentüren.

Im ersten Moment fühlten sich die Arbeiter überrumpelt und ratlos. Sie besprachen mit der eintreffenden Frühschicht die Lage, wurden sich jedoch nicht darüber einig, was zu tun sei. Die meisten stiegen wieder in den Bus und fuhren entmutigt nach Hause. Auf allen Sendern der *Unidad Popular* wurde dazu aufgerufen, sich so schnell wie möglich in den Gewerkschaften einzufinden, um über die neu entstandene Situation zu beraten und darüber abzustimmen, wie sich die Arbeiterklasse angesichts des Unternehmerstreiks verhalten solle. Zehntausende von Arbeitern und Angestellten machten sich auf den Weg. Fast überall wurde in überfüllten Versammlungsräumen beschlossen, die Stilllegung der Fabriken unter keinen Umständen zuzulassen und die Produktion schnellstmöglich wieder in Gang zu bringen. Die Arbeiter brachen mit Brechstangen die geschlossenen Tore auf und besetzten die Fabriken. Schon am Nachmittag hatte sich in den meisten der besetzten Betriebe die Produktion wieder normalisiert. Die Fabriken arbeiteten jetzt unter der Leitung der Arbeiter. Produktionskomitees, wenn diese nicht schon existierten, wurden in Eile gewählt und übernahmen die Führung. An den Toren, Mauern und Zäunen wurden Spruchbänder aufgehängt, auf denen stand: »Diese Fabrik ist jetzt in Händen ihrer Arbeiter« oder »Wir brauchen die Besitzer nicht« oder einfach »Wir arbeiten weiter«. Am Tor und auf den Dächern wurde die chilenische Fahne gehisst. Am Abend brachten die Frauen das Essen und reichten es durch die vorsichtshalber wieder geschlossenen Tore.

Die Arbeiter hatten sehr gut verstanden, was Allende meinte, wenn er von der Wichtigkeit der Aufrechterhaltung und Erhöhung der Produktion für das Gelingen der chilenischen Revolution sprach. Er selbst hatte die Bildung von Produktionskomitees zur Verbesserung und Überwachung der Produktion auch im privaten Bereich der Wirtschaft angeraten. Aber nun hatte sich von einem Tag zum anderen und ohne jegliche Planung der Anteil der Betriebe unter Selbstverwaltung fast verzehnfacht. Der Unternehmerstreik hatte zunächst zu einer Stärkung der Positionen der Werktätigen und der »Volksmacht« geführt.

Der Unternehmerstreik war gescheitert. Dennoch hatte er die chilenische Wirtschaft weiterhin geschwächt. In zahlreichen Betrieben hatten die Besitzer, bevor sie das Werk verließen, wichtige Teile aus den Maschinen ausgebaut und mitgenommen. Man fand Sand und Glassplitter im Räderwerk mancher Maschinen, um deren Wiederinbetriebnahme wenn nicht ganz zu verhindern, so doch zu verzögern. Für die Produktion unentbehrliche Dokumente und technische Handbücher fehlten. Die Arbeiter versuchten, die Schäden zu reparieren und die notwendigen Teile selbst herzustellen. Das gelang jedoch nicht immer, und der Einkauf bei den Herstellerfirmen wurde durch den internationalen Boykott sehr erschwert.

Politisch hatte der Unternehmerstreik auf die gemäßigten Anhänger der *Unidad Popular,* die nicht unbedingt die Verwirklichung des revolutionären Programms Allendes anstrebten, negative Auswirkungen. Viele christdemokratische Arbeiter bekamen es angesichts der massiven Besetzung privater Betriebe mit der Angst zu tun und begannen, sich von der Volksfront zu distanzieren.

So ging eine weitere Runde der Auseinandersetzung zwischen Kapital und Werktätigen noch einmal unentschieden zu Ende. Auf beiden Seiten galt jetzt, wenn auch mit unterschiedlichem Ziel, die Losung: »Der Kampf geht weiter«. Etwa von diesem Zeitpunkt an müssen in exklusiven Kreisen der chilenischen Rechten die ersten Beratungen über die Notwendigkeit des Eingreifens der Streitkräfte stattgefunden haben und die ersten Beschlüsse in dieser Richtung gefasst worden sein.

Eine Reise durch die Wüste

Ende Oktober erhielt ich den Auftrag, für Chile Filmes eine Reportage über die Situation in den Salpetergruben zu drehen. Das Filmteam bestand aus Ana Maria, Claudia, Miguel und mir. Afonso Ortega war der einzige Chilene unter uns. Er war unser Fahrer, aber auch unser Führer in der uns vollkommen unbekannten Region im Norden Chiles, in der wir filmen sollten. Er hatte Kontakt zu den Gewerkschaften und Organisationen der Bergarbeiter. Er kannte den Norden, denn er war dort geboren.

Ana Maria war Regieassistentin. Sie kam aus Uruguay. Auch dort hatte, wie in Brasilien, das Militär eine demokratisch gewählte Regierung, die beabsichtigte, soziale Reformen durchzuführen, gestürzt und die Macht übernommen. Im Untergrund kämpfte eine revolutionäre Widerstandsbewegung, die Tupamaros. Ana Maria hatte irgendetwas mit den Tupamaros zu tun gehabt. Aber vielleicht weil sie als Flüchtling nach Chile gekommen war und sich auch dort nicht sicher fühlte, weigerte sie sich, über ihre politische Vergangenheit zu sprechen. Claudia kam aus Argentinien und sollte die Produktion unseres Filmes vor Ort organisieren. Sie war die Jüngste und gewissermaßen die politisch Unschuldigste unter uns. Politik interessierte sie nicht. Aber sie war begeistert von dem, was in Chile vor sich ging, und verehrte Allende. Sie wollte auf irgendeine Weise zum Gelingen seiner Pläne beitragen. Gleichzeitig wollte sie in Chile das Praktikum für den Abschluss ihres Studiums an einer Filmschule in Buenos Aires machen. Miguel war als Tontechniker und ich als Kameramann engagiert.

Jetzt saßen wir zusammen in diesem alten Taxi, welches wir für unsere Arbeit gemietet hatten, und fuhren in den Norden Chiles. Die Städtchen La Serena und Copiapó hatten wir schon hinter uns gelassen. Vor uns lag eine fast 1000 Kilometer lange Fahrt durch die Wüste. Es wurde Nacht. Seit Stunden schon raste der alte Ford über den brüchigen Asphalt, Schlaglöcher überfliegend, um dann mit Furcht erregendem Krachen wieder aufzusetzen. Mit der immer gleichbleibenden Höchstgeschwindigkeit des alten Wagens fuhren wir durch die im Dunkeln nicht zu erkennende Atacamawüste. Über uns flimmerten die Sterne. Weit entfernt, kaum zu unterscheiden im schwachen Licht der Nacht, zogen die Konturen von Bergen und Hügeln vorbei. In den Kurven tasteten die Scheinwerfer über zerklüftete, felsige Abhänge. Für den Bruchteil einer Sekunde glaubte ich, die gezackte Gestalt einer Echse gesehen zu haben, die geblendet in die Helligkeit starrte. Dann verlor sich das Licht wieder in der Finsternis der scheinbar ins Unendliche führenden Straße.

Afonso saß am Steuer. Er war ebenso alt, zuverlässig und erfahren wie sein Ford. Er kannte den Weg auswendig. Er war in Calama geboren, einem Städtchen am Rande der Wüste mit weiß gekalkten Häusern, mit einer Kirche, die von den Spaniern am Anfang der Kolonialzeit erbaut worden war. Dort wurde es am Mittag so heiß, dass man sich die Hände an den Steinen verbrannte, und während der Nacht sank die Temperatur manchmal bis unter den Nullpunkt.

Afonso hatte, fast Kind noch, in den Kupferbergwerken von Chuquicamata gearbeitet. Dann war er im Laderaum eines Lastwagens nach Santiago gefahren, hatte sich mit Gelegenheitsarbeiten durchgeschlagen und schließlich in einer Autoreparaturwerkstatt eine feste Anstellung gefunden. Dort hatte er das Autofahren gelernt und dann jahrelang als Taxifahrer gearbeitet. Irgendwann hatte er sich seinen eigenen Wagen kaufen können, eben diesen Ford, in dem wir saßen, mit dem er jetzt seine Familie und sich ernährte.

Ana Maria, Claudia, Miguel und ich gehörten dem Mittelstand an, einer Schicht, die, wenn gesellschaftliche Konflikte den inneren Frieden erschüttern, im Allgemeinen unentschieden hin und her schwankend in der Mitte steht. Im damaligen Lateinamerika, angesichts der wirtschaftlichen Abhängigkeit ihrer Länder, der Ausbeutung von außen und vielleicht auch, weil sie der politischen Bevormundung wegen, die sie erlitten, gekränkt waren, wurden nun auch große Teile des Mittelstandes rebellisch. Viele von ihnen entwickelten damals sehr radikale Ideen.

Wir glaubten, dass Aktionen kleiner Gruppen zu vorrevolutionären Situationen führen würden, welche von den Ausgebeuteten des Kontinents dazu genutzt werden könnten, zur Revolution vorzustoßen. Kuba war unser Beispiel, Che Guevara unser Vorbild. Die Scham über die demütigende Entmündigung Lateinamerikas, die systematische Niederschlagung aller aufkeimenden Unabhängigkeitsbestrebungen durch militärische Gewalt und unsere Ohnmacht dieser Realität gegenüber brannten uns in der Seele und hatten in uns ein Feuer entzündet, das nur durch die direkte Teilnahme am Kampf gelöscht werden konnte. Wir wollten wirklich eine bessere Welt erkämpfen und nannten diese bessere Welt Sozialismus. Aber wir wussten nicht, und waren uns uneinig darüber, wie sich unsere Vorstellungen verwirklichen ließen. Da wir zu viel über revolutionäre Theorien gelesen hatten, konnten wir das eigentliche Wesen revolutionärer Veränderungen nicht begreifen. Wir glaubten, dass diese von außen hervorgerufen werden könnten, während sie tatsächlich aus dem Inneren der Gesellschaft herauswachsen und die Kraft vieler Generationen benötigen, um zu reifen. So stritten wir über abstrakte Thesen, über Vorgänge, die wir nicht erlebt und von deren wahrem Verlauf wir keine Ahnung hatten: über die »chinesische Linie«, über Lenins Weg zum Sozialismus, über die sogenannte Fokusstrategie, mittels derer Fidel Castro damals, während die USA gerade nicht richtig hinschauten, mit Hilfe des kubanischen Volkes den korrupten Staatsapparat des Diktators Batista zu Fall bringen konnte. Nur eines begriffen wir nicht: dass keiner dieser Wege zum Sozialismus auf die chilenischen Verhältnisse anwendbar war.

Afonso blickte ganz konzentriert nach vorn auf den Weg. Obwohl er doch alles hörte, was wir da diskutierten, äußerte er sich nicht. Mir schien, als hätte er hin und wieder den Kopf geschüttelt und schräg nach hinten geblickt, um uns subtil aber deutlich zu verstehen zu geben, wie wenig ihm unsere Diskussion gefiel. Für ihn war Politik nicht, wie für uns, ein momentanes, radikales Sich-Auflehnen gegen die Verhältnisse, sondern eine sich über Generationen hinziehende, vielleicht nie endende, zähe Auseinandersetzung zwischen den Werktätigen und der Besitzerklasse. Nach Jahrzehnten des Kampfes gegen die offizielle Weigerung, ihre Rechte anzuerkennen, war es der chilenischen Arbeiterklasse gelungen, einen Präsidenten zu wählen, der ehrlich auf ihrer Seite stand. Nun galt es mit Umsicht, Mut und Einigkeit die Regierung der Volksfront zu verteidigen.

Ein blasser Streifen Helligkeit am Horizont kündigte den

neuen Tag an. Die Wüste lag noch im Dunkeln wie ein schwarzes Meer, doch schnell wurde es heller. Ergriffen von dem kosmischen Geschehen, schwiegen wir eine Weile wie bei einer Andacht. Über der weit entfernten, aber deutlich sichtbaren Kette der Anden ging die Sonne auf und überschwemmte die Hügel mit ihrem Licht. Es war wie ein Aufjubeln in Farben. Eine unbeschreibliche Mannigfaltigkeit der unterschiedlichen Variationen von Lila, Rosa und golden glühendem Ocker wehte über die Wüste. Im Schatten dunkles Violett. Bald ließ die höher steigende Sonne die Farben erblassen. Es wurde heiß.

Die Atacamawüste verbirgt unermesslichen Reichtum: Kupfer; Chuquicamata ist die größte im Tagebau abgebaute Kupfergrube der Welt. Salpeter; meterdicke Schichten vielfach verwendbarer Salze, Ablagerungen von vor Millionen von Jahren verdunsteter Meere, bedecken die Niederungen. Außerdem gibt es unter der Wüste viel Wasser: aus den Anden kommende Schmelzwasser, Ströme von Wasser, die in der Tiefe unter der trockenen Kruste dem Meer zufließen. Man braucht nur zu bohren. Dann sprudelt das Wasser hervor und verwandelt die Wüste in Ackerland.

Mitten in der trockensten Trockenheit ist es vereinzelt und einsam stehenden dornigen Bäumen gelungen, mit ihren Wurzeln das Wasser zu erreichen und zu wachsen. Auch sonst gibt es Leben in der Wüste. An den Schattenseiten der Steine siedeln verschiedene Arten von Flechten und manchmal stachlige, farbig blühende Kakteen. Sie leben vom Licht, vom Salz der Steine und von der vom Meer herübergewehten Feuchtigkeit. Es gibt Mäuse, die von den Flechten und Kakteen leben, Echsen und Schlangen, die die Mäuse fressen.

Eine unvermutet, wie vergessen am Straßenrand stehende Benzinpumpe ließ uns anhalten. Sie funktionierte. Afonso tankte und goss dann aus einem neben der Pumpe stehenden Eimer Wasser in den Kühler. Aus einer hinter stachligem Buschwerk versteckt liegenden Hütte schlurfte ein sehr alter Mann heran, um zu kassieren. Er bot uns *pisco* und Trinkwasser zum Kauf an. Er sagte, dass er schon seit zwölf Jahren allein an diesem Ort wohne. Afonso hielt uns an, Wasser zu trinken. So viel wie möglich. Die Fahrt würde noch eine Weile dauern.

Abseits des Weges, weithin sichtbar wie ein Mahnmal an die Nachkommen, stand ein einsam aufragender schwarzer, eiserner Schornstein: eine der in der Wüste versandenden *ciudades fantasma*, eine der »Geisterstädte«. Ruinen am Ende des Salpeterbooms aufgegebener, verlassener Salpeterwerke: Straßen, auf denen sich der Sand und der Staub kräuselten, wie Wellen auf dem Wasser, gesäumt von halb verfallenen wellblechgedeckten Baracken. Eine Tür, ein Fenster, die Scheiben zerbrochen ... Hunderte von Türen und Fenstern, jeweils die Wohnung einer Familie, zwei Räume ohne Bad. Das Wasser musste man sich am einzigen gemeinsamen Wasserhahn in der Mitte der Straße holen. An die den Wohnbereich des Werkes eingrenzende Mauer gelehnt, eine Reihe von Latrinen für alle. Ein Platz, umgeben von den Ruinen der Verwaltungsgebäude, Lagerschuppen des werkseigenen Ladens, der sogenannten *pulpería*. In den verlassenen Gebäuden seit Jahrzehnten im Wind schlagende und in ihren Angeln ächzende Türen, klappernde, schief herunterhängende Fensterläden, knarrende Treppen. Die Fabrik: im Wind und in der Hitze zerbröckelnde Mauern, verrostete Kessel, von Salpeter überkrustete hölzerne Treppen und Gerüste und alles hoch überragend dieser eiserne, mit Drahtseilen im Stein verankerte erloschene Schlot.

Einsam in der Wüste der Friedhof: im Sand und im Staub versinkende Grabhügel, gusseiserne Kreuze, Kreuze aus verwitterndem Holz. Verstaubte weiße und blaue Papierblumen. Holztäfelchen, auf denen kaum mehr lesbar die Namen der Verstorbenen standen. Ganz kleine Kindergräber. Gräber an Krankheit in der Wüste gestorbener, bei Arbeitsunfällen umgekommener, bei Rebellionen erschossener Arbeiter, ihrer Frauen und Kinder.

In der Nähe des Fabriktors, aber in angemessener Distanz, lag das Herrenhaus in altenglischem Stil. Auch hier zerbrochene Fensterscheiben, herausgerissene Türen. In den verstaubt herunterhängenden, brüchigen Tapetenresten raschelte der Wind. Knarrende Treppen und Dielen. Hinter dem Gebäude verdorrte Palmen, Bäume und Sträucher: der ehemalige Park. Das Schwimmbad voller Sand. Auf dem offen stehenden, reich mit gusseisernem Blattwerk verzierten Portal waren noch die Initialen des Familiennamens der Besitzer zu lesen. Nach dem Niedergang des goldenen Zeitalters des Salpetergeschäfts, nach der Erfindung des Kunstdüngers, hatten die ausländischen Herren das Werk für immer verlassen, um sich andernorts irgendwo in der Welt rentableren Geschäften zuzuwenden.

Der alte Ford raste weiter in den »Großen Norden«. Die Hitze flimmerte über der Wüste, zerklüftete und zerbröckelte die Felsen, brach Spalten auf in der Steinschicht über dem Salpeter. Der Himmel am Mittag war weiß. Heißer Wind wehte uns durch die offenen Fenster des Wagens entgegen. In weiter Ferne zogen die schneebedeckten Gipfel der Anden vorbei. Plötzlich sahen wir erstaunt, dass es nicht allzu weit vor uns vor Kurzem geregnet haben musste. Die Straße glänzte vor Nässe. Auf dem nassen Asphalt war das Spiegelbild eines uns entgegenkommenden Lastwagens deutlich zu erkennen. Noch weiter vor uns waren die Niederungen zu beiden Seiten des Fahrdamms überschwemmt. Ganze Seen hatten sich gebildet, in denen sich die dahinterliegenden Hügel spiegelten. Aber wir fuhren und fuhren und konnten das Wasser nicht erreichen. Afonso erklärte uns, dass das, was wir da sahen, eine durch die Hitze hervorgerufene optische Täuschung sei: eine Fata Morgana. Keiner von uns außer ihm hatte je zuvor eine Fata Morgana gesehen.

Die Sonne sank schon dem Pazifik zu, als endlich, weit

weg am Horizont, der Schornstein der Salpetergrube Santa Helena auftauchte. Pechschwarzer Qualm stand am blauen Abendhimmel. Aber bevor wir das Werk und die Siedlung erreichten, mussten wir anhalten. Ein schwerer Lastwagen stand quer auf der Straße. Ein Posten der Werkpolizei teilte uns mit, dass gesprengt würde. Eine Kette kurz aufeinanderfolgender Explosionen ließ die Wüste erzittern. Reihen von Rauchpilzen schossen in den Himmel. Eine Zeit lang regnete es Steine. Erst dann bemerkten wir die Arbeiter, die während der Sprengung in Deckung gegangen waren und die jetzt zu den Sprenglöchern rannten, um sofort damit zu beginnen, den Steinschutt abzuräumen. Mit Presslufthämmern wurden die Sprenglöcher verbreitert und der unter der steinernen Kruste liegende Salpeter zerkleinert. Er sah aus wie schieferartiges, halb durchsichtiges Glas. Eine Kolonne von Lastwagen näherte sich, um das gewonnene Mineral in die Fabrik zu befördern.

Die *oficina* Santa Helena produzierte jetzt Tag und Nacht. Der Salpeter wurde gebrannt, gemahlen und mit Chemikalien behandelt. Das wertvolle Jod wurde herausgelöst. Auf der einen Seite des mehrstöckigen Fabrikgebäudes häuften sich Berge von unverwertbarem Schutt. Auf der anderen wurde der weißgraue Salpeter in Säcke gefüllt und von den Arbeitern auf Güterwagen verladen, in denen er auf kurvenreichen Gleisen durch die Wüste zum Salpeterexporthafen Iquique transportiert wurde.

Die Santa Helena war im vergangenen März verstaatlicht worden. Anschließend waren auf einer Vollversammlung der Angestellten des Werkes die neue Betriebsleitung und die Vorarbeiter der verschiedenen Sektoren der Produktion gewählt worden. Seitdem war die Produktion um zwanzig Prozent gestiegen. Aber unerwartete Schwierigkeiten waren aufgetaucht, weil die ausländischen Lieferanten von Ersatzteilen die Lieferungen eingestellt hatten. Es war ein allgemeiner internationaler Boykott, der auch die Förderung in den Kupferbergwerken zu gefährden begann. Die Arbeiter beschlossen, die fehlenden Ersatzteile auf der Drehbank selbst herzustellen. Aber das musste gelernt sein. Es fehlte an entsprechenden Werkzeugen und am entsprechenden Material. Man hätte Zeit gebraucht, um sich anzupassen. Der gewonnene Vorsprung in der Produktion wurde bald durch immer häufiger auftretende Betriebsstörungen wieder zunichte gemacht. Aber die Arbeiter hatten Vertrauen in die Zukunft. Sie versicherten uns, dass spätestens in einem Jahr die Schwierigkeiten überwunden wären.

Der Ort Santa Helena, eingegrenzt von der Fabrikmauer und den Mauern zur Wüste hin, lag wie geduckt zu Füßen des alles überragenden, unaufhörlich schwarz qualmenden Schornsteins. Mit seinen aus Backsteinen errichteten, ziegelgedeckten, niedrigen Häusern, seinem Platz in der Mitte, an dem verschiedene Läden, das Verwaltungsgebäude, ein geräumiger Versammlungs- und Tanzsaal, das Hotel und etwas abseits eine kleine Kirche lagen, mit seinen rund dreitausend Einwohnern, war er fast ein Städtchen zu nennen. Aber da es ja nie regnete an diesem Ort, war er wie von einem grauen Mantel mit einer dicken Staubschicht bedeckt. Der Staub lag über zehn Zentimeter hoch auf allen Dächern. Man stapfte durch ihn auf den Straßen. Er ließ die mühsam auf dem Stadtplatz am Leben erhaltenen Blumenbeete ergrauen. In den kleinen Vorgärten wuchsen in Kästen und Töpfen einige von den Hausfrauen liebevoll betreute Blumen und niedrige Sträucher. Auch diese waren, wenn sie nicht gerade begossen wurden, staubig und grau.

Es war Samstag. Wir hatten den ganzen Tag über gedreht und kehrten schwitzend in das zweistöckige, aus Balken und Brettern erbaute Hotel zurück. Der Staub klebte uns am ganzen Körper. Aber die Dusche tropfte nur und das Wasser im Krug reichte kaum, um sich Gesicht und Hände zu waschen. Trotzdem beschlossen wir, nach dem Essen in das Stadthaus zu gehen, in dem an allen Sonnabenden getanzt wurde. Die *cueca* war schon in vollem Gang, als wir ankamen. Musik andinischer Flöten und Pfeifen und die Klänge einer Ziehharmonika schlugen uns entgegen. Der Saal vibrierte und dröhnte im Rhythmus der stampfenden Schritte und Sprünge der Tanzenden. Die Frauen drehten sich im Kreis um die Männer. Dann die Männer, verführerisch ihre Taschentücher schwenkend, schrille, trillernde Schreie ausstoßend, in umgekehrter Richtung um die Frauen. Dann alle zusammen einmal in dieser, einmal in jener Richtung mit Schwung im Kreis herum. Im Saal drängten sich bis an die Wände die Arbeiter der Salpetergrube und ihre Frauen. Die jungen Mädchen und die unverheirateten Männer tanzten mit besonders verführerischem Charme. Am Tresen wurden reichlich Wein und *pisco* ausgeschenkt.

An diesem Abend tanzte ein besonderer Gast mit: José Toha, Verteidigungsminister der *Unidad Popular*. Da er sehr groß und sehr mager war, wurde er vom Volk liebevoll *el flaco Toha*, das heißt »der dünne Toha«, genannt. Sein Kopf mit dem unverwechselbaren schwarz-weiß melierten Spitzbart und seine Schultern kreisten hoch über der Menge. Aber er tanzte die *cueca* so gekonnt, dass alle applaudierten und Platz freiließen nur für ihn und seine Partnerin. Sie war klein, von gedrungenem, in die Breite gehendem Körperbau. Eine echte Bergarbeiterfrau. Aber auch sie tanzte die *cueca* mit einer Grazie und einem Schwung, wie es nur die Chilenen können. Er umkreiste sie, sein Taschentuch schwenkend, sie umkreiste ihn und so immer fort. Der Kreis der tanzenden Paare umschloss die beiden wieder, und ich sah nur noch seinen Kopf über der Menge.

Es war schon spät, als ich den Platz überquerte, um endlich schlafen zu gehen. Schwarz vor der silbrigen, flimmernden Helligkeit des Nachthimmels der hoch aufragende, qualmende Schlot. Ich spürte, wie winzig ich war auf unserem im Weltall kreisenden Planeten und wie unbedeutend. Wenn unser Dasein ganz plötzlich ein Ende nähme, würde es niemand im All auch nur bemerken. Erstaunlicherweise fühlte ich mich glücklich bei diesem Gedanken. Traumlos schlief ich den Rest der Nacht. Am frühen Morgen ging es weiter. Wir filmten noch in den Salpetergruben Pedro de Valdivia, Marusia und anderen und in den Hafenstädten Antofagasta und Iquique. Dann begaben wir uns auf den Rückweg.

Afonso hatte uns gegenüber während der ganzen Reise durch den Norden eine manchmal befremdende Zurückhaltung bewahrt. Es war mehr als die formelle Art, die Chilenen Fremden gegenüber oft an sich haben. Er verrichtete seine Arbeit, ohne jemals Forderungen zu stellen oder anderer Meinung zu sein, sozusagen professionell. Er war immer freundlich, half mit, wenn es darauf ankam, und lachte mit, wenn es etwas zu Lachen gab. Aber er bewahrte Distanz. Eine unsichtbare Wand schien zwischen seinem Leben und dem unsrigen zu stehen. Erst am Ende der Reise, kurz vor unserer Rückkehr nach Santiago, fand ich Gelegenheit, von ihm zu erfahren, wie er die Dinge sah. Wir saßen nach Drehschluss bei einem Glas Wein. Wir kannten uns schon besser. Sein anfängliches offensichtliches Misstrauen schien verschwunden zu sein. Auch ich hatte meine Hemmungen ihm gegenüber überwunden und ihn rundheraus gefragt, was er von der Politik Allendes halte und wie er sich die Zukunft vorstelle. Anstatt meine Frage zu beantworten, begann er von der Vergangenheit und von seiner Familie zu erzählen: Er sei Kommunist. Seine ganze Familie gehöre der Partei an. Auch seine Eltern seien Kommunisten gewesen, obwohl sie als Anarcho-Syndikalisten angefangen hätten, die damals begonnen hatten, die Arbeiter der Salpetergruben im Norden zu organisieren. Sie hatten das Massaker in der Schule Santa Maria in Iquique überlebt.

»Das war am 21. Dezember 1907 gewesen. Die Arbeiter der Salpetergruben der ganzen Region waren in den Streik getreten. Tausende von Arbeitern, begleitet von ihren Frauen, waren stundenlang zu Fuß durch die Wüste in die Hauptstadt marschiert, um der Grubenverwaltung einen Brief mit ihren Forderungen zu überreichen. Es ging um geringfügige Verbesserungen der Arbeitsbedingungen. Sie wurden angewiesen, im Hof der Schule Santa Maria zu warten. Die Antwort kam gegen Abend. In den Fenstern der oberen Stockwerke der den Hof eingrenzenden Gebäude wurden Maschinengewehre aufgestellt. Der Kommandant rief: ›Feuer!‹ Nachdem sie aufgehört hatten zu schießen, lagen 2000 Leichen und verblutende Verwundete auf dem Schulhof. Bei Einbruch der Dunkelheit flohen die Überlebenden zurück in die Wüste.«

Afonso sah mich einen Moment lang feindselig an, so als ob ich auf irgendeine Weise Schuld hätte an dem Verbrechen. Dann fügte er ironisch hinzu:

»Die Maschinengewehre, mit denen in der Escuela Santa Maria de Iquique geschossen wurde, stammten übrigens aus Deutschland. Erstklassige Ware. High-Tech für die damalige Zeit. Ich glaube, sie wurden in den berühmten Kruppwerken hergestellt.«

Einlenkend, in wieder freundlichem, fast kameradschaftlichem Ton fuhr Afonso fort: »Ich bin nicht gegen Ihr Land oder gegen die Deutschen. Verstehen Sie mich nicht falsch.« Und mit einem Schmunzeln: »Immerhin waren Marx und Engels ja auch Deutsche. Ich bin gegen die Kapitalisten, die mit dem Verkauf von Waffen Geld verdienen, und gegen die chilenischen Regierungen, die jene Waffen kauften, um damit auf ihre eigenen Arbeiter zu schießen. Wie soll man das erklären? Den chilenischen Arbeitern in den Salpetergruben war es untersagt, Waffen zu besitzen. Aber die englischen Besitzer brauchten nur die Kommandantur von Iquique anzurufen, und chilenische Militärs waren sofort bereit, auf ihre eigenen Landsleute zu schießen, um die Interessen der Engländer gegen die chilenischen Bergarbeiter zu verteidigen. Für mich gibt es dafür nur eine einzige Erklärung: Kapitalismus und Imperialismus! Vielleicht verstehen Sie jetzt, warum ich Kommunist bin?«

Afonso kehrte wieder in die Vergangenheit zurück:

»Der ganze Norden gehörte damals fünfzig englischen und einigen deutschen Firmen. Sie hatten sich bei der chilenischen Regierung die Rechte für die Nutzung der in der Wüste reichlich existierenden Bodenschätze, besonders Kupfer und Salpeter, gekauft, und um die Zustimmung des chilenischen Parlaments sicherzustellen, eine Reihe von Abgeordneten und Senatoren bestochen. Um den beanspruchten Gewinn für die Kapitalanlage zu gewährleisten, mussten sie natürlich die chilenischen Arbeiter so weit wie irgend möglich ausbeuten. Man wurde um drei Uhr morgens geweckt und in die eiskalte nächtliche Wüste geschickt. Den Salpeter mussten die Arbeiter selber finden. Mit Dynamit wurden Löcher in den Stein gesprengt. Die Kinder krochen in diese Löcher und schafften die Gesteinsbrocken an die Oberfläche. Fand man darunter Salpeter, wurde das Loch verbreitert, mit Hämmern der Salpeter zerkleinert und vom Restgestein getrennt. Auf von Maultieren gezogenen Karren wurde der Salpeter in die Fabrik gefahren. Um Mittag stieg die Temperatur auf vierzig Grad Celsius. So ging es täglich vierzehn Stunden lang.

Die Bezahlung pro Karren zerkleinerten Materials erfolgte in von den Firmen selbst geprägten Kupfermünzen, auf denen zum Beispiel stand ›*Oficina* Santa Laura, betrieben von The London Nitrat CO‹ oder ›Compania Salitrera Alemana‹. Auf der Kehrseite der Münze war ihr Wert angegeben: *vale una carretada caliche* – Gut für eine Ladung Salpeter. Für dieses nur im Bereich des Unternehmens gültige, sonst wertlose Geld konnte nur im Laden der Firma eingekauft werden. Die Abhängigkeit der Arbeiter war vollständig.

Gut«, unterbrach sich Afonso selbst, »unter diesen Bedingungen entstand die chilenische Arbeiterbewegung.« Dabei blickte er mir wieder direkt in die Augen. Diesmal jedoch mit unverhohlenem Stolz. »Die bessere Welt, wie ihr sie euch vorstellt, wäre damals eine Welt gewesen, in der man sich anständige Schuhe hätte kaufen können, in der man sich nach der Arbeit hätte waschen können. Es wäre eine Welt gewesen, in der man in richtigen Häusern wohnen, seine Kinder richtig ernähren und vielleicht sogar in die Schule hätte schicken können.

Die Streiks, die ausbrachen, wurden mit Gewalt unterdrückt. Santa Maria war nicht das einzige Massaker. Es folgten La Coruña, die *oficina* Marusia. Der Widerstand der Salpeterarbeiter brach schließlich zusammen, weil sie allein standen, isoliert von der Welt, die kaum etwas von ihrem Kampf erfuhr. Es war Luis Emilio Recabarren, dem es gelang, nach langjährigem zähen und gefahrvollen Bemühen die Arbeiter ganz Chiles zu vereinigen. Mit seinen Schriften, Vorträgen und Reden und als Abgeordneter war er der chilenischen Arbeiterklasse ein echter Lehrer gewesen. Er hatte ihr Selbstbewusstsein gestärkt und ihr Vertrauen in die eigene Kraft gegeben. 1922 gründete er die Kommunistische Partei Chiles. Ein Jahr später reiste er in die Sowjetunion, um am IV. Kongress der Kommunistischen Internationale teilzunehmen.«

Afonso machte eine längere Pause. Dann sagte er nachdenklich, wie zu sich selbst, mit einer Stimme, der man den Schmerz, den er empfand, anmerkte, so leise, dass ich ihn kaum verstehen konnte: »Nach seiner Rückkehr aus der Sowjetunion zog er seine Kandidatur als Abgeordneter der Partei zurück. Am 29. Dezember 1924, mit 45 Jahren, nahm er sich das Leben.« – Unwillig und mit wieder fester Stimme fügte er hinzu: »Ich habe den Selbstmord Recabarrens nie begreifen und nie akzeptieren können.«

Dann schüttelte er den Kopf, machte eine Handbewegung, wie um diese Gedanken zu verscheuchen, goss sich ein neues Glas ein und musste plötzlich lachen. Er hatte sich an unsere Diskussionen während der Hinfahrt erinnert. Er gestand, dass er damals unser Geschwätz kaum ertragen konnte. Aber er habe sich gesagt, wir seien halt Gringos, von denen man nicht verlangen konnte, dass sie die Dinge verstünden. Er sei jedoch von Anfang an davon überzeugt gewesen, dass wir auf der richtigen Seite stünden und mit den besten Absichten nach Chile gekommen waren. Er versuchte zu erklären: Die geschichtlichen Ereignisse seien nicht in Diskussionen entstanden, auch nicht durch solche zu lösen. Selbst die besten Theorien spielten nur eine untergeordnete Rolle. Was heute geschehe, sei über Generationen innerhalb der Gesellschaft gewachsen und gereift. Die heutige Situation in Chile, die Wahl Allendes, alles, was heute geschehe, sei Resultat dessen, was vorher schon vom Volk erdacht und erkämpft worden war. Ich fragte ihn noch einmal, ob er an einen Sieg Allendes glaube. Er sagte mir, Allende sei ein intelligenter Politiker, er hätte Talent zum Verhandeln, er stehe ohne Zweifel und ehrlich auf der Seite des Volkes. Aber es fehle ihm an der notwendigen Macht, um sein Vorhaben zu verwirklichen. Deshalb könne man das, was er, Afonso, in diesem Moment für Chile empfinde, kaum als Hoffnung bezeichnen. Was er fühle, sei ein Zustand der Kampfbereitschaft innerhalb eines Konflikts, den man Klassenkampf nennt. Aber das sei ein Kampf ohne Ende, der auch nach Allende weitergehen würde. Friede würde erst dann möglich sein, wenn der Mensch imstande wäre, sich innerlich zu ändern.

»Der Neue Mensch«, sagte ich und blickte nun ihm in die Augen. Wir mussten beide lachen. Wir stießen an. In diesem Moment hatten wir uns verstanden.

Dem »Neuen Menschen«, wie er in den marxistischen Vorstellungen als Resultat einer veränderten, neuen Gesellschaft entstehen soll, und wie er vielleicht, trotz allem, einmal in ferner Zukunft tatsächlich existieren wird, begegneten wir, schon auf der Rückfahrt, in der *oficina* Alemana. Der hinter den Hügeln stehende, schwarz qualmende Schornstein zeigte uns den Weg durch die Landschaft aus zerbröckelndem Gestein. Auf dem gusseisernen Torbogen stand in verrosteten Lettern geschrieben: *Oficina Salitrera Alemana.* Neben dem Tor wehte im heißen Wind die chilenische Fahne. An der Mauer der Fabrik selbst hing ein Spruchband mit dem Hinweis: »*La oficina Alemana ahora en manos de sus trabajadores*« – »Die Deutsche Grube jetzt in Händen ihrer Arbeiter«.

Wir traten in eine Welt, wie sie fünfzig Jahre zuvor existiert haben mochte. Eine der Geisterstädte, die wir auf der Hinfahrt besucht hatten, schien zu neuem Leben erwacht zu sein. Nichts schien sich verändert zu haben. Reihen von wellblechgedeckten Backsteinbaracken säumten die an der Mauer zur Wüste hin endenden Straßen. Je ein Fenster und eine Tür. Dahinter zwei Räume, aber kein Bad. Da wohnten die Arbeiterfamilien. Die Kinder spielten im Staub der Straße. Keine Schule. Die Frauen holten am gemeinsamen Wasserhahn das Wasser zum Trinken, zum Kochen, um sich zu waschen. Sie wuschen die schmutzigen Hemden und Hosen ihrer Männer vor der Haustür. Am Mittag stach die Sonne durch das dünne Zinkblech in die Wohnungen. Nachts wurde es sehr kalt in den Baracken. Die Latrinen für alle lagen am Ende der Straße.

Die Fabrik war gespenstisch. Sie erinnerte an unangenehme Träume oder an Kafkas *Strafkolonie*. Die Gerüste und die hölzernen Treppen, die zu den drei Stockwerke hohen Kesseln führten, die Galerien und deren Geländer, der ganze Boden, alles war überkrustet von einer zentimeterdicken Salpeterschicht. Unter den Treppen, an der Unterseite der Geländer, an den Balken der Gerüste hing das Salz in Zapfen wie Tropfstein. Man musste sich in Acht nehmen, um auf dem Salpeter nicht auszurutschen.

Für den Nachmittag war in der Fabrik eine Versammlung einberufen. Frauen und Männer drängten sich unter den

Treppen und Gerüsten, zwischen eisernen Behältern und Bergen von Salpeter. Sie standen auf den Treppen und Galerien. Alle schwiegen, während der Vorsitzende der Gewerkschaft einen Brief Allendes an die Arbeiter der *oficina Alemana* vorlas. Allende teilte mit, dass die Regierung der *Unidad Popular* angesichts der schwierigen finanziellen Lage der Arbeiter der Grube beschlossen hätte, die Löhne aller Angestellten zu verdoppeln. Der anfängliche Beifall wich bald einer allgemeinen Unschlüssigkeit. Die Arbeiter fingen an, unter sich zu diskutieren. Es bildeten sich Gruppen von Männern und Frauen, in denen immer heftiger aufeinander eingeredet wurde. Schließlich bat der Vorsitzende um Ruhe. Wer etwas zu sagen habe, der solle sich melden.

Es war eine Frau, die als Erste die Hand erhob. Zögernd und sich offensichtlich ihrer Sache nicht ganz sicher, in langsam aufeinanderfolgenden, aber deutlich ausgesprochenen Worten teilte sie der Versammlung mit, was sie dachte: Sie habe sich gefragt, ob es nicht vielleicht besser wäre, das von der Regierung versprochene Geld für Verbesserungen in der Fabrik zu verwenden. Diese gehöre ja jetzt dem Volk. Alle wüssten, wie dringend notwendig diese Verbesserungen und Reparaturen seien. Nach einer Pause fuhr sie fort: »Die Produktion ist sehr wichtig für den Sieg des Volkes. Wir müssen es den Gringos zeigen, dass wir auch ohne sie auskommen.« Wieder herrschte eine Zeit lang Schweigen in der Versammlung. Dann begannen die Arbeiter, einer nach dem anderen die Hand zu erheben, um zu sagen, dass sie dem Vorschlag zustimmten. Es wurde abgestimmt und fast einstimmig beschlossen, das Geld in die Fabrik zu investieren. Der Vorsitzende machte den Vorschlag, einen Brief an den *compañero* Allende zu schreiben, um ihm den Beschluss der Arbeiter mitzuteilen. Der Brief wurde abgefasst, ins Reine geschrieben und von allen langsam und sorgfältig unterschrieben oder mit einem Daumenabdruck beglaubigt. Der Brief endete mit den Worten:

»*Viva nuestro Presidente Allende! Viva Chile! Venceremos!*«

»Hoch lebe unser Präsident Allende! Hoch lebe Chile! Wir werden siegen!«

Zurück in Santiago, kam der Moment des Abschieds. So ist es nun einmal beim Film. Man arbeitet ein paar Wochen zusammen, lernt sich kennen, diskutiert und streitet sich und dann trennt man sich wieder. Jeder geht seine eigenen Wege. Von Ana Maria und Afonso habe ich dann nichts mehr gehört. Claudia fuhr zurück nach Argentinien. Sie schrieb mir eine Postkarte, in der stand, dass es ihr gut ginge, dass sie ihre Abschlussprüfung an der Filmschule, die sie besuchte, gut bestanden hatte und dass sie uns in Chile alles Gute wünsche. Sie konnte damals nicht ahnen, dass sie einige Jahre später in Argentinien eine Militärdiktatur erleben würde, die vielleicht die Schlimmste in ganz Lateinamerika war: 25 000 Verschwundene, die »auf der Flucht erschossen«, zu Tode gefoltert und dann irgendwo verscharrt oder von Flugzeugen aus gefesselt ins Meer geworfen wurden. Aber das war erst später.

Miguel und ich gingen unserer Arbeit nach, manchmal zusammen, manchmal jeder für sich. Miguel traf sich regelmäßig mit einer Gruppe brasilianischer Flüchtlinge, die vergeblich versuchten, im Exil zur Befreiung ihres Heimatlandes beizutragen. Ich selbst war als sogenannter Sympathisant dem MIR beigetreten und nahm gehorsam an allen Versammlungen, propagandistischen und sonstigen Aktivitäten teil, so wie es die Partei verlangte. Sicher war mein Entschluss, mich ausgerechnet der radikalsten Gruppe innerhalb der Volksfront anzuschließen, nicht das Resultat durchdachter, theoretisch untermauerter Überlegungen gewesen. Der MIR dachte ähnlich wie die ALN in Brasilien. Außerdem hatte mir der letzte *companheiro*, von dem ich mich dort verabschiedete, geraten, mit dem MIR Kontakt aufzunehmen. Aber ich hätte ebenso gut einer anderen Partei der damaligen Linken in Chile beitreten können. Das hätte vielleicht meinem eigentlich friedfertigen, die Gewalttätigkeit fürchtenden Charakter mehr entsprochen, und es wäre im Grunde dasselbe gewesen. Meine Absicht war ja nur, beizutragen zum Gelingen des politischen Vorhabens, welches Chile damals bewegte. Der Wahlsieg Allendes hatte in mir neue Hoffnungen geweckt. Ich hätte gar zu gern an seinen friedlichen, demokratischen Weg zum Sozialismus geglaubt. Aber meine Erfahrungen in Brasilien hatten mich misstrauisch gemacht und hatten meinen Glauben an die Demokratie erschüttert. Der MIR vertrat die Ansicht, dass ein friedlicher Weg zum Sozialismus nicht möglich sei, dass die mit der Wahl Allendes in Chile entstandene Konfliktsituation zwangsläufig zur gewalttätigen Konfrontation führen müsse, und das nichts anderes übrig blieb, als sich auf diese so gut wie möglich vorzubereiten. Das überzeugte mich damals.

Heute, mehr als dreißig Jahre danach, glaube ich, dass Allende recht hatte und nicht der MIR. Es gab damals und es gibt auch heute keinen anderen Weg zu einer gerechteren Gesellschaft als die Verwirklichung der wahren Demokratie, der Herrschaft des Volkes, einer Gesellschaft, an deren politischen und wirtschaftlichen Entscheidungen alle gleichberechtigt beteiligt sind, in der auch das Privateigentum demokratisch beschlossenen Beschränkungen unterworfen ist, damit der Besitz nicht zur politischen Macht werden kann, in der aber auch alle dafür verantwortlich sind, was in dieser Gesellschaft geschieht. Es war diese Gesellschaft, die Allende wollte. Immer wieder hat er in seinen Reden darauf hingewiesen, dass das Volk in der geplanten neuen Gesellschaft nicht nur in den Besitz neuer Rechte kommen wird, sondern dass es auch Pflichten auf sich zu nehmen hat, dass es vor allem aber verstehen muss, dass es selbst die Verantwortung trägt für den Bestand dieser Gesellschaft.

Revolutionen finden nicht statt, weil jemand sie will. Sie entstehen gewissermaßen wie von selbst, wenn die herrschenden Verhältnisse, das Übermaß der Ausbeutung und Unterdrückung und die soziale Ungerechtigkeit unerträglich werden. Oft haben Revolutionen zur Verbesserung der Lebensbedingungen des Volkes geführt und rückständige Gesellschaften den Bedingungen der Zeit angepasst. Aber diese Übergangssituation kann nicht von Dauer sein, wenn sie nicht zu einer effektiven Verbesserung der demokratischen Beziehungen unter den Menschen führt. Es ist notwendig, dass die Menschen lernen, freiwillig etwas abzugeben von ihrem Besitz, dass sie fähig werden zu teilen. Aber das ist vielleicht das Schwierigste von allem.

Während ich versuche, mich genau daran zu erinnern, wie es damals war, was ich damals fühlte und dachte, wird mir wieder einmal bewusst, wie sehr unsere Wünsche unser Denken beeinflussen und uns so die Wahrheit nicht sehen lassen. Mittlerweile bin ich alt und skeptisch und manchmal geradezu pessimistisch geworden. Aber ich habe eingesehen, dass auch der Pessimismus kein Weg ist, der Wahrheit näherzukommen. Und was nützt es schon, immer nur das Schlechte und Unmögliche zu sehen? Es gibt Jüngere, die wieder von vorn anfangen, die ich ermutigen möchte weiterzumachen. Es ist bei Weitem nicht alles umsonst und verloren. Vielleicht stehen wir sogar erst am Anfang unserer Bemühungen? In der Geschichte gab es immer wieder Versuche, die ideale Gesellschaft zu verwirklichen: das anfängliche Christentum, die Französische Revolution, der Sozialismus. Geleitet von grundverschiedenen Ideen, strebten sie doch das gleiche Ziel an. Es sieht manchmal so aus, als ob all diese Bemühungen nutzlos gewesen seien. Aber wurden durch sie nicht Ideen in die Welt gesetzt, die heute definitiv dem kollektiven Bewusstsein der

Menschheit angehören? Unvergängliche Ideen, die immer wieder neue Ideen entstehen lassen, uns ermutigen und neue Kraft geben, um weiterzumachen und wieder neu anzufangen?

Es gibt ein Bild, welches alle kennen, welches deutlicher ausdrückt, was ich sagen möchte: Es ist die Fotografie der Erde, vielleicht von einem Raumschiff oder vom Mond aus aufgenommen: unsere kleine, blaue, runde, schon lange nicht mehr grenzenlose Welt. Wir müssen diese Welt erhalten und wir sind durchaus dazu imstande, wenn wir nur einsehen, dass es unbedingt notwendig ist.

Unser Alltag

Die Wochen und Monate vergingen. Während des ganzen Sommers geschah nichts Neues. Die Leute gingen ihrer Arbeit nach und schienen sich an die fast täglichen, im Grunde harmlosen Zusammenstöße zwischen Anhängern der Linken und der Rechten, an den Geruch von Tränengas im Stadtzentrum und an die langsam immer deutlicher spürbare Knappheit einiger Lebensmittel zu gewöhnen. Die Durchführung des Programms der *Unidad Popular* ging im Schritttempo weiter. Man fing an zu vergessen, dass die augenblickliche Situation nur eine vorübergehende sein konnte. Veränderungen im politischen Kräfteverhältnis fanden im Verborgenen statt.

Ruth war inzwischen nach Macul umgezogen. Seitdem lebten wir zusammen. Sie arbeitete damals in einer Klinik, in der sehr intelligente und sehr linke Psychiater versuchten, Alkoholabhängigen das Trinken abzugewöhnen. Der Chef der Klinik selbst war Alkoholiker. Es kam vor, dass ein Kranker aufsässig wurde, Halluzinationen hatte und versuchte, sich mit Gewalt der Kur zu widersetzen.

Es gab bedrohliche Momente. Aber Ruth gefiel ihre Arbeit. Sie sagte, sie würde dabei viel über uns Menschen lernen.

Ich drehte weiter Dokumentarfilme und Reportagen. Aber nicht ständig, so konnte ich diese Arbeit mit dem Unterricht, den ich an der Universidad de Valparaíso, später auch an der Universidad Técnica de Chile zu geben hatte, vereinbaren. Außerdem wurde von einem Kameradozenten verlangt, dass er auch in der Praxis tätig war. Der Unterricht fand im Studio von Chile Filmes statt. Dort standen uns eine Kamera und das nötige Beleuchtungsmaterial zur Verfügung. Wenn wir dann die Filmprojekte der Studenten diskutierten, versuchte ich ihnen klar zu machen, dass ein Filmemacher, auch wenn er politische Filme drehen will, mit dem rein politischen Wollen nicht auskommt, wenn er sich nicht ein Gefühl für Gestaltung aneignet. Ohne Form ist es nicht möglich, das, was man sagen will, wirklich zu sagen. Ich versuchte ihnen gerade das beizubringen, um das ich mich selbst oft vergeblich bemühte, etwas, das mit reiner Technik nicht zu erreichen war.

Einmal verbrachte ich zusammen mit den Studenten eine Woche in den Bergen von Cabildo. Sie hatten beschlossen, gemeinsam einen Film über das Leben der *pirquineros* zu drehen. *Pirquineros* werden die Bergarbeiter genannt, die in absoluter Unabhängigkeit, manchmal als Einzelgänger, manchmal in kleinen Gruppen in selbst gegrabenen Stollen oder in verfallenden Gruben, die von ihren Besitzern aufgegeben wurden, weil sie nicht mehr rentabel waren, kupfer-, silber- oder goldhaltige Mineralien fördern. Die Stollen sind niedrig, eng und nur unzureichend abgestützt. Sie liegen oft über 3000 Meter hoch im Gebirge. Die Bergarbeiter verbringen Wochen, manchmal Monate in den Bergen und leben in selbst gezimmerten Baracken. Einmal in der Woche kommt ein Lastwagen, um das gewonnene Material abzuholen. Ihre Frauen und Familien leben im Tal und sehen die *pirquineros* nur selten. Aber der Gewinn reiche aus, um Frau und Kinder zu ernähren, sagten sie.

Außer mit unserer täglichen Arbeit waren wir, wie alle von der Volksfront, mit Politik beschäftigt. Jeder versuchte, auf seine Art beizutragen zum Gelingen der »Chilenischen Revolution«. Ruth half in der *población* Lo Hermida beim Aufbau einer Erste-Hilfe-Station. Außerdem hatte sie ja Jahre zuvor eine Schule für Arbeiterkinder gegründet, die jetzt zwar in Selbstverwaltung funktionierte, die sie aber nach wie vor in Anspruch nahm. Ich ging schon nicht mehr, wie am Anfang, in meiner Freizeit in die *población* Lo Hermida, um dort auf irgendeine Weise mitzuhelfen. Ich gehörte jetzt dem Bereich der Kultur und Propaganda der Bewegung an. Nächtelang malten wir in riesengroßen Lettern Parolen des MIR an die Mauern. Oft kamen wir erst im Morgengrauen frierend, hungrig und mit Farbe bekleckst nach Hause. Die Hauptaufgabe der bei Chile Filmes beschäftigten *compañeros* vom MIR war es jedoch, in *poblaciones* und Arbeitervierteln Filme vorzuführen.

Die Wege zum Vorführungsort waren oft so gut wie unbefahrbar. Aber unsere alte *Citroneta*, in der wir den Projektor, den Film, ein hundert Meter langes Kabel, um irgendwo den Strom anzuschließen, ein Betttuch und uns selbst transportierten, schaffte es immer. Das Betttuch wurde zwischen zwei Baracken aufgehängt und mit Schnüren festgezurrt. Bei Einbruch der Dunkelheit begann die Vorführung. Wenn Wind aufkam, schlug das Betttuch Wellen. Aber diese technische Unvollkommenheit störte das Publikum nicht weiter. Die Menschen der *poblaciones* haben ihre eigene Art, Filme zu betrachten. Ein Film ist für sie kein Objekt des Konsums oder des Zeitvertreibs, sondern Anlass zur Auseinandersetzung mit ihrer Umwelt. Die Darsteller sind für sie keine Schauspieler, die eine eingeübte Rolle spielen, sondern wahrhaftige Menschen, denen man applaudiert, wenn man ihnen zustimmt, oder die ausgepfiffen werden, wenn sie sich als üble Kerle oder Feinde entpuppen. Es kam vor, dass jemand einen Stein auf das Betttuch warf, weil ihm der unangenehme Typ, der gerade gezeigt wurde, missfiel. Unser Repertoire war gemischt. Wir zeigten Spielfilme meist politischen Inhalts, Dokumentarfilme und Komödien, bei denen viel und schallend gelacht wurde. Miguel Littins Film *El Chacal de Nahueltoro* beeindruckte die *pobladores* ganz besonders. Der Film beruhte bis in seine Einzelheiten auf einem Bericht über einen Mörder, den Miguel Littin in der Zeitung gelesen hatte.

»Der Schakal« wurde er genannt, nachdem er die Morde begangen hatte. Er hatte keinen eigenen Namen. Nach seiner Verhaftung versuchte die Polizei vergeblich, wenigstens seinen Familiennamen zu ermitteln. Aber er hatte keine Familie. Er war ein aus ärmsten Verhältnissen stammender, elternloser, unwissender, einsam durch die ihm feindliche Welt irrender Mensch. Niemand liebte oder brauchte ihn. Nur selten gelang es ihm, Arbeit zu finden. Schließlich lernte er in einer Kneipe, in der er trank, eine Frau kennen, Mutter von drei Kindern, die wie er Liebe brauchte und jemanden, der mit ihr zusammen die Familie ernährte. Ein Jahr lang lebten sie zusammen. Dann wurden sie von der Polizei aus ihrer Hütte vertrieben, weil sie die Miete nicht mehr bezahlen konnten. Wieder war er auf der Wanderschaft, um irgendwo irgendwelche Arbeit zu finden. Um Mittag rastete die Familie im Schatten staubigen Buschwerks. Die Hitze war groß. Sie hatten fast nichts zu essen. Er begann zu trinken. Da packte ihn plötzlich die Wut. Er trank und trank. Seine Wut steigerte sich zur Tollwut. Er ermordete die Frau und die drei Kinder. Behutsam legte er den im trockenen Gras liegenden Toten Steine auf die Hände und auf die Brust. Damit sie nie mehr in diese Welt zurückkehren sollten, wie er später aussagte. Er floh. Erst eine Woche später wurde er von der Polizei gestellt. Er verbrachte Jahre im Gefängnis, ohne offiziell verurteilt zu werden. Lange schon hatte er seine Schuld eingesehen und bereut. Innerhalb der Gefängnismauern war er zu einem friedfertigen, arbeitsamen Menschen geworden. Nach zehn Jahren kam das Urteil: Tod durch Erschießen. Bis zum letzten Moment glaubte er, es handle sich um einen Irrtum. Dann wurde er erschossen.

Niemand applaudierte. Alle schwiegen. Da gab es nichts zu diskutieren. Die *pobladores* hatten den Film verstanden. Sie fühlten gleichzeitig Abscheu vor seinem Verbrechen, Mitleid mit dem Täter und Wut. Wut auf eine Justiz, die nach so vielen Jahren zu einem solchen Urteil fähig war. Der »Schakal« war letzten Endes einer von ihnen.

So verbrachten wir unsere Zeit mit der täglichen beruflichen und politischen Arbeit. Dazu kamen die endlosen, aufreibenden Versammlungen der Bewegung, bei denen die herrschende Situation und das, was zu tun sei, diskutiert wurde. Ruth und ich kamen spät nach Hause. Wir genossen es, endlich zu zweit allein zu sein. Wir aßen zusammen zu Abend. Manchmal gingen wir in eine Kneipe. Wir tranken roten Wein und unterhielten uns über alles Mögliche, nur nicht über Politik. Wir erzählten uns von unserer Kindheit oder von anderen vergangenen Epochen unseres Lebens. Wir waren glücklich. Wir schliefen eng aneinandergekuschelt ein und erwachten am Morgen, wenn der Wecker klingelte, zu einem neuen Tag voller Hoffnungen.

Dann kam der Tag der letzten demokratischen Wahlen in Chile.

Die Wahlen im März 1973

Bilder von damals tauchen in meiner Erinnerung auf: ein spärlich mit Gras und niedrigem vertrockneten Gestrüpp bewachsener Platz, auf dem sich die Bewohner der *población* Lo Hermida versammeln. Manche sind in Lumpen gekleidet. Auf den der großen Hitze wegen schweißnassen Gesichtern klebt der Staub, den der heiße Wind in grauen Wolken über den Platz weht. Eine junge Frau mit ihrem Neugeborenen auf dem Arm schließt die Tür ihrer noch fensterlosen Baracke und macht sich auf den Weg zur Versammlung. Ihr Haar ist ungekämmt und staubig. Ihr Gesicht schmutzig, weil es in der *población* immer noch kein Wasser gibt. Sie hat ein großes Amulett gegen den »Bösen Blick« umgehängt. Ihre Haut ist wie verdorrt und voller Falten. Aber die Tücher, in die sie ihr Kind eingewickelt hat, sind sauber und weiß, und in ihren wach um sich blickenden tiefschwarzen Augen blitzt die Entschlossenheit, sich zur Wehr zu setzen. Der Platz ist voller Menschen, die auf das Eintreffen der Kandidaten für die kommenden Abgeordnetenwahlen warten. Über ihnen flattern ihre bunten Fahnen vor dem weißen Schnee auf den Gipfeln der Anden. Reiner weißer Schnee, weit entfernt, in erhabener, unbeteiligter Ruhe, und davor die bunten Fahnen. Sie singen mit Inbrunst:

> »Rein ist, Chile, dein Himmel, der blaue;
> sanfte Lüfte durchwehn dein Gefild.
> Deine Äcker und blumige Aue
> sind fürwahr Edens glückliches Bild.
>
> Majestätisch schneeweiße Anden
> gab der Herr dir zum schützenden Kranz,

und das Meer, dessen Wogen dir branden,
weist den Weg dir zu künftigem Glanz.«

Die Kandidaten verschiedener Parteien der Volksfront steigen auf die provisorisch aus rohen Brettern zusammengenagelte Tribüne und halten ihre Reden. Der Beifall ist zurückhaltend. Nur den Radikalsten wird durch Klatschen und Rufe aus der Menge zugestimmt. Anschließend soll vor der Moneda eine Demonstration stattfinden. Langsam setzt sich der Zug in Bewegung. Bis ins Stadtzentrum ist es noch ein weiter Weg.

Der 12. März 1973 war ein heller, sonniger Spätsommertag. Schon am frühen Morgen waren wir unterwegs, um die ersten in den Wahllokalen eintreffenden Wähler zu filmen. Auf den Straßen fuhren, obwohl das am Tag der Wahlen verboten war, mit Propagandaplakaten beklebte Lastwagen voller ihre Fahnen schwenkender, ihre Parolen rufender Menschen. In den sonst stillen Stadtvierteln der Wohlhabenden begegneten wir Konvois pausenlos hupender Autos, deren Insassen die blauen Fahnen der Rechten aus den Fenstern hielten. Auf manchen dieser Autos stand: »Chile bleibt frei.« Die Beteiligung an den Wahlen war außergewöhnlich hoch. Die Mehrheit der Wähler wusste genau, wem sie ihre Stimme geben würde, und sprach es auch auf chilenische Art mit Überzeugung laut und offen aus. Andere jedoch hatten noch Zweifel und weigerten sich, eine klare Antwort zu geben. Wer auf Seiten der Rechten stand und wer für die Volksfront war, das konnte man meist schon an der äußeren Erscheinung erkennen. Aber man konnte sich auch täuschen, denn es gab elegant gekleidete Wähler, die die *Unidad Popular* wählten, und solche, denen man es ansah, dass sie aus den *poblaciones* kamen, die für die Rechte stimmten. Es war mehr das selbstbewusste, sichere Auftreten, an dem man die Rechte erkannte. Viele Anhänger Allendes verbargen ihre Unsicherheit und Zweifel höchstens hinter einer Fassade übertrieben zur Schau gestellter Siegessicherheit. Niemand konnte vorhersagen, wie diese Wahlen ausgehen würden. Alle wussten, dass sie entscheidend waren für das Schicksal und das Überleben der *Unidad Popular*.

Am Nachmittag traf ich Ruth an einem der in einer riesigen Turnhalle aufgestellten Tische gerade in dem Moment, in dem die ersten aus verschiedenen Wahlbezirken eintreffenden Urnen geöffnet wurden. Sie saß als Vertreterin der Sozialistischen Partei neben den Beobachtern der Nationalpartei, der Kommunisten, der Christdemokraten, der MAPU (der christlichen Linken) und der sehr gemäßigten Radikalen am selben Tisch, um das Aussortieren und Zählen der Stimmzettel zu überwachen. Alle saßen friedlich nebeneinander, ganz auf ihre Arbeit konzentriert. Niemand ließ sich die Spannung anmerken, die ihn mit jedem Wahlzettel, der geöffnet wurde, befiel. Auch nicht, wie sehr er die Niederlage seines Gegners wünschte. Noch herrschte Demokratie im Land.

Bei Eintritt der Dunkelheit begann die Opposition, ihren Sieg zu feiern. Karawanen hupender Autos lärmten in den Straßen des Barrio Alto. »Chile bleibt frei«, schrien sich voller Freude die Menschen in den Autos zu. Die Leute auf der Straße riefen begeistert: »Schluss mit der *Unidad Popular*!« Oder höhnisch: »Es ist Zeit zu gehen, Señor Allende!« Nachdem jedoch die Stimmen der Arbeiterviertel in den Außenbezirken der Stadt gezählt worden waren, begann es stiller zu werden. Enttäuschung beschwichtigte den Jubel. Niedergeschlagenheit breitete sich aus. Die Kandidaten der *Unidad Popular* hatten mit 43,4% der Stimmen die Wahlen fast gewonnen. Bei all den Versorgungsschwierigkeiten und ohne die Christdemokraten hatte die Anzahl der Stimmen für die Volksfront deutlich zugenommen. Bei den Präsidentenwahlen 1970 war Allende mit nur 36,3% der Stimmen gewählt worden. Nur die Tatsache, dass sich die Christdemokraten mit ihren ehemaligen Gegnern zusammengetan und sich auf dieselben Kandidaten geeinigt hatten, verhinderte einen klaren Sieg der Linken. Die Opposition hatte zumindest eine Zweidrittelmehrheit erwartet. Nun waren ihre Hoffnungen, Allende auf legale Weise, innerhalb des Rahmens der konstitutionellen Gesetzgebung, aus dem Wege räumen zu können, gescheitert. Andere Wege mussten eingeschlagen werden.

Bis spät in die Nacht hinein zogen Tausende von Anhängern der *Unidad Popular* durch die Straßen und feierten, dass sie fast gewonnen hätten. Sie sangen ihre Lieder und riefen ihre Parolen: »*El fascismo no pasará – Venceremos!*« – »Der Faschismus wird nicht durchkommen – Wir werden siegen!«

Juni 1973 – Am Ufer des Bio Bio

Obwohl die Entfernung von Temuco bis zu den Dörfern der Mapuche am Ufer des Bio Bio nur dreißig Kilometer betrug, hatten wir fast zwei Stunden gebraucht, um endlich unser Ziel zu erreichen. Während der ganzen Fahrt hatte es geregnet – es regnet fast immer im Süden Chiles. Die kurvenreichen, steinigen Wege waren nass und rutschig. Die Konturen der graugrünen Hügel verloren sich in Schleiern feinen Wasserstaubs. Die Silhouetten der Araukarien, dieser Urahnen der Bäume, mit ihren starr gerade, wie schwarze Säulen aufragenden Stämmen und mit ihren flachen, kratzbürstigen Kronen, die an nach oben gestülpte Regenschirme erinnern, standen im aufsteigenden Nebel wie strenge, längst vergessene Götter. Alles war nass und kalt.

Aber in der Hütte war es warm und trocken. Dunkle, breite, von tiefschwarzen Haaren umrahmte Gesichter blickten uns durch den aus der glimmenden Asche des verlöschenden Feuers aufsteigenden Rauch hindurch freundlich an und forderten uns mit einem Kopfnicken auf, uns zu setzen. Die Hausfrau grub ein frisch gebackenes Fladenbrot aus der Asche, verteilte es unter den Besuchern, hieß uns willkommen und gab uns zu verstehen, dass wir erst einmal essen sollten.

Aus dem dunklen Hintergrund heraus beobachtete uns skeptisch ein alter Mann mit einem grauen, von tiefen Falten durchfurchten Gesicht. Wie in uns unzugänglichen Runen geschrieben, sprachen diese Falten von den Erfahrungen einer Jahrtausende alten Kultur, aber auch von der Last eines während so langer Zeit angesammelten Wissens. Zwei kleine Mädchen mit pausbäckigen Gesichtern, so rund und glänzend wie reife, blankgeriebene rote Äpfel, kicherten jedes Mal, wenn sie verstohlen zu uns herüberlugten. Ein vielleicht fünfzehnjähriger Junge, der aufrecht auf einem Schemel saß, mit glattem schwarzen Haar und schwarz glänzenden, intelligent dreinschauenden Augen, blickte mir forschend und herausfordernd direkt ins Gesicht. Ganz ähnlich mochte vielleicht 400 Jahre zuvor der junge Lautaro ausgesehen haben, als er anfing, in den Pferdeställen in einem der befestigten Stützpunkte der spanischen Eroberer zu arbeiten.

Die Spanier hatten von Peru herkommend unter der Führung Pedro de Valdivias, zu Fuß und zu Pferd, begleitet von ihren Frauen und mit ihrem ganzen Tross, die sich über 1500 Kilometer zwischen der Küste und den Anden hinziehende Atacama-Wüste durchquert. Tagsüber brannte die Sonne auf ihren eisernen Rüstungen. Nachts sank die Temperatur oft bis unter Null. Viele verdursteten auf dem monatelangen Marsch, denn Wasser gab es nur an wenigen, nur den Eingeborenen bekannten Stellen. Eines Tages lag vor ihnen das fruchtbare grüne Land des mittleren Chile. Dort gründeten sie die Stadt Santiago. Aber alle Versuche, auch den Süden zu erobern, scheiterten am erbitterten Widerstand der Mapuche.

Die Mapuche, die weder das Pferd noch das Eisen kannten, glaubten, als sie auf die ersten Spanier stießen, Pferd und Reiter seien eins. Zentaurenartige, fremde, gefährliche Wesen aus Stein. Unbesiegbar, weil ihre Pfeile an den eisernen Rüstungen abprallten und zerbrachen, und weil sie die Feuerwaffen der Spanier für Zauberei hielten. Es war Lautaro, der bei seiner Arbeit entdeckte, dass die Eroberer keine Feuer speienden Ungetüme waren, dass sie, wenn sie abends ermüdet in das Lager zurückkehrten und von ihren Pferden abstiegen, ihre Rüstungen und ihre Waffen ablegten und dann durchaus wie normale, verletzbare Menschen aussahen. Er erzählte seine Beobachtungen den Stammesältesten und wurde zum Führer des Widerstandes gewählt. Er begann eine flexible Guerillataktik zu entwickeln, der die Spanier auf die Dauer nicht gewachsen waren. Er lockte sie immer tiefer in das Dickicht der Wälder. Schließlich erlitten die Eroberer, umringt von Tausenden von Mapuche, die sich mit ihren Messern auf Pferde und Reiter stürzten, die entscheidende Niederlage. Man sagt, dass Pedro de Valdivia von Lautaro persönlich erstochen wurde. 200 Jahre sollte der Krieg noch andauern. Aber dann mussten es die sonst überall auf dem Kontinent siegreichen Spanier aufgeben. Sie hielten einige befestigte Stützpunkte an der Küste, unter anderem Valdivia. Aber sie sahen sich gezwungen, als endgültige Südgrenze ihres Imperiums in Chile den Fluss Bio Bio anzuerkennen. Jenseits des Flusses begann das Land der Mapuche.

Der Niedergang der Unabhängigkeit der Mapuche begann erst Jahrhunderte später, nach ihrer Eingliederung in die chilenische Gesellschaft. Sie wurden zu gleichberechtigten chilenischen Staatsbürgern und waren damit den im Staat gültigen Normen unterworfen. Jetzt wurden sie zu den Armen gezählt und als solche bemitleidet und verachtet. Ihr Land wurde zu verkäuflicher Ware. Sie begannen, es an die aus Europa kommenden Einwanderer zu verkaufen. Zu spät erkannten die Mapuche, dass mit dem sich rasch vergrößernden Landbesitz der Siedler auch ihre Macht wuchs, dass hinter den Besitzern der chilenische Staat stand und dass sie nicht mehr die Kraft hatten für einen neuen Krieg. Die Siedler hatten inzwischen bewaffnete Gruppen gebildet, die damit anfingen, die lästigen Indios abzuschießen, wie sie Wölfe und Wildkatzen abschossen. Die Enteignung der Mapuche wurde schon bald nicht mehr mit Geld, sondern mit Gewalt betrieben. Tausende wurden ermordet. Am Ende sahen sich die Mapuche gezwungen, sich mit einem Leben in den von der Regierung geschützten Reservaten abzufinden. Der Verlust ihres Landes führte zu ihrer Verarmung. Die rassistische Diskriminierung zerstörte ihr Selbstbewusstsein. Die Alten versanken in einem resignierten Zurückblicken in die Vergangenheit. Die Jungen flüchteten in die Städte.

Das Reformprogramm Allendes hatte auch für die Mapuche Wege in eine hoffnungsvollere Zukunft eröffnet. Im Rahmen der Agrarreform wurden beträchtliche Ländereien der Großgrundbesitzer enteignet und den Bauern übergeben. Ein Prozess zunehmender politischer Beteiligung und gesellschaftlicher Gleichstellung des Volkes hatte begonnen, der den Mapuche ihr Selbstvertrauen und ihre durch die Diskriminierung verletzte Menschenwürde zurückgaben.

Die Mapuche erfanden eine Taktik, um bei den immer wieder stockenden Enteignungsprozessen nachzuhelfen. Sie nannten es *hacer correr las cercas*, auf Deutsch etwa »die Zäune zum Laufen bringen«. In der Dunkelheit, noch vor dem Morgengrauen, versammelten sich die Bauern an der Grenze des Landguts. Sie bildeten eine mehrere hundert Meter lange Kette entlang des Zauns und begannen, an den Zaunpfählen zu rütteln, um diese aus dem Boden zu lösen. Auf einen langgezogenen Pfiff hin wurden Pfähle und Stacheldraht, alles zusammen, angehoben, und die Kette der Bauern setzte sich mit dem Zaun in Bewegung. So wanderte dieser vielleicht hundert Meter weit in das Landgut hinein. Auf ein erneutes Zeichen hin wurde der Zaun abgesetzt und die Pfähle mit Holzhämmern wieder eingerammt.

Im Grunde genommen taten die Bauern nichts anderes als das, was man ihnen vorher auch angetan hatte. Nur mit anderen Mitteln. Und diesmal waren sie es, die den Schutz des Staates hinter sich hatten. Wenigstens im Moment noch.

Nachdem wir das heiße, außen knusprige und nach Asche riechende, innen weiche und flockige Weizenbrot gegessen und heißen, süßen Tee dazu getrunken hatten, stellte uns Marcos seinen Eltern vor. Marcos hatte in Concepción Agrarwissenschaft studiert, war Mitglied der Kommunistischen Partei und politischer Vertreter der Mapuche der Region. Er war stolz darauf, einmal persönlich von Allende empfangen worden zu sein. Er erklärte auf Mapuche seinen Eltern, wir seien Freunde und gekommen, um der am Nachmittag im Dorf stattfindenden Versammlung der Bauern beizuwohnen. Sie unterhielten sich eine Weile in ihrer Sprache, von der ich kein Wort verstand. Nur einmal, während seine Mutter etwas skeptisch und mit einem Anflug von Ironie, aber durchaus freundlich zu mir herüberblickte, glaubte ich, das Wort Inka verstanden zu haben. Marcos sagte mir später, dass sie mich tatsächlich der hellen Hautfarbe wegen einen Inka genannt habe. Das sei natürlich nicht ernst gemeint, sondern nur ein Kompliment den Bekannten ihres Sohnes gegenüber gewesen. Er erklärte mir auch, dass die Mapuche mit großer Hochachtung, fast Verehrung von den Inkas sprachen, deren Reich sie, bevor die Spanier kamen, angehört hatten. Die vom Volk von Generation zu Generation weitergegebenen Überlieferungen aus jener Zeit erzählten nie von Unterdrückung, Ausbeutung oder Diskriminierung, sondern nur davon, wie viel sie von jenem Volk aus dem Norden gelernt hätten.

Marcos zeigte uns noch die Felder seiner Eltern. Wir unterhielten uns mit den Nachbarn. Es hatte aufgehört zu regnen. Die Sonne stand blendend weiß am tiefblauen Himmel. Von den Araukarien hinter der Hütte tropfte funkelnd das Wasser. Ein Bauer pflügte seinen steinigen Acker. Der junge sprießende Weizen leuchtete blaugrün. In weiter Ferne hinter den Hügeln waren die schneebedeckten Gipfel der Anden und der alles überragende weiße Vulkankegel des Villa Rica zu sehen. Für einen Moment nur, dann fielen wieder die grauen, nassen Vorhänge des erneut einsetzenden Regens über das Land. Es begann kalt zu werden. Im prasselnden Regen fuhren wir hinunter zum Dorf am Fluss.

Obwohl die Hütten an der Dorfstraße entlang den Hütten der Bauern auf den Hügeln ganz ähnlich waren, schien aus ihnen alle menschliche Wärme, die wir oben erlebt hatten, gewichen. Auch die zweistöckigen Holzhäuser im Zentrum wirkten bedürftig. In den Lokalen an den Straßenecken drängten sich die Betrunkenen um den Ausschank. Kinder in den Hauseingängen blickten dem vorbeifahrenden Auto nach, als hätten sie um Almosen bitten wollen. Die Trostlosigkeit der Armut lag über dem Dorf wie die grauen, regenschweren Wolken über dem Land.

Das aus Araukarienholz solide erbaute, mit Holzschindeln gedeckte Gemeindehaus lag am Rande eines Platzes, der fast nur aus Pfützen bestand. Delegierte aus allen Teilen der Region der Mapuche waren gekommen. In Gruppen saßen sie in ihren schwarzen, nassen Ponchos auf den Bänken, unterhielten sich und rauchten dabei dicke Zigarren. Auch viele der Frauen in ihren dunklen, bestickten Kleidern, manche trugen ihren Silberschmuck, rauchten. Hagere alte Männer blickten geduldig vor sich hin und warteten auf den Beginn der Versammlung. In den Reihen der Jugendlichen wurde gelacht. Die Luft war feucht und voller Rauch.

An der Wand hinter der Rednertribüne war ein Spruchband aufgehängt, auf dem stand: »*Aumentar la producción es también hacer la revolución*« – »Die Produktion zu steigern, ist auch Revolution«.

Marcos bat um Stille. Alle schwiegen und blickten ihn an:

»*Compañeros!* Delegierte des Volkes der Mapuche! Mitglieder der Sozialistischen und der Kommunistischen Partei Chiles, des MIR, der MAPU und der Christdemokratischen Partei! Nur vereint und unbeugsam werden wir im Kampf, den wir begonnen haben, siegen.«

Zuerst erzählte Marcos von seiner Reise nach Santiago, von der Rede, die er im Kongress gehalten hatte. Auch erwähnte er den Beistand, der ihm von den Abgeordneten und Senatoren der *Unidad Popular* zugesagt wurde. Erst dann kam er zum eigentlichen Thema seiner Rede:

»Die Großgrundbesitzer unserer Region sind dabei, sich neu zu organisieren. Zusammen mit den Unternehmern in der Stadt, unterstützt vom internationalen Kapital, bereiten sie sich zum Angriff vor, um die vom chilenischen Volk und von uns gewählte Regierung zu stürzen. Aber, *compañeros*, um den Anforderungen des auf uns zukommenden Konflikts gewachsen zu sein, reicht es nicht aus, kampfbereit und mutig zu sein. Es genügt auch nicht, heimlich Waffen zu verstecken. Das Entscheidende ist, den Kampf der Produktion zu gewinnen. Wir müssen unseren ehemaligen Herren zeigen, dass wir sie nicht brauchen, dass wir auch ohne sie produzieren können. – Sogar mehr noch als sie!«

In den allgemeinen Beifall hinein rief Marcos mit erhobener Stimme:

»Aber das bedeutet, *compañeros*, das bedeutet, dass wir uns neue Produktionsmethoden zu eigen machen müssen, dass wir gemeinschaftlich produzieren müssen, innerhalb von Kooperativen oder innerhalb der kollektiven Zentren der Agrarreform, die im Norden eine beträchtliche Steigerung der Produktion erreichen konnten. Nur so werden wir uns Traktoren und andere notwendige Maschinen kaufen können. Wir dürfen unser Land nicht weiter zerstückeln, wie es durch die Anwendung des traditionellen Erbrechts geschieht, das unser Volk vereinzelt und verarmt, so dass schließlich jeder Einzelne des Hungers stirbt oder sich gezwungen sieht, sein Erbteil zu verkaufen und für einen Hungerlohn in der Stadt zu arbeiten. Ich schlage deshalb vor, dass wir Kooperativen bilden oder uns in anderen organisierten Produktionsformen zusammenschließen und in gemeinsamer Arbeit die Schlacht der Produktion gewinnen.«

Die Jugendlichen waren begeistert. Herausfordernde Kampfbereitschaft blitzte in ihren schwarzen Augen. Eine ganze Reihe sprang von den Bänken auf und rief im Chor: »*Aumentar la producción también es revolución! Venceremos!*« Aber es waren nicht alle einverstanden mit dem, was Marcos gesagt hatte. In den Reihen der Alten war es unruhig geworden. Sie tuschelten miteinander und ihr Flüstern wurde mit jeder Minute aufdringlicher. Als sich schließlich ein sehr alter Mann mit schlohweißem Haar, sicher war er einer der *Caciques*, erhob und mit ausgestrecktem Arm zu verstehen gab, dass er sprechen wolle, schwiegen alle respektvoll. Ganz langsam ein Wort nach dem anderen setzend, hielt er zunächst eine Lobrede auf den Präsidenten Allende und dankte ihm für das, was er für das Volk der Mapuche getan hatte. Nachdem er das auf Spanisch gesagt hatte, begann er in der Sprache der Mapuche zu erklären, dass eine Veränderung des seit Jahrhunderten überlieferten Erbrechts einem Verrat an den Traditionen der Mapuche gleichkäme und am Ende zur Zerstörung der Kultur und der Identität des Volkes der Mapuche führen würde. Er und eine Reihe anderer Vertreter des Volkes würden sich einer Veränderung der Regeln des Erbrechts mit allen Kräften widersetzen.

Seine Worte lösten eine fast zweistündige Debatte aus. Junge und Alte, Frauen und Männer erhoben sich einzeln und diszipliniert, nachdem sie vom Tisch her das Zeichen zum Sprechen erhalten hatten, um ihre verschiedenen Meinungen über das Problem kundzutun. Dann wurde abgestimmt.

Die von Marcos vorgebrachten Vorschläge gewannen, hauptsächlich mit den Stimmen der jüngeren Generationen. Aber es war nur eine sehr knappe Mehrheit. Die Meisten hatten sich aus Respekt vor den Alten und den Traditionen oder auch aus Furcht, Tabus zu verletzen, der Stimme enthalten. Sehr viele, auch überzeugte Mitglieder der marxistischen Parteien der *Unidad Popular*, hatten gegen ihn gestimmt.

Marcos erklärte uns das in kühlem sachlichen Ton. Aber als wir uns zum Abschied die Hände schüttelten, gelang es ihm kaum, seine Enttäuschung und seine Befürchtungen vor uns zu verbergen. Während wir bei rasch zunehmender Dunkelheit nach Temuco zurückfuhren, war auch mir nicht sehr hoffnungsvoll zumute. Es waren ja nicht nur die Mapuche, denen es schwer fiel, sich von den Traditionen und den gewohnten Lebensformen loszureißen, um etwas vollkommen Neues zu beginnen. Selbst unter den begeistertsten Anhängern Allendes gab es viele, die die ganze Tragweite seiner Ideen noch nicht begriffen hatten, vielleicht auch gar nicht wirklich begreifen wollten – aus Furcht vor den realen Konsequenzen der für ihre Verwirklichung notwendigen gesellschaftlichen Veränderungen, aus Angst vor dem Umsturz.

Im Hotel aßen wir gut zu Abend und tranken dazu reichlich den ausgezeichneten chilenischen Rotwein. Bald befanden wir uns in jenem beruhigenden Zustand der absoluten Gegenwärtigkeit, den der Wein vermittelt, in dem die Konturen von Vergangenheit und Zukunft zerfließen und die Probleme ihre Wichtigkeit verlieren. So beachteten wir auch kaum die Versammlung der Gutsherrn von Temuco, die im Nebenraum tagten. Wir hörten nur das immer wieder ausbrechende, grob schallende Gelächter und konnten die diensteifrige Beflissenheit der Kellner beobachten, die pausenlos Essen und Getränke in das Nebenzimmer brachten. Es wäre besser gewesen, wenn wir ganz still geblieben wären, um zu hören, was sie untereinander besprachen.

An der dem Hotel gegenüberliegenden Straßenseite zog sich, einen Häuserblock breit, eine hohe, zum Schutz und zum Schmuck mit Lanzenspitzen bewehrte Mauer entlang. Durch das mit gusseisernem Laubwerk und mit dem Familienwappen verzierte Tor konnte man in einen verwilderten Garten sehen. Im Hintergrund lag das im altenglischen Stil erbaute, etwas verwahrloste Herrenhaus. Nach der Flucht der ehemaligen Besitzer in die USA waren das Haus und das Landgut der Familie enteignet worden. Jetzt hing über der Haustür ein frisch gemaltes Schild mit dem Wort »Kindergarten«. Auf die Mauer hatte in einer der vergangenen Nächte – denn an die Wand zu schreiben war ja eigentlich verboten – die Brigade »Ramona Parra« in fünfzehn Meter Länge und fast zwei Meter hoch eine der Parolen jener Zeit geschrieben: *»El fascismo no pasará! Venceremos!«* – »Der Faschismus wird nicht durchkommen! Wir werden siegen!«

Ramona Parra war eine junge Kommunistin gewesen, die Jahre zuvor während einer Demonstration in Santiago von der Polizei erschossen worden war. Die Jugendlichen der Brigade, die ihren Namen trug, hatten im Laufe der Jahre aus dem simplen Parolenschreiben eine Art propagandistischer Kunst gemacht. Sie schrieben nicht nur einfach Worte an die Wand, diese waren vielmehr nur ein Teil eines in leuchtenden Farben, in Weiß, Blau, Rot, Orange, Grün und Schwarz gemalten Wandbildes. Stilisierte Köpfe und Hände von Arbeitern, Frauen und Kindern des Volkes, im Süden oft Mapuche, oder einfach abstrakte farbige Formen, bildeten zusammen mit den Buchstaben der Parolen eine Komposition, die lebendig und hoffnungsvoll wirkte und nicht so trocken und abgedroschen wie so viele andere an die Mauern geschriebene Schlagworte.

Am Morgen fanden wir, über dieses Wandbild und auch auf den Rest der Mauer geklebt, an verschiedenen Hauswänden und sogar an der Stirnseite des Hotels, kleine weiße Plakate, auf denen in Frakturschrift geschrieben stand: »*Con la metralleta en la raja el pueblo trabaja.*« Darüber war eine große, starke Figur in Uniform zu sehen, die einem ziemlich klein gezeichneten, ihm zu Füßen knienden und wie ein Mapuche gekleideten Bauern eine Maschinenpistole vors Gesicht hält. Es ist nur andeutungsweise möglich, die Gemeinheit und Brutalität dieser in vulgärem Chilenisch verfassten Worte zu übersetzen. Es heißt ungefähr: »Mit der Maschinenpistole im Rachen wird sich das Volk wieder an die Arbeit machen.« Es war deutlich, dass die chilenische Rechte, wenn sie siegen sollte, mit dem chilenischen Volk kein Erbarmen kennen würde.

Trotz allem hielt Allende unbeirrbar an seiner Idee eines »friedlichen Wegs zum Sozialismus« fest. Vielleicht hatte er Gründe dafür, die wir damals nicht imstande waren zu begreifen.

Ein missglückter Staatsstreich

Der 29. Juni 1973 wird von den Chilenen ironisch *El Tanquetazo* genannt, ein Ausdruck, der schwer ins Deutsche zu übersetzen ist. Mit der Endung *tazo*, die an manche Worte angehängt wird, soll angedeutet werden, dass es sich um etwas Gewalttätiges, großspurig Daherkommendes, aber nicht allzu Ernstzunehmendes dreht. Ein *punetazo* ist zum Beispiel ein Faustschlag. Der *tanquetazo* war in diesem Fall der mit Panzern – *tanques* – verübte fehlgeschlagene Versuch eines Staatsstreichs.

Ich war an diesem Tag nicht irgendwo in Chile zum Filmen unterwegs. Der Unterricht im Studio von Chile Filmes fiel aus, weil die Studenten sowieso nicht gekommen wären. Sie gehörten fast alle einer radikalen Tendenz von Sozialisten an und hatten sich sicher schon irgendwo getroffen, um für alle Fälle bereit zu sein. Nachdem ich im Radio gehört hatte, dass sich Fahrzeuge des II. Panzerregiments dem Regierungspalast näherten und ihn schon unter Beschuss genommen hatten, nahm ich meine kleine Bolex und fuhr so schnell wie möglich in die Stadt.

Aus der Richtung der Moneda waren vereinzelte Schüsse und kurz aufflackerndes Maschinengewehrfeuer zu hören, in der zwischendurch eintretenden Stille das dröhnende Rasseln der sich auf dem Asphalt bewegenden Panzer. Ich näherte mich der Plaza de la Constitución. Im Schatten der Arkaden eines Regierungsgebäudes sah ich eine Blutlache, eine Pfütze hellen Blutes, in der weißliche Gehirnmasse schwamm. Langsam, wie zögernd, tropfte das Blut in den Rinnstein. Von Umherstehenden erfuhr ich, dass hier wenige Minuten zuvor ein argentinischer Kameramann getötet worden war. Ein Krankenwagen vom Roten Kreuz hätte ihn abgeholt und auch seine Kamera mitgenommen. Erst dann bemerkte ich die Panzer auf dem vor mir liegenden Platz.

Eine Woche später hatte ich Gelegenheit, im Cine Experimental die Filmrolle, die letzte Rolle, die jener argentinische Kameramann in Chile gedreht hatte, zu sehen. Der Vorführraum war voll von Leuten, die selber Filme machten. Auch Korrespondenten und Journalisten aus dem Ausland, die sich in Chile aufhielten, waren eingeladen worden. Eine Menge Menschen, die im Allgemeinen viel reden und diskutieren. Aber nachdem die Rolle abgelaufen war, schwiegen sie alle. Dieser Kameramann hatte seinen eigenen Tod gefilmt.

Das Bild zeigte einen Geländewagen, auf dem drei Soldaten standen. Daneben auf dem Platz ein Offizier, der den Soldaten etwas zurief. Einer der Soldaten legte an und zielte genau in die Richtung der Kamera, die ihn filmte. Nach kurzem Zögern ließ er das Gewehr sinken. Der Offizier näherte sich dem Fahrzeug und brüllte dem anderen Soldaten etwas zu. Dabei zeigte er mit seinem Revolver fuchtelnd in Richtung Kamera. Der zweite Soldat hob sein Gewehr und schoss. Bevor er jedoch abdrückte, hatte er seine Waffe kaum merklich angehoben und so mit Absicht sein Ziel verfehlt. Außer sich vor Wut schrie der Offizier den dritten Soldaten an. Dieser legte an, zielte und schoss. Das Bild zeigte in kreisendem Wirbel Bruchstücke des Platzes, der umliegenden Gebäude und dann stillliegend das Straßenpflaster, bis die Rolle zu Ende war. Der Schuss hatte den Kameramann genau in die Mitte der Stirn getroffen.

Ich hatte am 29. Juni auf Umwegen durch Seitenstraßen, die sich allmählich mit Menschen füllten, die sehen wollten, was vor sich ging, schließlich in der Nähe des Hauptbahnhofs die Alameda erreicht. Aus Militärfahrzeugen sprangen Soldaten in Feldausrüstung auf die Straße. Sie begannen umgehend, in Richtung Moneda vorzurücken. Sie duckten sich hinter die in der Mitte der Straße aufgeworfenen Berge von steinigem Erdreich und Schotter aus den Baustellen der von Allende geplanten Untergrundbahn. Oder sie rannten an den Häuserwänden entlang. In den Hauseingängen Deckung suchend, bewegten sie sich vorsichtig, aber ohne Unterbrechung auf den Regierungspalast zu. Von Weitem hörte man sporadisches Maschinengewehrfeuer. Es waren Truppen unter dem Kommando des regierungstreuen General Prats, die gekommen waren, um den Aufstand niederzuschlagen. Der Widerstand der Rebellen war gering. Es musste sich unter ihnen herumgesprochen haben, dass sie allein standen, dass sich ihnen keine andere Einheit der Streitkräfte angeschlossen hatte und dass ihr Putschversuch gescheitert war. Sie bereiteten ihren Rückzug vor.

Ich kehrte zur Plaza de la Constitución zurück und sah, wie eine ständig zahlreicher werdende Menge von Menschen den einzigen noch in der Mitte des Platzes stehenden Panzer beschimpfte: »Verräter!«, »Mörder!«, »Faschisten!« Langsam drehte der schon abfahrbereite Panzer seinen Turm der Menschenmenge zu. Lärmendes, zeterndes, lang anhaltendes Maschinengewehrfeuer trieb alle zur wilden Flucht in die Seitenstraßen. Zum Glück hatte er in die Luft geschossen. Die Kugeln prasselten gegen das Gebäude der Zeitung *La Nación* und verursachten einen klirrenden Regen zerbrochener Fensterscheiben.

Mir gelang es mit Hilfe anderer Demonstranten, ein breites Fenstersims der Banco Central zu erklettern. Von diesem erhöhten Standpunkt aus konnte ich filmen, wie der letzte Panzerwagen den Platz verließ und wie die Menge mit großem Geschrei, in die Hände klatschend, im Chor Parolen rufend, diesen stürmte, um ihn zurückzuerobern.

Zur selben Stunde hatte der Marsch der Arbeiter aus dem die Stadt wie ein breiter grauer Gürtel umlagernden Industriegebieten auf das Stadtzentrum begonnen. Sie näherten sich in fünf Kolonnen, vom Nordosten, Osten, Südosten, Süden und Südwesten der Stadtmitte und durchquerten dabei ausgedehnte Wohnviertel verängstigter Bürger. Es waren nicht Tausende, sondern Hunderttausende von Frauen und Männern mit ihren Kindern, die viele Kilometer weit auf den Regierungspalast zumarschierten, um die von ihnen gewählte Regierung zu verteidigen.

Schon in den frühen Morgenstunden hatten sich in den Fabriken Gerüchte über die Rebellion des II. Panzerregiments verbreitet. Nach der ersten offiziellen Bestätigung des Putschversuchs und des bevorstehenden Angriffs auf die Moneda herrschte in den *cordones industriales*, in den Arbeiter- und Industrievierteln, Alarmzustand. Überall wurden Versammlungen einberufen, um darüber zu beraten, was zu tun sei. Die Spannung der Situation spiegelte sich in den Gesichtern der versammelten Frauen und Männer. Eine ungewohnte Unruhe und ein Gefühl der Ratlosigkeit breitete sich in den Fabrikhallen aus. Die Menschen hatten keine Angst. Aber Zweifel an der Richtigkeit der Politik Allendes hatten in den letzten Monaten zu wachsender Uneinigkeit geführt.

Es herrschte schon nicht mehr die frühere ruhige, vielleicht manchmal allzu schwerfällige Disziplin in den Versammlungen: Einer nach dem anderen hatte damals die Hand gehoben und darum gebeten, sprechen zu dürfen, und wurde dann aufgerufen, um zu sagen, was er dachte. Das war dann in langwieriger Umständlichkeit bewogen, für richtig oder falsch erklärt, vom gewählten Vorsitzenden begutachtet und schließlich durch Abstimmung entschieden worden. Jetzt wurde die Versammlung durch ungeduldige Zwischenrufe, gruppenweise dazwischengeschriene Parolen und Anzeichen aufwallenden Unwillens gestört. Das Fieber der sich zuspitzenden Krise hatte auch die Arbeiterklasse erfasst. Die bohrende Ungewissheit über den einzig richtigen Weg hatte gefährliche Risse in der Einheit der Arbeiter hervorgerufen und zu ernsthaften Spaltungen geführt. Wie unter dem Einfluss einer bösartigen Krankheit breitete sich Uneinigkeit aus. Die Meinungen über das »Was tun« klafften weit auseinander und waren in vielen Fällen unvereinbar.

Christdemokratisch denkende Arbeiter wurden ausgepfiffen und für den Verrat ihrer Partei verantwortlich gemacht. Die Spaltungen innerhalb der immer schon heterogenen Sozialistischen Partei vertieften sich und führten zu heftigen, bisweilen handgreiflichen Konflikten. Die These des MIR, dass der Reformismus der Regierung unvermeidlich in einen gewaltsam ausgetragenen Konflikt unvereinbarer Interessen ausarten würde und dass das Volk sich auf die bewaffnete Auseinandersetzung vorbereiten müsse, gewann zusehends Anhänger. Selbst unter den Kommunisten mit ihrer lang erprobten Praxis hierarchisch organisierter Linientreue gab es immer mehr militante Mitglieder, die an der von der Partei verfochtenen Strategie Allendes zu zweifeln begannen. Es zeigte sich deutlich die Spaltung der Arbeiter in zwei einander entgegengesetzte unvereinbare Positionen: In einem Lager standen diejenigen, die der Politik Allendes der Legalität, des Verhandelns und des Widerstands mit rein demokratischen Mitteln bedingungslos die Treue hielten, im anderen diejenigen, die offen zur Vorbereitung der bewaffneten Verteidigung der Regierung des Volkes aufriefen.

Aber es kam nicht zum Bruch. Als ob es untereinander ausgemacht worden wäre, wurde in hunderten solcher Versammlungen in hunderten verschiedener Werkstätten, kleinerer und größerer Fabriken und in den großen, verstaatlichten Unternehmen fast gleichzeitig beschlossen, dem Aufruf Allendes zu folgen, das Zentrum Santiagos zu besetzen, um den Putschisten und anderen Verschwörern und ihren offen sichtbaren und heimlich konspirierenden Sympathisanten im Bürgertum zu zeigen, dass das Volk trotz aller Schwierigkeiten geschlossen hinter seiner Regierung stand. Auch in den *poblaciones callampas*, den Barackensiedlungen der ganz Armen, die in den letzten Jahrzehnten oft auf illegal besetztem Land wie die Pilze aus dem Boden geschossen waren, in denen es wenige »klassenbewusste« Arbeiter gab, in denen sich auch viele Kleinkriminelle angesiedelt hatten, »Lumpenproletarier«, wie man damals sagte, in denen aber seit der Regierung der Volksfront ein Prozess der Politisierung und der gesellschaftlichen Organisation von der Basis her sichtlich Fortschritte machte, hatten Versammlungen stattgefunden, in denen ebenfalls beschlossen wurde, in das Zentrum Santiagos zu marschieren.

Nachdem die beiden letzten auf der Plaza Bulnes verbliebenen Panzer wie aus purer Wut über ihre Niederlage weitere Maschinengewehrsalven auf die Stirnseite der Moneda abgefeuert hatten, traten auch sie den Rückzug an. Ihr dröhnender Motorenlärm verhallte in der Straße, aus der sie im Morgengrauen aufgetaucht waren. Eine geraume Zeit lang war es ganz still im Umkreis des Regierungsgebäudes. Dann wurden von sehr weit her die Sprechchöre der sich nähernden Demonstrationszüge hörbar:

»*No pasarán! No pasarán! No pasarán!*« – »Sie werden nicht durchkommen!«

»*A parar el golpe fascista!*« – »Stoppt den faschistischen Putsch!«

»*Pueblo, consciencia, fusil!*« – »Volk, Bewusstsein, Gewehr!«

Immer deutlicher und immer von Neuem gesungen wurde die freudige Melodie des Liedes vom vereinten Volk, welches nie besiegt werden könne, hörbar.

La luz de un rojo amanecer
anuncia ya la vida que vendrá.
De pie marchar, que el pueblo va a triunfar!
Será mejor la vida que vendrá.
A conquistar nuestra felicidad
y en un clamor mil voces de combate
se alzarán para la canción de la libertad.
Con decisión la patria vencerá.
Y ahora el pueblo que se alza en la lucha
con voz de gigante gritando: ADELANTE!
El pueblo unido jamás será vencido!

Das rote Licht des Morgens
verkündet den neuen Tag.
Lasst uns marschieren,
dass das Volk triumphiert.
Es wird besser sein das künftige Leben!
Auf zum Kampf um unser Glück.
Tausend Stimmen erheben sich
zu diesem Gesang der Freiheit.
Entschlossen zum Kampf

wird das Vaterland siegen.
Das Volk erhebt sich und ruft
mit gewaltiger Stimme: VORWÄRTS!
Das vereinte Volk kann niemals besiegt werden!

Am Nachmittag war die Plaza de la Constitución voller Menschen. Auch auf der Plaza Bulnes auf der anderen Seite der Moneda drängte sich die Menge Kopf an Kopf bis an die grauen Wände der den Platz eingrenzenden Regierungsgebäude. Auf den Ästen der Bäume in den von Menschen überschwemmten Grünanlagen saßen zu Dutzenden die Jungen, um besser sehen zu können. Andere waren die Laternenpfähle hochgeklettert und schwenkten dort oben ihre Fahnen. Kinder ritten auf den Schultern ihrer Väter. Manche hatten sich ein Spiel daraus gemacht, diesen mit ihren Händchen die Augen zuzuhalten, und lachten hell auf, wenn der Vater sich ärgerte. Auf der Plaza de la Constitución wogte ein windbewegtes Meer von Fahnen. Gleichzeitig durcheinandergerufene, fast unverständliche Sprechchöre erfüllten den Platz mit ihrem Geschrei. Und immer noch näherten sich von den Vorstädten her weitere Demonstranten. Sie begannen sich auch in den Seitenstraßen zu drängen, so weit das Auge reichte. Es waren fast 800 000 Menschen.

Seit über einer Stunde suchte ich nach Ruth. Ich war sicher, dass sie kommen würde. Aber wie sollte ich sie in diesem ungeheuren Trubel finden? Als ich sie endlich entdeckte, stand sie auf einer der Bänke am Rand des Platzes und schwenkte über die Köpfe der Leute hinweg die schwarz-rote Fahne des MIR. Der Tag ging seinem Ende entgegen. Das Leuchten der Abendröte färbte die roten Fahnen noch röter und tauchte den Platz und all die erregten Gesichter der versammelten Menschen in magisches Licht. Es wurde dunkel.

Endlich erschien Präsident Allende, der *compañero Presi-*

dente, auf dem Balkon über dem Hauptportal der Moneda. Der gewaltige Lärm der jubelnden Begrüßung umfing ihn wie eine Umarmung. »*No pasarán! No pasarán! No pasarán!*«, riefen Hunderttausende von Stimmen immer wieder. Wir werden den Faschismus besiegen! Aber immer häufiger und drohender wurde gefordert: Löst den Kongress voller Verräter auf! Löst den Kongress auf! Löst den Kongress auf! Ins Gefängnis mit den Schuldigen am Tod von über zwanzig Menschen, die heute ihr Leben lassen mussten! Und wieder und wieder die in den letzten Monaten entstandene Parole:

»*Allende, entiende que el pueblo te defiende!*« – »Allende, versteh doch! Das Volk wird dich verteidigen!«

Salvador Allende erhob die Hand als Zeichen dafür, dass er nun sprechen würde. In die eintretende Stille hinein erklang seine Stimme ruhig und entschlossen wie immer:

»*Compañeras* und *compañeros* aller Parteien, die ihr euch auf diesem Platz, der Plaza de la Constitución, versammelt habt, Arbeiter des Vaterlandes, ich danke euch, dass ihr gekommen seid. In diesem Moment höchster Gefahr wusstet ihr sofort, was zu tun war: den Verschwörern zu zeigen, dass ihr geschlossen hinter der von euch selbst gewählten Regierung steht. Ich bin überzeugt davon, dass eure sofortige massive Mobilisierung unter dem Kommando der *cordones industriales* verhindert hat, dass andere Einheiten der Streitkräfte sich den Putschisten anschlossen. Ich danke den Soldaten unter der Führung von General Prats für ihr entschlossenes Eingreifen, welches den Putschversuch in wenigen Stunden im Keim erstickte.

Aber jetzt ist dieser kritische Moment überwunden. Die Gefahr ist vorüber. Mein Vertrauen in die Verfassungstreue der Streitkräfte hat sich bestätigt. Wir können ruhig auf dem eingeschlagenen Weg fortschreiten.

Ich höre einige unter euch rufen: Löst den Kongress auf! Wir alle wissen, dass es in dieser demokratischen Institution mächtige Vertreter der Reaktion gibt, die alles daran setzen, um unsere Regierung zu stürzen. Aber wir wollen und können den Kongress nicht auflösen, weil ein Abweichen von den demokratischen Regeln, und sei es auch nur um Zentimeter, unseren Plan eines friedlichen, demokratischen Wegs zum Sozialismus zum Scheitern bringen würde.

Deshalb bitte ich euch, *compañeras* und *compañeros*, Werktätige Chiles, Angehörige des Mittelstandes, Arbeiter des Geistes, Angestellte, die ihr euch hier versammelt habt, jetzt ruhig und organisiert, wie ihr gekommen seid, nach Hause zurückzukehren und morgen wieder auf eurem Posten zu sein, um den in diesem Moment ausschlaggebenden Kampf der Produktion zu gewinnen. *Viva el pueblo chileno! Viva Chile! Venceremos!* – Es lebe das chilenische Volk! Es lebe Chile! Wir werden siegen!«

Der Applaus klang nicht begeistert. Die meisten waren enttäuscht. Sie hatten mehr erwartet von dem Präsidenten, den sie gewählt hatten: drastischere Maßnahmen. Eine entschiedenere Stellungnahme. Die Demonstration löste sich auf. Eine Zeit lang noch waren die Straßen des Zentrums voll von nach Hause strömenden Menschen. Dann waren es nur noch vereinzelte Gruppen, die sich mit eingerollten Fahnen in der Dunkelheit verloren. Todmüde begaben sich die Arbeiter auf den langen Rückweg in ihre weit weg am Stadtrand gelegenen Wohnungen. Viele Kinder waren auf den Schultern ihrer Väter oder in den Armen ihrer Mütter eingeschlafen. Die größeren trotteten geduldig hinterher. In die zunehmende Müdigkeit des stundenlangen Marsches drängte sich ein Gefühl von Frustration und Ratlosigkeit. Sie verstanden genügend von Politik, um die Situation klar zu durchschauen: Allende mit seiner Strategie des Verhandelns wurde von der Opposition mit jedem Tag auswegloser in ein Netz unannehmbarer Forderungen verstrickt. Die Christdemokraten, seine ehemaligen Verbündeten, waren in das Lager der Reaktion übergelaufen. Obwohl die Wahlen im März bestätigt hatten, dass Allende den demokratischen Regeln nach rechtmäßiger Präsident war, wurde er im Kongress täglich mit juristischen Spitzfindigkeiten bombardiert, die auf fragwürdige Weise beweisen sollten, dass er die Verfassung verletzte. Der Spielraum für freies Handeln, der ihm blieb, wurde immer enger.

In jener Zeit musste bei Allende die Idee gereift sein, die Zukunft seiner Regierung einem Volksentscheid zu unterziehen. Seine Gegner wollten ihn zur Kapitulation zwingen. Sie wollten seinen Rücktritt. Aber noch standen ihnen die weiterhin gültigen konstitutionell verankerten Regeln der chilenischen Demokratie im Wege. Noch fehlte ihnen die Macht, sich über diese hinwegzusetzen. Wie lange noch, das schien lediglich eine Frage der Zeit zu sein.

Andererseits war die Möglichkeit einer bewaffneten Verteidigung der Volksregierung für die meisten der realistisch denkenden Arbeiter nichts als ein Wunschtraum, etwas, das man mit dem Herzen und dem Gefühl wollen konnte, wofür aber nicht die geringsten Voraussetzungen existierten. Auf einen bewaffneten Widerstand hätte man sich schon vor langer Zeit vorbereiten müssen. Jetzt war es zu spät. Außerdem waren die Chilenen an die Demokratie gewöhnt. Sie waren bereit, in einem Moment der Demütigung zu kämpfen und zu sterben. Aber die Vorstellung eines Bürgerkrieges erschreckte sie, mit Recht. Schwankend zwischen der immer wieder aufkeimenden Hoffnung, dass am Ende doch noch alles gut gehen werde, und dem Zweifel, ob dies überhaupt noch möglich sei, blieb ihnen nichts anderes übrig, als auf dem einmal eingeschlagenen Weg fortzuschreiten, solidarisch hinter ihrer Regierung zu stehen, wenn man auch nicht immer mit ihr einverstanden war.

Auch Ruth und ich waren sehr müde, als wir endlich zu Hause ankamen. Lange lagen wir aneinandergeschmiegt im

Dunkeln, ohne einschlafen zu können. Aber es gab auch nichts, über das man noch hätte reden können. Später hörte ich ihr ruhiges, gleichmäßiges Atmen und wusste, dass der Schlaf sie hinweggeführt hatte aus dieser Welt voller Probleme. Ich musste an den Kameramann denken, den sie am Morgen getötet hatten. Was hatte ihn dazu bewogen weiterzufilmen, nachdem er doch deutlich im Sucher gesehen hatte, dass man direkt auf ihn zielte und noch einmal auf ihn zielte und schließlich schoss? War es einfach die professionelle Verpflichtung zu informieren, die Forderung, mit der Kamera diesen außergewöhnlichen Moment zu dokumentieren, die ihn den drohenden Tod nicht fürchten ließ? Hatte er im Eifer der Arbeit die Gefahr einfach übersehen? War auch er auf seine Art beteiligt an diesem Kampf um Menschenrechte?

Die letzten Wochen der »Unidad Popular«

Im Juli kam der Winter. Die Anden waren bis zum Vorgebirge hinunter mit Schnee bedeckt. Ihre Gipfel verloren sich in den tief ziehenden grauen Regenwolken. Es regnete tagaus, tagein. Die Bretterwände ihrer Behausungen und die Kleider der *pobladores* waren nasskalt. Die Kinder spielten im Schlamm der Straßen zwischen den Pfützen im eiskalten Wind. Im Innern der Hütten glühten die Kohlebecken, verbreiteten etwas Wärme und füllten den Raum mit stickiger, kohlengashaltiger Luft.

Die Wochen vergingen voller Ungewissheit und Verwirrung. Fatalismus breitete sich im Volk aus, doch zwischendurch keimte auch immer wieder Hoffnung auf. Bedrückende Zweifel – nächtelang dauerten die Diskussionen über das, was zu tun das Richtige sei. Es gab keinen Weg mehr zurück. Man war schon zu weit gegangen, um umkehren zu können, und das wollte auch niemand. Die Ereignisse begannen sich zu überstürzen.

Am Tag nach dem missglückten Putsch hatte Allende im Kongress um die Verhängung des Ausnahmezustands ersucht. Seinem Vorgänger, Präsident Eduardo Frei, waren während seiner Regierungszeit zweimal die mit dem Ausnahmezustand verbundenen besonderen Befugnisse zugestanden worden, obwohl in keinem der Fälle Panzer den Regierungspalast beschossen hatten. Allende wurde die Verhängung des Ausnahmezustands verweigert.

Zehn Tage später verabschiedete derselbe Kongress das Gesetz zur Waffenkontrolle. Dieses Gesetz bevollmächtigte die Streitkräfte, ohne Genehmigung der Justiz oder der Regierung, nach eigenem Ermessen jeden ihnen verdächtigen Ort nach Waffen zu durchsuchen. Es wurde ausschließlich gegen die in den Fabriken organisierten Arbeiter, nicht jedoch zur Kontrolle der bewaffneten Gruppen der Rechten angewendet. Die in den Fabriken und sogar in den Friedhöfen von Santiago und Valparaíso Gräber schändend, aber ergebnislos durchgeführten Durchsuchungsaktionen wurden zu militärischen Operationen, die Angst verbreiten und Macht demonstrieren sollten. Sie wurden zu Tests für das Verhalten von Soldaten und Arbeitern in Hinsicht auf zukünftige Konflikte. Panzerfahrzeuge brachten die wie im Krieg bewaffneten Soldaten in die Fabriken. Die Arbeiter wurden festgenommen, verhört, misshandelt und gedemütigt. Aber außer einigen Messern und vielleicht auch mal einem Revolver wurden keine Waffen gefunden. Dagegen wurden die von rechtsradikalen Gruppen verübten nächtlichen Attentate auf Hochspannungsleitungen, Eisenbahnlinien und auch Personen immer häufiger.

Allende, unterstützt von der Kommunistischen Partei, versuchte der Konfrontation auszuweichen. Die Regierung machte den Christdemokraten den Vorschlag, eine breite antifaschistische Front zu bilden, um den drohenden Bürgerkrieg zu vermeiden. Am 5. Juli ging Allende noch einen Schritt weiter: Er bildete ein neues Kabinett mit Beteiligung von Christdemokraten und Angehörigen der Streitkräfte, die er für vertrauenswürdig hielt. Allende empfing seine Mitarbeiter mit den Worten:

»Revolutionen sind Ereignisse voller Aufruhr und Opfer. Sie werden von Revolutionsräten gemacht. Aber hier wird es anders sein. Chile hat seine eigene Realität und seine eigenen Traditionen. Seine eigene Form zu denken und zu entscheiden. Darauf stützt sich mein unumstößliches Vertrauen darein, dass wir gemeinschaftlich diese Krise überwinden und eine neue Seite der Geschichte unseres Vaterlandes schreiben werden.«

Unter dem Einfluss Eduardo Freis lehnten die Christdemokraten Allendes Angebot der Zusammenarbeit ab. Der Dialog wurde eingestellt. Die Idee der Bildung einer breiten antifaschistischen Front erwies sich als undurchführbar.

Die chilenische Linke stand an einem Scheideweg. Niemand konnte voraussehen, welcher von beiden Wegen der Richtige war. Aber wenn auch viele mit Zweifeln in die Zukunft blickten, war doch kaum einer dazu bereit aufzugeben. Ein Rückzug wurde gar nicht in Betracht gezogen.

Allendes Weg war der des Verhandelns, der Verfassungstreue und des schrittweisen Zurückweichens auf Positionen, die besser verteidigt werden konnten. Er war zu großen Zugeständnissen bereit, nur nicht dazu, zurückzutreten und zu kapitulieren. Er hatte festes Vertrauen darauf, dass der größte Teil der Streitkräfte im Fall eines Putsches die rechtmäßig gewählte Regierung verteidigen würde, wenn diese die von der Verfassung gezogenen Grenzen nicht überschritt. Er war bereit, wenn es sein müsste, zu einem Plebiszit aufzurufen, damit das Volk selbst über das Schicksal der Volksregierung entscheiden könne.

Der MIR dagegen sah in der Revolution den einzigen Ausweg. Er war überzeugt davon, dass die zum Putsch bereite, mit einem großen Teil der Streitkräfte verbündete chilenische Rechte auf keinerlei Verhandlungen oder Kompromissangebote eingehen würde, dass sie sich auch nicht dem Resultat einer Volksbefragung beugen würde. Sie wollte die Kapitulation, die bedingungslose, totale Kapitulation. Demnach bliebe nichts anderes übrig, als das Volk zu organisieren, im Rahmen des Möglichen zu bewaffnen und auf die bevorstehende Konfrontation vorzubereiten. Der MIR glaubte, ähnlich wie Allende, dass ein Teil der Streitkräfte den Putschisten den Befehl verweigern und sich angesichts des drohenden Faschismus dem Kampf der Arbeiter anschließen würde. Allerdings zog die Bewegung für einen solchen Pakt zwischen Arbeitern und Soldaten nur die Soldaten selbst und die Unteroffiziere in Betracht. Sie argumentierte damit, dass es fünfzig Jahre zuvor bei der Oktoberrevolution in Russland so gewesen wäre. Hatten sich damals nicht auch Arbeiter und Soldaten vereint und gemeinsam gesiegt?

Kleine Gruppen des MIR, aber auch Gruppen innerhalb der Sozialistischen und der Kommunistischen Partei begannen sich im Geheimen und trotz der Waffenkontrolle zu bewaffnen und erhielten eine militärische Ausbildung.

Es wird behauptet, dass die gegensätzlichen Strategien Allendes und des MIR zur Niederlage Allendes geführt hätten. Das ist jedoch kaum anzunehmen, denn es würde bedeuten, dass, wenn der MIR nicht existiert hätte, mit Allende alles gut gegangen wäre. Für die chilenische Rechte war jedoch Allende von Anfang der Hauptfeind. Er war besonders gefährlich dadurch, dass die Verfassung und das Gesetz ihn schützten, und weil die Hälfte der chilenischen Bevölkerung und ein Teil der Streitkräfte hinter ihm standen. Deshalb blieb ihr am Ende nichts anderes übrig, als ihn mit Gewalt zu beseitigen.

Sicher herrschte zwischen Allende und dem MIR oft ein gespanntes Verhältnis. Das radikale Auftreten des MIR und Slogans wie »*Pueblo, consciencia, fusil*« (»Volk, Bewusstsein,

Gewehr«) mussten Allende irritiert und manchmal wütend gemacht haben. Aber er war zu sehr Marxist, der keinen Hehl aus seinen freundschaftlichen Beziehungen zu Kuba machte, um die Positionen des MIR nicht zu verstehen. Bei keiner der Demonstrationen zur Unterstützung seiner Regierung, wenn Hunderttausende von Anhängern aller Parteien der Volksfront vor der Tribüne vorbeizogen, auf der Allende stand, um alle mit gleicher Herzlichkeit und Freude zu begrüßen, hat der MIR gefehlt. Auch sollte man nicht vergessen, dass die GAP (*Grupo de amigos del presidente*), eine Art Leibgarde Allendes, fast ausschließlich aus Aktivisten des MIR bestand. Es waren alles junge Menschen, die sich nach dem Attentat auf General René Schneider geschworen hatten, unter Einsatz ihres Lebens Allende zu schützen. Fast alle starben am Tag des Putsches.

Die Linke war also gespalten in zwei Lager. Ihre Strategien waren unvereinbar. Aber auch für die Verschwörer war es nicht einfach, den Zusammenschluss der gesamten Streitkräfte – Marine, Luftwaffe, Heer und Polizei – zustande zu bringen. Sie wussten, dass diese Einheit der Streitkräfte für das Gelingen des Putsches unbedingt notwendig war. Eine Spaltung der Streitkräfte hätte zu einem Bürgerkrieg mit einem nicht absehbaren Ausgang führen können. Aber erst wenige Tage vor dem 11. September 1973 gelang es den Konspirierenden, den Oberkommandierenden des Heeres, General Augusto Pinochet, und den Polizeigeneral César Mendoza zur Unterschrift auf dem Pakt zum Sturz der Regierung zu bewegen. Patricia Verdugo schreibt in ihrem spannenden Bericht über die letzten Stunden der Volksfront, *Interferencia Secreta*, dass anfänglich nur Admiral José Toriba Merino, Luftwaffengeneral Gustavo Leigh und einige wenige Offiziere des Heeres den Putsch planten und mit seiner Vorbereitung begannen. Diese Spitze des Komplotts war sich lange Zeit nicht sicher, ob sie Pinochet Vertrauen schenken könne. Nach dem Rücktritt des regierungstreuen Generals

Carlos Prats hatte Allende Pinochet zum Oberkommandierenden des Heeres ernannt. Die Führung der *Unidad Popular* hielt ihn für einen vertrauenswürdigen General, der im Ernstfall die Regierung verteidigen würde. Allende ging in seinem Vertrauen zu Pinochet so weit, dass er ihn ein paar Tage vor dem Putsch zu sich rief, um ihm, so unglaublich das heute scheinen mag, für den Fall eines Putsches die Koordination der Aktionen des Heeres mit denen der in den *cordones industriales* organisierten Arbeiter aufzutragen. Pinochet hatte ihm schamlos versichert, dass er unverzüglich diese Aufgabe in Angriff nehmen würde. Aber schon am Morgen danach unterschrieb er bei einer Versammlung von Generälen, von der Allende nicht informiert wurde, den umstürzlerischen Pakt mit den Verschwörern. Jetzt fehlte nur noch der Oberkommandierende der Polizei César Mendoza. Zwei Tage vor dem Putsch hatte dieser noch öffentlich Allende die Treue geschworen und ihm versichert, dass er fest mit seinem Beistand rechnen könne. Am nächsten Tag unterschrieb auch er den Pakt. Der nun vereinten, kompakten militärischen Macht der Gesamtheit der Streitkräfte war die chilenische Linke nicht gewachsen. Die kurze Zeit der Volksfrontregierung ging zu Ende.

Ich erlebte diese letzten Wochen der *Unidad Popular* wie in ständiger Gegenwart. So als ob es Vergangenheit und Zukunft nicht mehr gäbe. Ich war einer von Millionen von Anhängern der Volksfront. Obwohl ich ein Fremder war in jenem Land hinter den Anden, dachte und fühlte ich ganz ähnlich wie die Chilenen. Ich gehörte einer Gemeinschaft an, deren Schicksal ich teilte, deren Überleben zu verteidigen mein dringendstes Anliegen war. Ich nahm an allen Versammlungen der Bewegung teil, obwohl ich dem, was gesagt wurde, bei Weitem nicht immer zustimmte. Einmal pro Woche erhielt ich, wie die anderen *compañeros*, eine Art »militärischer Ausbildung«. Die Handhabung eines Revolvers wurde erklärt. Wir erhielten Unterricht in Erster Hilfe und machten stundenlange Märsche, um auch physisch auf der Höhe zu sein.

Mehr als einmal versuchte ich den *compañeros* zu erklären, wie unzureichend ich das fand. Es ging mir dabei nicht um eine bessere militärische Ausbildung. Ich wollte nur auf die Diskrepanz aufmerksam machen zwischen der leidenschaftlichen Vorstellung einer bewaffneten Auseinandersetzung mit der faschistischen Reaktion und der Realität eines wirklichen Krieges. Ich hatte den Krieg erlebt und wusste von der Disziplin, dem Drill und dem Gehorsam, der dazugehört, um einander gekonnt zu töten. Seitdem war ich antimilitaristisch eingestellt, aber noch nicht der überzeugte Pazifist, der ich heute zu sein glaube. Ich denke auch, dass kaum ein Chilene damals den Bürgerkrieg wirklich wollte. Dennoch bin ich mir fast sicher, dass ich, wenn es zu einer bewaffneten Auseinandersetzung gekommen wäre, an der Seite vieler anderer Chilenen mitgemacht hätte. Wir wollten uns einfach nicht unterkriegen lassen von der Reaktion, wollten unsere Ideen und unsere Hoffnung nicht aufgeben. Mein Verhalten damals war voller Widersprüche, wie der ganze politische Prozess, an dem wir teilnahmen. Man wollte eine friedliche demokratische Revolution. Das an sich war schon widersprüchlich angesichts der Tatsache, dass es nie zuvor friedliche Revolutionen gegeben hatte. Das wussten wir, aber wir wollten es nicht wahrhaben. Dann wurde es mit der Zeit immer offensichtlicher, dass unsere gewaltlose Revolution durch militärische Gewalt verhindert werden sollte. Wir wollten uns verteidigen. Die Idee der Gegengewalt begann um sich zu greifen und wurde immer überzeugender, und mit Gewalt wurde schließlich eine Lösung für die komplizierte Situation erzwungen … Mir scheint es heute, dass die Chilenen damals noch zu sehr an Demokratie gewöhnt waren, um zu verstehen, was ich meinte.

In dieser Zeit folgte der Streik eines Transportunternehmens dem anderen. Die Arbeiter und Angestellten mussten zu Fuß zu ihrem Arbeitsplatz kommen. Auch ich war täglich stundenlang zu Fuß unterwegs, um von Macul zu Chile Filmes und von dort zu meinem Unterricht an der Technischen Universität zu kommen. Während ich ging, hatte ich Zeit zum Denken. Ich versuchte, mir über die Situation klar zu werden. Ich spürte das Zerbröckeln der Einheit der Volksfront. Ich ahnte, dass der Putsch kurz bevorstand. Aber niemand konnte sagen, wann dieser stattfinden würde. Ich sah, wie Allende sich mit seinen Verhandlungen in eine Lage brachte, aus der es keinen Ausweg mehr gab. Aber mir war auch die Aussichtslosigkeit eines Widerstands bewusst, wie der MIR ihn vorschlug. Die Zukunft lag unsichtbar im Nebel. So widmete ich mich wie alle anderen meinen unmittelbaren, täglichen Aufgaben.

Alle Filmer von Cine Experimental und Chile Filmes waren unterwegs, um die herrschende Situation zu dokumentieren. Wir filmten die Versammlungen in den *cordones industriales*. Das waren die von den Arbeitern der enteigneten und besetzten Fabriken gegründeten, in Industriebezirke aufgeteilte Organisationen der Selbstverteidigung. Das Thema der Diskussionen war immer dasselbe: Wie sollen sich die Volksfront und das Volk im Fall eines Eingreifens des Militärs verteidigen? Wir drehten Hunderte von Interviews mit Arbeiterinnen und Arbeitern, Büroangestellten, Hausfrauen, Angestellten der Bahn, Straßenkehrern, Taxifahrern, Bauern, Bewohnern der Elendsviertel, Lehrern, Professoren und anderen Intellektuellen. Wir waren bei allen Demonstrationen dabei und filmten die oft heftigen Zusammenstöße zwischen Anhängern der Volksfront und der Opposition. Wir filmten im Kongress, wenn Allende sprach, oder wenn die Sprecher der Parteien der Opposition das Wort hatten. Wir drehten eine Unmenge von Material, von dem das meiste jedoch in Folge des Putsches verloren ging. Es wurde bei Chile Filmes und im Cine Experimental oder bei Hausdurchsuchungen beschlagnahmt und dann zusammen mit

Schriften marxistischen Inhalts und sonst wie verdächtigen und verbotenen Büchern auf der Straße verbrannt. Es ist der Initiative des Regisseurs Patricio Guzman zu verdanken, dass dennoch ein großer und wichtiger Teil dieses Materials über die kubanische Botschaft nach Kuba gelangen konnte und erhalten blieb. Patricio Guzman machte später aus Hunderten von Fragmenten einen Dokumentarfilm: *La batalla de Chile* (Die Schlacht um Chile), der in lebendigen, dramatischen Bildfolgen darstellt, was damals in Chile vor sich ging.

Ich erinnere mich an vieles, manchmal an die kleinsten Einzelheiten dessen, was ich damals erlebte. Natürlich nicht an den exakten Wortlaut all dessen, was gesagt wurde. Deshalb habe ich, um wortwörtlich einige Diskussionen und Interviews wiedergeben zu können, mehrere Stellen aus Guzmans Film *La batalla de Chile* übersetzt.

Um kurz gefasst darüber zu berichten, was alles in diesen Wochen noch geschah, möchte ich es so tun, wie ich es erlebte: unzusammenhängend, fragmentarisch. Wenn ich damals ein Tagebuch geschrieben hätte, würde es etwa folgendermaßen aussehen:

Juli bis August 1973

Das Volk wird unruhig und drängt auf Entscheidungen. Immer häufiger hört man bei den fast täglich in den Straßen Santiagos zur Unterstützung der Regierung stattfindenden Demonstrationen die neuen Parolen:

»*Crear, crear poder popular!*«

»*Crear, crear milicia popular!*«

»Volksmacht und Volksmiliz schaffen!«

Das Volk beginnt, die Schaffung einer eigenen, unabhängigen Volksmacht und die Bildung von Volksmilizen zu fordern. Überall in den Fabriken und Büros, in den Arbeitervierteln und an allen Straßenecken wird darüber diskutiert, was zu tun sei.

Carlos Altamirano, Generalsekretär der Sozialisten, erklärt bei einer Vollversammlung seiner Partei:

»Die Bourgeoisie wird einsehen müssen, dass sie nicht unangefochten mit ihrem Komplott, mit ihren umstürzlerischen Aktionen, mit ihren Attentaten, mit ihrem Boykott fortfahren kann. Unsere Partei denkt, dass die Besetzung von Fabriken, deren Besitzer vorsätzlich die Wirtschaft sabotieren, eine legitime Antwort ist auf die Aktionen der Rechten, die auf den Sturz der Regierung hinzielen. Wir rufen dazu auf, sich in den *cordones industriales,* in den Nachbarschafts- und Stadtviertel-Organisationen und in jeder sonstigen Art von gemeinschaftlichen Aktionsgruppen zusammenzuschließen. Wir rufen die Soldaten und Unteroffiziere dazu auf, ihren konspirierenden Vorgesetzten den Befehl zu verweigern, wenn ihnen befohlen wird, auf das Volk zu schießen.«

Miguel Henrique, Führer der Bewegung der Revolutionären Linken, spricht zu einer sich im Theater Caopolican drängenden Menge von Arbeitern, Armenviertelbewohnern, Bauerndelegationen und Studenten:

»Der Reformismus hat sich als unfähig erwiesen, unsere Probleme zu lösen. Aber ich sage euch, dass unser Kampf erst jetzt wirklich beginnt. Der Moment ist gekommen, die revolutionäre Volksmacht zu bilden. Die Arbeiter und Bauern müssen sofort damit beginnen, die Besetzung von Fabriken und Gütern mit äußerster Kraft vorwärtszutreiben. Jede besetzte Fabrik ist Volksmacht. Die Soldaten und Unteroffiziere dürfen den Offizieren, die den Putsch betreiben, nicht mehr gehorchen. In dieser Situation sind alle Formen des Kampfes erlaubt. Wenn es so ist, dass die Werktätigen, die Bauern, die Soldaten und Offiziere das Recht haben, sich zu verteidigen, so haben sie auch das

Recht, ihr eigenes Heer aufzubauen, das unabhängige Heer des Volkes!«

Auch bei den Interviews, die wir filmten, war das wichtigste Anliegen der meisten die Verteidigung der Volksfrontregierung. Ich erinnere mich an ein Interview in der *población* Nueva Habana. Es regnete in Strömen. Wir klopften an irgendeine Tür. Eine Frau öffnete. Als sie sah, dass wir vom Film waren, lud sie uns ein hereinzukommen. Sie hätte uns etwas Wichtiges zu sagen.

Wir zogen, wie es üblich war, die Schuhe aus und filmten die Frau mit ihrem Jüngsten auf dem Arm. Sie sah direkt in die Kamera und sagte: »Früher hatten wir nichts. Alles, was wir jetzt haben, verdanken wir dieser Regierung. Jetzt müssen wir uns zur Wehr setzen, um nicht alles wieder zu verlieren. Aber wie? Es fehlt uns an Mitteln. Sie sind bewaffnet. Wir sind wehrlos. Mit Knüppeln und Steinen werden wir uns nicht verteidigen können …«

In der *población* La Victoria sagte ein Arbeiter, nachdem er *El Siglo,* die Zeitung der Kommunistischen Partei, in der er gerade las, weggelegt hatte: »Was sollen wir denn tun, um uns gegen die Putschisten zu verteidigen? Man sagte uns, wir sollten uns in Industriebezirken zusammenschließen. Jetzt sind wir organisiert. Wir haben Brigaden zur Selbstverteidigung gegründet. Aber wir haben nicht die Mittel dazu, um, wenn es nötig ist, die Fabriken zu verteidigen oder auf der Straße der bewaffneten Rechten und einigen Militärs, die die Regierung stürzen wollen, entgegentreten zu können.«

Im Arbeiterviertel La Legua sagte eine Frau, während sie das Abendessen kochte: »Wir sind wehrlos. So wie die Dinge stehen, werden sie uns alle umbringen, wenn es losgeht. Das Volk braucht Waffen, um sich verteidigen zu können.«

Bei einer Vollversammlung der Arbeiter eines Industriebezirks fragte ein Arbeiter den Anwalt seiner Gewerkschaft: »Könnten Sie uns bitte erklären, Genosse, wo die Grenze liegt zwischen legal und illegal, wenn wir versuchen, unsere rechtmäßig gewählte Regierung zu verteidigen, vielleicht sogar mit der Waffe in der Hand?«

Während die Rechte die Wirtschaft boykottierte, Attentate verübte und auf all ihren Sendern den Sturz der Regierung predigte, diskutierten die Arbeiter noch den Begriff der Legalität.

Am Morgen des 19. Juli war auf der Avenida Macul kein Durchkommen. Eine Barrikade aus quer über die Straße übereinandergeworfener Autoreifen stand in Flammen und verhinderte jeden Verkehr. Die Polizei schoss Tränengas in den schwarzen Qualm. Die hinter der Barrikade kaum sichtbaren Arbeiter warfen die Tränengasbomben wieder zurück, so dass ihre weißen Nebel zwischen den Polizisten aufstiegen. Salven von Steinen flogen durch die Luft. Die Arbeiter des Industriebezirks Macul protestierten gegen das Vorhaben der Regierung, einen Teil der nach dem *tanquetazo* besetzten Fabriken ihren Besitzern zurückzugeben. Die Demonstranten schrien durch den Qualm und das Tränengas, dass weiter vorn in der Nähe der Fabriken 5000 Arbeiter die Straße blockierten, um mit allen ihnen zur Verfügung stehenden Mitteln die von ihnen besetzten Fabriken zu verteidigen. Um halb zwölf mittags traf der Bürgermeister von Santiago ein. Es gelang ihm als Angehöriger der *Unidad Popular,* die Gemüter zu beruhigen. Er teilte mit, dass im selben Moment Verhandlungen zwischen den Parteien, der Zentralgewerkschaftsorganisation CUT und der Regierung stattfänden, um eine Lösung für das Problem zu finden. Es gelang ihm, die Arbeiter und auch die Polizei zu überzeugen. Die Avenida wurde freigegeben. Eine halbe Stunde später zogen sich auch die weiter vorn konzentrierten Arbeiter in die Fabriken zurück.

Am Nachmittag trafen sich in einer Fabrikhalle Arbeiter und Vertreter der CUT, um diese Probleme zu besprechen.

Ein Angehöriger der Leitung der CUT erklärte: »*Compañeros*. Wir diskutieren hier die unkontrollierte Besetzung von Fabriken und die Rückgabe einiger dieser Betriebe an ihre ehemaligen Besitzer. Wir haben Kommissionen gebildet, um Lösungen für diese Probleme zu finden. Wir sind zu dem Schluss gekommen, dass diese Angelegenheit mit der Regierung und mit dem Wirtschaftsminister diskutiert werden muss. Es ist wahr, *compañeros*, dass die CUT selbst dazu aufgerufen hat, als Antwort auf den faschistischen Putsch Fabriken zu besetzen. Aber das bedeutet nicht, dass alle jetzt besetzten Betriebe endgültig in den sozialen Sektor oder in den gemeinschaftlichen Besitz übergehen können.«

Ein Arbeiter unterbrach den Sprecher: »Wir wollen hier keine langen Erklärungen, *compañero*, was wir wollen, ist eine klare Stellungnahme der CUT, was diese Probleme betrifft. Es spielt keine Rolle, ob diese uns gefallen oder nicht. Diese ungelösten Probleme werden zu Gift für die Einheit der Arbeiterklasse.«

Der Sprecher der CUT fuhr fort: »Es gibt noch ganz andere Probleme zu diskutieren, *compañeros*, zum Beispiel das Problem mit den Unternehmen des Schweizer Kapitals. Das ist ein Problem von internationalen Dimensionen, *compañeros*. Die Schweiz ist einer der Hauptteilhaber des Club de Paris, mit dem die Auslandsschulden verhandelt werden. Nach der Enteignung des Kupfers haben die Amerikaner jeden weiteren Kredit verweigert. Wir müssen also im Club de Paris mit Vorsicht vorgehen, *compañeros*.«

Ein Arbeiter warf ein: »Von internationalen Beziehungen haben die Arbeiter keine Ahnung, was wir wollen, *compañero*, ist eine klare Antwort der CUT über das, was wir zu tun haben.«

Ein Vertreter der CUT antwortete: »Gut, *compañeros*, ich will mich einfacher ausdrücken. Mit der Regierung der Werktätigen haben wir einen Teil der Macht im Staat erobert, aber nicht die ganze Macht. Diese Idee, Gerechtigkeit auf eigene Faust zu erzwingen, diese Konflikte zwischen Arbeitern und *carabineros*, vermitteln den Eindruck von Chaos, von fehlender Disziplin, von Unfähigkeit der Regierung zu regieren. Das dient den reaktionären Putschisten im Kongress, die die Regierung des Verfassungsbruchs anklagen, und es ist gerade das, was sie wollen, um den Putsch zu rechtfertigen.«

Einige Arbeiter riefen: »*Compañero*! Wir sind nicht auf den Kopf gefallen. Man hat uns gesagt, dass wir uns organisieren sollen in den *cordones industriales*, in Stadtviertel-Komitees und sonst wie. Wir haben uns organisiert. Aber man kommt uns immer wieder mit derselben Leier: ›Es ist nicht der Moment.‹ Man verlangt von uns, Ruhe zu bewahren. Warum denn eigentlich? Wenn das so weitergeht, könnten wir in den Generalstreik treten, um von unserem Präsidenten zu verlangen, dass er uns seinen Plan erklärt und was er eigentlich zu tun gedenkt.«

»Gut. Wenn man die Sache durch ein Plebiszit entscheiden will. Wir sind bereit. Wir sind in allen Stadtteilen organisiert, um dieses zu gewinnen, von hier bis Rancagua, *compañero*!«

»Und all diese Attentate, all diese subversiven Aktionen, der Boykott, der Schwarzmarkt! Wir sollen Ruhe bewahren! Dass dieses nicht dem sozialen Sektor angehört, dass jenes der Schweiz gehört. Dass man dieses nicht kann, dass jenes gesetzwidrig ist. Bis wann denn noch, *compañero*? Die Wahrheit ist, dass das Volk es satt hat, all dies Verhandeln. Wir sind gegen die Bürokratie. Aber das Verhandeln geht weiter und die Bürokratie geht weiter. Die Attentate und die Subversion gehen weiter und von uns verlangt man, Ruhe zu bewahren. Hat die Regierung denn kein Vertrauen in uns? Bis wann denn eigentlich noch?!«

Viele applaudierten, aber nicht alle. Manche griffen sich mit der Hand an den Kopf, um besser nachdenken zu können. Die Gesichter waren gespannt und ernst. Es war wirklich nicht leicht herauszufinden, was das Richtige war. So wurde in jenen Tagen überall in den Fabriken und an den Arbeitsplätzen diskutiert.

Kardinal Silva Henrique machte einen Versuch, Frieden zu stiften. Er startete innerhalb der Kirche den »Feldzug des Friedens« und brachte dadurch die Christdemokratische Partei in eine schwierige Lage. Die Partei hatte offiziell den Dialog mit Allende eingestellt. Nun verlangten ihre Anhänger von der Basis aus die Wiederaufnahme der Verhandlungen. Allende war zu weiteren Zugeständnissen bereit, um ein Minimum von Zusammenarbeit zu erreichen. Erneut schlug er die Bildung einer antifaschistischen Koalition vor. Innerhalb der Rechten wuchsen die Befürchtungen, dass diese schließlich doch noch zustande kommen könnte.

In der Nacht vom 26. auf den 27. Juli ermordete die extreme Rechte den Kommandanten Arturo Araya, Verbindungsoffizier zwischen Allende und der Marine. Das Begräbnis wurde zu einem feierlichen Treffen des chilenischen Offizierskorps. Trommelwirbel und die in den tiefsten Tönen schleppend von Fanfaren und Posaunen geblasenen Klänge des Trauermarsches, der langsame Marschtritt der Soldaten, die in ihrer Mitte auf den Schultern den mit der chilenischen Fahne bedeckten Sarg des Ermordeten trugen, scharfe Kommandorufe und erneute Trommelwirbel beim Absetzen und Versenken des Sargs sowie eine Salve von Salutschüssen gaben der Zeremonie ihren militärischen Anstrich. Der Friedhof lag still, wie in weite Ferne gerückt. Die Offiziere in Galauniform unterhielten sich, des Anlasses wegen Trauer vortäuschend, mit gedämpften Stimmen. Sie schüttelten sich freundschaftlich die Hände. Sie waren wie eine große Familie, die einen ihrer Angehörigen verloren hatte. Einverständnis und kaum verheimlichte Genugtuung spiegelten sich in den eckigen, vom Militärdienst geprägten Gesichtern unter den in die Stirn gezogenen Mützen. Auch General Augusto Pinochet, Luftwaffengeneral Leigh, der Admiral der Marine, Merino, und der General der *carabineros*, Mendoza, waren zugegen. Ihre Gesichter schienen undurchdringlicher, verschlossener als die der meisten. Sie hatten etwas zu verheimlichen. Vielleicht hatten sie noch Zweifel am Gelingen des geplanten Putsches.

Es gab noch regierungstreue Offiziere unter den Anwesenden. General Carlos Prats, der den Putschversuch vom 29. Juni niedergeschlagen hatte, war nicht der Einzige. Offen erklärte er der Presse den Grund des Mordes: »Die Ermordung Arturo Arayas hatte zum Ziel, die Verbindung zwischen Allende und dem Oberkommando der Marine zu unterbrechen, um so zu verhindern, dass die Regierung über das, was in der Marine vor sich geht, informiert wird.«

Noch spielte die Konspiration sich im Geheimen ab. Ein vorzeitiges Aufdecken des Komplotts konnte die Vorbereitungen für den Putsch gefährden. Deshalb musste Araya beseitigt werden.

Es liegen glaubwürdige Informationen dafür vor, dass etwa von diesem Zeitpunkt an auf jedem chilenischen Kriegsschiff zumindest ein Agent der USA tätig war, um das Pentagon über das, was in Chile vor sich ging, zu informieren. Vielleicht ist es auch kein Zufall, dass sich gerade in diesem Moment Einheiten der amerikanischen Pazifikflotte dem Hafen von Valparaíso näherten, um sich anlässlich des Flottenmanövers »Unitas« mit den chilenischen Kriegsschiffen zu vereinigen.

Zehn Tage später wurden zwanzig Matrosen, die es gewagt hatten, die Regierung über die konspirativen Vorgänge innerhalb der Kriegsmarine zu informieren, festgenommen und unter Aufsicht höherer Marineoffiziere gefoltert.

Die Kommunikationsmittel und die Presse in Händen der

Opposition predigten ohne Unterbrechung und unverhohlen ohne jegliche Zensur bei vollkommener Pressefreiheit den Sturz der Regierung.

Die Transportunternehmer treten erneut in den Streik. Die *New York Times* bestätigt die Finanzierung des Ausstands durch die Regierung der USA und ITT (International Telephone & Telegraph Corporation) mit fünf Millionen Dollar, die über die Unternehmerorganisation *Sociedad de Fomento Fabril* ins Land geschleust werden. Die stillstehenden Lastwagen und Omnibusse werden an verkehrsstrategischen Punkten konzentriert. Der Warenverkehr kommt ins Stocken. Allende versucht mit Hilfe der Polizei, die Lastwagen abschleppen zu lassen, und wird deshalb im Kongress wegen Angriffs auf das Privateigentum angeklagt. Die Christdemokraten unter Frei bezichtigen Allende offiziell des Verfassungsbruchs. Sie reichen im Kongress ein Gesuch auf Anklage gegen den Präsidenten wegen Amtsmissbrauchs (*Impeachment*) ein. Es gelingt ihnen aber nicht, die dafür notwendige Zweidrittelmehrheit im Kongress zu erreichen. Die Christdemokratische Partei unterstützt jetzt öffentlich den Streik. Frei fordert die Rückgabe wenigstens eines Teils der verstaatlichten Unternehmen. Allende lehnt die bedingungslose Kapitulation ab.

Am 9. August, in einem letzten Versuch, der um sich greifenden Konspiration Herr zu werden, fordert Allende die Oberkommandierenden des Heeres, der Luftwaffe, der Marine und der Polizei auf, an der Regierung teilzunehmen. Nur zögernd unterstützen Kommunisten und Sozialisten die Bildung dieses sogenannten *gabinete cívico militar*. Die Mehrheit der Linken reagiert konsterniert.

Ende August demonstrieren die Gattinnen des Offizierskorps vor dem Haus des regierungstreuen Oberkommandierenden der chilenischen Streitkräfte Carlos Prats. Sie fordern seine Entlassung. Prats tritt zurück. Zu seinem Nachfolger wird General Augusto Pinochet ernannt, weil er Allende und den Parteien der *Unidad Popular* vertrauenswürdig erscheint. (Prats und seine Frau wurden Ende 1974 in Mendoza von einem Kommando der »Operation Condor« ermordet.)

Am 10. September, während einer Ansprache in der Universidad Técnica, verkündet Allende offiziell seinen Entschluss, mittels eines Plebiszits dem chilenischen Volk Gelegenheit zu geben, selbst über das Schicksal der Regierung der Volksfront zu entscheiden.

Das Volk fängt an, sich selbst zu regieren. Die der *Unidad Popular* angehörenden Lastwagenfahrer organisieren sich und stellen teilweise die Versorgung von Fabriken und Einkaufszentren wieder her. Freiwilligenbrigaden be- und entladen Lastwagen und Güterzüge. Den neu gebildeten Ausschüssen für Versorgung und Preise gelingt es, die Bevölkerung mit Grundnahrungsmitteln zu versorgen. In den vom Volk besetzten Supermärkten werden nach dem System des sogenannten *canasta popular* die rationierten Lebensmittel entsprechend der Anzahl der Familienmitglieder zum Selbstkostenpreis verkauft. Die Demonstrationen zur Unterstützung der Regierung nehmen kein Ende.

»Radio Nacional« – Ende August 1973

»Völker, hört die Signale,
auf zum letzten Gefecht,
die Internationale
erkämpft das Menschenrecht…«

Ich erwachte von den laut im Raum hallenden Klängen der letzten Strophe der *Internationale*. Ich hatte kaum zwei Stunden geschlafen, aber so tief, dass ich mich im ersten Moment nicht erinnern konnte, wo ich war. Ringsum auf einem von tausend Schritten durchgeschabten Perserteppich lagen in Decken gehüllt oder in Schlafsäcke verkrochen die *compañeros* und schliefen. Als ersten erkannte ich Nelson Matriaga, Schauspieler und Hauptdarsteller in Littins Film *El Chacal de Nahueltoro*. Er lag sehr unbequem auf einem harten altmodischen Sofa. Die Füße hingen über die eine, der Kopf weit nach hinten gebeugt über die andere Seitenlehne des für seine Statur viel zu kleinen Möbels. Aber er schlief fest und schnarchte leise vor sich hin. Auf einem ebenso verschlissenen Sessel im Rokokostil schlief zusammengerollt unter ihrer dicken chilenischen Wolldecke Carmen Bueno, Cutterin, Schauspielerin und *compañera* unserer Gruppe. Ich konnte sie nur an ihren aus der Decke hervorquellenden langen schwarzen Haaren erkennen. Es war sechs Uhr morgens. Wir befanden uns in den Räumen des *Radio Nacional*.

Das Programm des Radios begann also mit der *Internationale*. Dann kamen die Nachrichten. Anschließend eine von den Hausfrauen viel gehörte Sendung, in der täglich eine halbe Stunde lang eine Wahrsagerin die Zukunft voraussagte und über astrologische Geheimnisse plauderte, dann Lieder, Kommentare usw. *Radio Nacional* war, nachdem es von seinen Besitzern aufgegeben wurde, von seinen Angestellten mit Unterstützung einer Gruppe des MIR besetzt und wieder in Betrieb genommen worden. Vom ehemaligen Programm waren danach eigentlich nur die Wahrsagerin und ein sentimentales Hörspiel mit nie enden wollenden Fortsetzungen übrig geblieben. Die mit der Bewegung sympathisierenden Leute vom Film, vom Theater, bildende Künstler und wer sonst noch dem Bereich Kultur angehörte, waren mit der Sicherheit des Senders beauftragt worden, denn Angriffe und Attentate der rechtsradikalen *Patria y Libertad* waren zu dieser Zeit an der Tagesordnung.

Den größten Teil der Nacht hatten der *compañero* Rodolfo und ich auf dem Dach des Senders verbracht. Wir sollten aufpassen und beim geringsten Verdacht eines Angriffs Alarm schlagen. Die Lichter in den gegenüberliegenden Wohnungen waren eines nach dem anderen ausgegangen. Hinter den geschlossenen Fenstern und Gardinen rührte sich nichts. Die dunkle Straße unter uns war leer und so still, dass, wenn wir zum Zeitvertreib kleine Stückchen eines zerbrochenen Dachziegels hinunterwarfen, das Geräusch des Aufpralls auf dem Asphalt lange nachhallte.

Wir schwiegen. Die Schlaflosigkeit vieler durchwachter Nächte zog uns in einen Zustand willenloser, halbschlafähnlicher Betäubung, aus der wir durch das plötzliche Aufklappen der Dachluke geweckt wurden.

Oscar Henrique, Miguel Henriques Bruder, stieg mit einer Maschinenpistole bewaffnet aus der Luke. »Du hast schon einmal einen Krieg erlebt und musst wissen, wie man mit so etwas umgeht«, wandte er sich an mich und drückte mir ohne weitere Umschweife die Waffe in die Hand. Ich gab ihm zu verstehen, dass ich dieses Modell nicht kannte, unterließ es jedoch hinzuzufügen, dass ich von Waffen generell keine Ahnung hätte und dass mich ihr Gebrauch im Grunde wenig interessierte. Er erklärte mir kurz die Handhabung, das Laden, Entsichern und Zielen. »Du wirst es im Ernstfall schon hinkriegen«, sagte er noch und schlug mir dabei kameradschaftlich auf die Schulter. Er wünschte uns beiden noch eine gute Nacht und verschwand wieder in der Dachluke. Mir war gar nicht wohl zumute, nun mit dieser Waffe in der Hand auf diesem Dach zu sitzen. Im Krieg, jenem weit zurückliegenden schrecklichen Krieg, in den letzten Tagen als kaum Achtzehnjähriger an die Front geschickt, hatte ich zwar schon einmal einen Karabiner in der Hand gehabt und sogar geschossen, als ich bei einbrechender Dämmerung die Russen über die Kante des Hügels springen und auf uns zukommen sah. Ich hoffte insgeheim, niemanden zu treffen, wurde aber dieser Sorge bald enthoben, weil mir die letzten Patronen ausgegangen waren. Diese

Zeit lag schon weit zurück. Aber eine tief verwurzelte Abneigung gegen alles, was mit Waffen oder Krieg zu tun hatte, war geblieben. Nie wieder wollte ich diesem Wahnsinn verfallen.

Aber plötzlich war sie wieder da, diese Bereitschaft zum Kampf. Die Aussichtslosigkeit unserer Lage in diesem zwischen den Armen und den Reichen Chiles ausgebrochenen Konflikt war mir klar bewusst. Ich erinnerte mich an die Worte Allendes: »Es geht uns darum, dem Volk die verlorene Menschenwürde wieder zurückzugeben. Es geht uns um Gerechtigkeit und Demokratie!« Aber es war gerade das, was seine Gegner unter keinen Umständen zulassen wollten. Das Volk sollte wieder an den Platz zurückgedrängt werden, »wo es hingehörte«, wie sie sich zynisch ausdrückten. In diesem Moment waren sie dabei, die entscheidende Offensive gegen die *Unidad Popular* vorzubereiten. Auf einmal standen mir die behelmten Gruppen von *Patria y Libertad* vor Augen, wie sie jetzt fast täglich im Marschtritt, von Trommeln begleitet, durch die Stadt zogen. Bewaffnete Muttersöhnchen, die sich wie die Nazis mit erhobener Hand begrüßten. In den jungen Gesichtern der hochmütige Ausdruck des Anspruchs auf Macht und Reichtum, den Reichtum, der sie umgab und beschützte, und der unverhohlenen Verachtung für das Volk, welches sie schweigend vom Straßenrand aus beobachtete. Eine alte Wut brach in mir auf. Es gab für mich keinen Zweifel darüber, auf welcher Seite ich stand in diesem ungleichen Kampf. Wenn sie uns in diesem Moment angegriffen hätten, hätte ich geschossen.

Aber es passierte gar nichts. Die Straße unter uns blieb leer und still. Rodolfo saß schweigend in Gedanken versunken neben mir. Ich legte die Maschinenpistole auf das Ziegeldach, und nur, um irgendetwas zu sagen, fragte ich ihn, ob er verheiratet sei und ob er Kinder habe. Ja, er sei verheiratet, und sie hätten eine siebenjährige Tochter. Sie lebten aber jetzt getrennt voneinander. Nach einer Pause fragte er mich, ob ich schon bemerkt hätte, wie viele Ehen in der letzten Zeit in Chile zerbrochen wären wegen der Politik. Ich sagte ihm, dass auch ich mich vor Kurzem aus ähnlichen Gründen von meiner Frau getrennt hätte.

Rodolfo fing an zu erzählen: »Graziela und ich hatten uns an der Universität kennengelernt. Sie studierte Psychologie und ich Journalistik. Sie stammt aus einer gut situierten Bürgerfamilie. Ihre Eltern wählen die Nationalpartei. Sie selbst ist überzeugte Christdemokratin. Mein Vater ist Arzt und Sozialist, wie ich selber auch, bis ich der Bewegung beitrat. Graziela und ich waren oft verschiedener Meinung und stritten uns manchmal heftig über politische Probleme. Aber beide wollten wir dasselbe: soziale Veränderungen zugunsten des Volkes.«

Er fuhr fort: »Damals war es in Chile ganz natürlich, dass Familienmitglieder und Ehepartner politisch verschieden dachten und in oft leidenschaftlichen Diskussionen ihre unterschiedlichen Standpunkte diskutierten. Die Chilenen waren Demokraten, und wenn die Dinge anders liefen, als sie es für richtig hielten, setzten sie ihre Hoffnungen auf die nächsten Wahlen. So hatten sich langsam soziale Tendenzen durchgesetzt. Zuerst wurde Frei gewählt, weil er Reformen versprach, und nach Freis Versagen Allende, dessen politisches Programm ernster genommen wurde. Die Politik war damals noch fast wie ein Spiel, in dem sich ja auch Gegner gegenüberstehen, die beide gewinnen wollen. Aber es blieb doch ein Spiel ohne Feindschaft. Das hat sich geändert. Unsere Diskussionen begannen, drohend und feindselig zu werden, nachdem Ende 1972 die Christdemokraten ihr Bündnis mit der *Unidad Popular* brachen und zur reaktionären Opposition überliefen. Unsere Standpunkte wurden immer unvereinbarer. Graziela begann mir vorzuwerfen, dass ich mit meinem Beitritt zum MIR das Leben unserer Tochter gefährde. Ich solle endlich die Politik lassen und mich um die Zukunft unserer Tochter kümmern. Ich antwortete ihr, dass mir das Chile, wie es war, nicht mehr gefiele und ich gerade für die Zukunft unserer Tochter ein besseres Chile erkämpfen wolle. Wir begannen definitiv, uns nicht mehr zu verstehen. Eines Tages, als ich spät in der Nacht nach einer dieser endlosen Versammlungen unserer Gruppe nach Hause kam, fand ich auf dem Küchentisch von einem Glas beschwert einen Zettel, auf dem stand: ›Dora und ich sind zu meinen Eltern gezogen. Ich komme nicht mehr zurück. Ich wünsche Dir das Beste. Graziela.‹ Und jetzt sitze ich hier auf diesem verfluchten Dach«, rief er wütend. »Aber ich kann meine Meinung über das, was gut oder schlecht ist, was gerecht und was ungerecht ist, nicht ändern!« Ich begriff die Unlösbarkeit seines inneren Zwiespalts und merkte, dass ihm fast die Tränen kamen und wie schwer ihm die Trennung von seiner Frau und seiner Tochter fiel. Plötzlich stand er auf und machte eine abwehrende Handbewegung, um diese Gedanken zu verscheuchen. Dann blickte er auf die Uhr und sagte ganz ruhig: »Ich glaube, wir werden bald abgelöst.«

Ein frischer Wind schlug mir entgegen, als ich endlich den Sender verließ, und vertrieb meine Müdigkeit. Die kleine Straße endete am Rand des Parque Forestal, dessen Grünanlagen sich weithin am Ufer des Mapocho hinziehen. Hinter der schwarzen Mauer der Anden stand das helle Licht des neuen Tages. Nebel stiegen aus den eiskalten Wassern des vom Gebirge herunterströmenden Flusses und schwebten silbrig durch die Bäume und Büsche. Ich hatte einen langen Weg vor mir, um nach Hause zu kommen. Die Straßen waren voller Menschen, die versuchten, zu Fuß ihren Arbeitsplatz zu erreichen, um trotz aller Schwierigkeiten weiterzumachen. Die Leute drängten sich in die wenigen Mikrobusse, die noch zirkulierten. Sie hingen in Trauben außen an den Türen. Sie standen zu fünft auf der hinteren Stoßstange und hielten sich an der Regenrinne am Dach des Fahrzeugs fest. Auf Lastwagen, deren Besitzer sich weigerten, der *Unidad Popular* die Treue zu brechen und die den Drohungen ihrer streikenden Kollegen zum Trotz weiterfuhren, standen hin und her schwankend und sich an der Karosserie festhaltend Arbeiterinnen und Arbeiter, um zu ihren Fabriken zu kommen. Sie hatten auf den Lastwagen die chilenische Fahne gehisst, die im Fahrtwind flatterte und knatterte. An der Seite der Lastwagen waren Spruchbänder angebracht, auf denen stand *Cordon Macul presente* oder *Cordon Cerrillos presente* oder *No pasarán!* Die Menschen auf den Lastwagen riefen den zu Fuß Gehenden zu: »*No pasarán! No pasarán!*« Die Leute auf der Straße antworteten: »*No pasarán! Venceremos!*«

Je weiter ich ging und je länger ich mich in diesem Strom von Menschen vorwärtsbewegte, um so verbundener fühlte ich mich mit jedem Einzelnen von ihnen, obwohl ich doch keinen persönlich kannte. Ich spürte, dass ich einer Gemeinschaft angehörte. Ganz plötzlich wurde mir klar, was Solidarität ist. Meine Bedenken und Befürchtungen waren verflogen. Ich fühlte mich so frei wie nie zuvor. Ich muss gestehen, dass ich, während ich so nach Hause ging, glücklich war.

4. September 1973

Auf den Gleisen des Rangierbahnhofs in der Nähe der Estación Central standen am Zaun entlang vielleicht dreißig Lokomotiven. Ein ungeheurer Lärm war zu hören. Glocken wurden geschlagen, es klingelte und pfiff. Auf den Lokomotiven standen die Eisenbahner. Sie machten mit hoch erhobenen Händen das V-Zeichen des Sieges und schrien, so laut sie konnten, den draußen mit ihren Fahnen und Spruchbändern vorbeiziehenden Menschen zu:

»Wir werden siegen, *compañeros*!«

Auf der Zufahrtsstraße, die von Süden kommend am Bahnhof entlang in das Zentrum Santiagos führt, marschierten rund 2000 Delegierte verschiedener Bauernorganisationen, Arbeiter- und Angestelltengewerkschaften und anderer politischer Gruppen der Stadtmitte zu. Der Marsch hatte in Puerto Montt im äußersten Süden begonnen. An jedem Ort, durch den sie kamen, hatten sich weitere Delegierte angeschlossen. In allen Städten hatten sie für die Regierung demonstriert. Endlich waren sie in der Hauptstadt angekommen, um am nächsten Tag, dem 4. September, an der Feier des dritten Jahrestages des Wahlsiegs Allendes teilzunehmen. Sie riefen den winkenden Eisenbahnern zu:

»*No pasarán!* Wir verteidigen unsere Regierung! Wir werden siegen!«

Am 4. September zog zum letzten Mal das Volk an der Moneda vorbei, um den von ihm gewählten Präsidenten zu grüßen und um ihm zuzurufen:

»*Allende! El pueblo te defiende! Venceremos!*«

»Allende! Das Volk wird dich verteidigen! Wir werden siegen!«

Der Aufmarsch hatte um vier Uhr nachmittags begonnen und dauerte sechs Stunden lang. Erst gegen elf Uhr in der Nacht leerten sich die Straßen. 800 000 Personen aus allen Teilen Santiagos waren gekommen. Alle Parteien der Linken nahmen teil: die Kommunistische Partei, die Sozialistische Partei, der MIR, die Radikalen, der MAPU, die Christliche Linke. Allende stand auf dem Balkon über dem Tor der Moneda und grüßte die stundenlang auf der Straße vorbeiziehenden Menschen. Unter ihm, an der Balustrade befestigt, hing ein viele Meter breites Schild, auf dem stand: *La patria vencerá!* – Das Vaterland wird siegen!

Allende hatte während der vergangenen Wochen, wenn er im Fernsehen sprach oder wenn man ihm im Kongress oder auf der Straße begegnete, einen müden, geradezu gealterten Eindruck gemacht. Der Druck von allen Seiten, dem er täglich ausgesetzt war, die ungeheuere Verantwortung, die ununterbrochene Spannung gingen über die Kraft eines Menschen hinaus. Ohne Zweifel war er sich auch vor dem Putsch schon der Aussichtslosigkeit all seiner Bemühungen um ein gerechteres, menschlicheres Chile bewusst geworden.

Aber an diesem Nachmittag, während er so auf dem Balkon der Moneda stand, um die pausenlos vorbeiziehende Menschenmenge zu grüßen, schien er wieder ganz der *compañero Presidente* zu sein, der er immer gewesen war. Seine Gesichtszüge strahlten wie früher Selbstsicherheit, Freundlichkeit und Jovialität aus. Die Spannung der letzten Wochen schien sich gelöst zu haben. Die Gemütsbewegung und die Freude, die er empfand, konnte er nicht verbergen. Man sah ihm an, wie stolz er darauf war, dass dieses Volk, welches er aufrichtig liebte, Vertrauen zu ihm hatte und ihm trotz allem weiterhin die Treue hielt.

11. September 1973

Am Vorabend hatte Ruth nichts bei der JAP, einer Kommission zur Lebensmittelversorgung der *población*, zu tun. Auch ich hatte eine freie Nacht beim *Radio Nacional*. Endlich mal wieder konnten wir allein sein. Wir machten uns einen gemütlichen Abend zu zweit. Ruth brachte es fertig, trotz der herrschenden Knappheit ein sehr leckeres Abendessen zu zaubern. Dazu tranken wir chilenischen Rotwein. Wir gingen früh zu Bett und schliefen dann eng beieinander traumlos bis in den hellen Morgen hinein.

Um halb acht klopfte es an der Haustür. Unsere Nachbarin teilte uns außer Atem mit, dass Valparaíso von der Marine besetzt worden war und dass Einheiten des Heeres auf Santiago vorrückten. »Das ist der Putsch! Die Streitkräfte haben geputscht. Alles ist verloren!« Wir stellten *Radio Corporación* an und hörten Allende sprechen:

»Den ersten Informationen nach haben aufständische Marineeinheiten den Hafen von Valparaíso besetzt. Auch sind wir über Truppenbewegungen in den Außenbezirken Santiagos informiert. Ich möchte die Arbeiter dazu auffordern, sich an ihren Arbeitsplätzen einzufinden und Ruhe zu bewahren. Ich bin hier in der Moneda und werde, komme was komme, hier bleiben, um die vom Volk gewählte Regierung zu verteidigen. Als Erstes müssen wir die Antwort der Soldaten des Vaterlandes abwarten, die geschworen haben, die rechtmäßig eingesetzte Regierung zu verteidigen. Ich hoffe, dass diese positiv sein wird.«

In diesem Moment wurde die Sendung unterbrochen, weil, wie wir später erfuhren, von Flugzeugen der Luftwaffe abgeschossene Raketen die Antenne des Senders zerstört hatten.

Während wir uns so schnell wie möglich anzogen, hörten wir in *Radio Agricultura*, der Stimme der Opposition und der Streitkräfte, die erste militärische Anweisung:

»Angesichts der schweren gesellschaftlichen und moralischen Krise, in der sich das Land befindet, und des herrschenden politischen Chaos, fordern wir den Präsidenten auf, sein hohes Amt umgehend den Streitkräften und der Polizei Chiles zu übergeben. Jede Art von Information seitens der Fernsehanstalten und Radiostationen der *Unidad Popular* und der linken Presse ist sofort einzustellen. Die Nichtbefolgung dieser Anweisung wird durch Angriffe der Luftwaffe oder des Heeres bestraft!«

Wir fuhren in die Stadt. Ruth, um zu versuchen, von einer befreundeten Ärztin von ihrer Tochter dringend benötigte Arzneimittel zu bekommen. Ich, um mich an einem für den Fall eines Putsches vereinbarten Treffpunkt einzufinden. Es gelang uns, in einen der wenigen noch fahrenden Autobusse einzusteigen. Der Bus war schon brechend voll. Aber an jeder Haltestelle drängten sich mehr Leute hinein. Arbeiterinnen und Arbeiter, Büro- und Bankangestellte und solche, die bei den Ämtern und Ministerien im Stadtzentrum arbeiteten. Alle versuchten, ihren Arbeitsplatz zu erreichen, um dort zur Verfügung zu stehen. Wir hatten keine Ahnung, wo Ruths Tochter Lily sich in diesem Moment aufhielt.

An der Haltestelle Universidad Católica stiegen wir aus. Aus der Richtung der Plaza Bulnes und der Moneda war das Knallen vereinzelter Schüsse und der sporadisch aufflackernde und wieder abflauende Lärm von Maschinengewehrfeuer zu hören. Wir umarmten und küssten uns und drückten uns fest die Hände, wie bei einem Abschied auf lange Zeit. Niemand wusste in diesem Moment, was in den nächsten Stunden geschehen würde. Langsam überquerte ich die praktisch leere Alameda. In einer kleinen Wohnung im fünften Stock eines alten Gebäudes mit Blick über die Dächer der Universidad Católica auf einen Teil des Stadtzentrums traf ich die *compañeros* unserer Gruppe: Veronica, Angelica, Eduardo, Carlos und *El Negro,* an dessen wahren Namen ich mich nicht mehr erinnere, alles *trabajadores del cine* (Arbeiter des Films) und Angehörige des MIR. Die Wohnung war uns von Leuten, die mit der Volksfront sympathisierten, die aber angesichts der herrschenden Situation vorgezogen hatten, ins Ausland zu reisen, für unsere Versammlungen zur Verfügung gestellt worden. Nachdem es immer wahrscheinlicher geworden war, dass der Putsch unmittelbar bevorstand, hatten wir beschlossen, die Wohnung im Ernstfall als eine Art Unterschlupf zu benutzen. Deshalb hatten wir einige Lebensmittel und mehrere Wolldecken und Mäntel dorthin gebracht. Wir hatten untereinander ausgemacht, uns, wenn das Militär putschen sollte, so bald wie möglich in dieser Wohnung zu treffen, um für alle Fälle bereit zu sein.

Im *Radio Magallanes* hörten wir einen Aufruf der CUT:

»... *ocupar fabricas y campos! A parar el golpe fascista!«* – »... Fabriken besetzen, Landgüter besetzen! Um den faschistischen Putsch zu stoppen!«

»*Todos a sus puestos de combate!*« – »Alle auf ihre Kampfposten« stand als Schlagzeile am Morgen des 11. Septembers über der letzten Ausgabe der Zeitung der Kommunistischen Partei Chiles, *El Siglo*. Allende war, sobald er über den Beginn des Putsches unterrichtet war, in seinem kleinen Fiat 125 in die Moneda gefahren. Dort warteten schon kampfbereit die Mitglieder des GAP. Panzer näherten sich der Plaza Bulnes und begannen mit Maschinengewehren und Kanonen die Moneda zu beschießen.

Später trafen Allendes Töchter Isabel und Beatrix, sein Sohn Enrique Roberts und Miriam Contreras, die Freundin Allendes, die von allen *La Payita* genannt wurde, ein. Außerdem befanden sich in der Moneda eine Schutztruppe von etwa fünfzig mit der Verteidigung des Präsidenten beauftragten *carabineros*, einige seiner Minister und engsten Mitarbeiter, die Journalistinnen Frida Monak und Veronica Ahumada, die Kubanerin Nancy Jullien, seine Sekretärin, eine Krankenschwester, die Militärattachés, einige Inspektoren und Detektive und mehrere Ärzte. Über 300 Angestellte waren zur Arbeit gekommen. Angesichts der Unmöglichkeit, das Gebäude zu betreten, blieben sie auf der Straße und warteten ab, was geschehen würde.

Aber noch vor dem Beginn des Bombenangriffs hatten die meisten Allende verlassen. Die *carabineros* waren übergelaufen. Die Militärattachés, mehrere seiner Mitarbeiter und einige der Inspekteure hatten sich verabschiedet und sich dann mit einer weißen Fahne zu den Aufständischen hinübergerettet. Allerdings erwartete sie dort die unmittelbare Verhaftung und manchen der Tod. Die Frauen wollten unter allen Umständen bleiben. Es bedurfte eines Tricks Allendes, um sie in Sicherheit zu bringen. Eine weiße Fahne schwenkend, so als ob er sich selbst ergeben würde, war er vor die zur Calle Morandé führende Seitentür getreten. In dieser Feuerpause war es ihm gelungen, die Frauen zur Flucht zu bewegen. Nachdem sie die Straße überquert hatten, war er in die Moneda zurückgekehrt. Nur *La Payita* hatte sich versteckt und war bis zum Ende an seiner Seite geblieben.

Um 9 Uhr 15 begann die Übertragung der letzten Rede Allendes:

»*Compañeros,* dies wird höchstwahrscheinlich die letzte Gelegenheit sein, dass ich mich an euch wenden kann. Die Luftwaffe hat die Sendetürme von *Radio Portales* und *Radio Corporación* bombardiert. Meine Worte enthalten keine Bitterkeit, jedoch Enttäuschung. Sie werden die moralische Strafe sein für diejenigen, die ihren Schwur gebrochen haben. Soldaten Chiles! Ernannte Oberbefehlshaber, Admiral Morino, der sich selbst ernannt hat, Señor Mendoza, dieser niederträchtige General, der noch gestern der Regierung seine Treue und Ergebenheit bekundete, und sich heute zum Chef der *carabineros* ernannt hat! – Angesichts dieser Tatsachen bleibt mir nichts anderes, als vor den Werktätigen zu bekräftigen: Ich werde nicht zurücktreten. In eine Periode des historischen Übergangs gestellt, werde ich die Treue des Volkes mit meinem Leben vergelten. Und ich sage euch, ich habe die Gewissheit, dass die Saat, die wir in das würdige Bewusstsein Tausender und Abertausender Chilenen gesät haben, nicht herausgerissen werden kann. Sie haben die Gewalt, sie können uns unterjochen, aber die sozialen Prozesse kann man weder durch Verbrechen noch durch Gewalt aufhalten. Die Geschichte ist unser, sie wird von den Völkern geschrieben.

Werktätige meines Vaterlandes, ich danke euch für die stets bekundete Treue, für das Vertrauen, das ihr in einen Mann gesetzt habt, der nur die Verkörperung der Sehnsucht nach Gerechtigkeit war, der sein Wort gab, Verfassung und Gesetz zu achten – und der das tat.

In diesem entscheidenden Moment, dem letzten, in dem ich mich an euch wenden kann, mögt ihr diese Lehre beherzigen: Das Auslandskapital, der Imperialismus vereint mit der Reaktion schufen das Klima, damit die Streitkräfte mit ihrer Tradition brachen, die sie General Schneider lehrte und die Comandante Araya bekräftigte. Sie wurden Opfer des gleichen gesellschaftlichen Sektors, der heute darauf lauert, die Macht mit fremder Hilfe zurückzuerobern, um so seinen Besitz und seine Privilegien zu verteidigen. Ich wende mich vor allem an die einfache Frau unseres Landes, an die Bäuerin, die an uns glaubte, an die Arbeiterin, die noch mehr schuf, an die Mutter, die unsere Sorge um die Kinder kannte, ich wende mich an die Vertreter der wissenschaftlich-technischen Intelligenz unseres Landes, an alle die Patrioten unter ihnen, die seit Tagen gegen die Verschwörung der Berufsverbände arbeiteten, jener Klassenverbände, die nur die Vorteile, die die kapitalistische Gesellschaft einigen wenigen einräumt, verteidigen.

Ich wende mich an die Jugend, an die, die sangen, die sich mit Fröhlichkeit und Kampfgeist einsetzten. Ich wende mich an die Männer Chiles, die Arbeiter, Bauern, Intellektuellen, an diejenigen, die verfolgt sein werden, denn in unserem Lande wütet der Faschismus schon seit vielen Stunden mit vielen Terroranschlägen, sprengt Brücken, blockiert Eisenbahnlinien und zerstört Öl- und Gasleitungen. Demgegenüber steht das Schweigen derjenigen, die die Verpflichtung gehabt hätten, dagegen vorzugehen. Die Geschichte wird sie richten. Sicherlich wird *Radio Magallanes* zum Schweigen gebracht, und der ruhige Klang meiner Stimme wird nicht zu euch gelangen. Das macht nichts. Ihr werdet mich weiter hören. Ich werde immer unter euch sein, zumindest die Erinnerung an mich, an einen würdigen Menschen, der der Sache des werktätigen Volkes die Treue hielt.

Das Volk soll sich verteidigen, aber es soll sich nicht

opfern. Das Volk darf sich nicht unterjochen und quälen lassen, aber es kann sich auch nicht erniedrigen lassen.

Werktätige meines Vaterlandes, ich glaube an Chile und seine Zukunft. Andere nach mir werden auch diese bitteren und dunklen Augenblicke überwinden, in denen der Verrat versucht, sich durchzusetzen. Sie sollen wissen, dass eher früher als später freie Menschen auf breiten Straßen marschieren werden, um eine bessere Gesellschaft aufzubauen.

Es lebe Chile! Es leben die Werktätigen! Es lebe das Volk! Das sind meine letzten Worte. Ich habe die Gewissheit, dass mein Opfer nicht umsonst sein wird. Ich habe die Gewissheit, dass es zumindest eine moralische Lektion sein wird, die die Feigheit und den Verrat strafen wird.«

In unser lang anhaltendes Schweigen hinein – denn da gab es nichts hinzuzufügen oder zu diskutieren – klingelte das Telefon. Uns wurde mitgeteilt, dass bei einem geheimen Treffen von Vertretern aller Parteien der *Unidad Popular* und des MIR beschlossen wurde, vorläufig jeden Widerstand einzustellen. Es war sinnlos, in diesem Moment der kompakten Übermacht der Streitkräfte offen gegenüberzutreten.

Radio Agricultura sendete weiter Verordnungen und Dekrete des Militäroberkommandos: »Die Streitkräfte haben die totale Kontrolle im Land. Die Situation ist die vollkommener Normalität. Das Volk wird aufgefordert, Ruhe zu bewahren und zur Vermeidung unnötiger Opfer Haus oder Arbeitsplatz nicht zu verlassen.«

Und dann: »Die Kriegsgesetze des Ausnahmezustands gelten ab sofort! Jede Person, die im Besitz von Waffen oder bei der Ausübung von Sabotageakten überrascht wird, wird umgehend standrechtlich erschossen. Wir wiederholen: Ohne gerichtliche Verfahren erfolgt die Hinrichtung umgehend am Tatort. Es unterzeichnen die Oberkommandierenden des Heeres, der Marine, der Luftwaffe und der Polizei Chiles.«

Eine andere Mitteilung fordert die unmittelbare Kapitulation Allendes und seiner Anhänger, die in der Moneda weiterhin Widerstand leisten: »... bei Nichtbefolgung dieses Ultimatums wird die chilenische Luftwaffe ab elf Uhr die Moneda bombardieren.«

Ausgerechnet an diesem Tag hatte ich weder eine Kamera noch einen Fotoapparat bei mir. Beides hatte ich am Vortag den Studenten für ein Filmprojekt über Arbeiterfrauen geliehen. Aber es zog mich auf die Straße. Ich wollte wenigstens sehen, was los war. Langsam näherte ich mich der Plaza Bulnes. Der Lärm des Maschinengewehrfeuers hatte zugenommen. Hin und wieder der dumpfe Einschlag einer Panzergranate.

Kein Auto war zu sehen. Auch die Autobusse fuhren nicht mehr. Aber die Alameda war voll von Menschen. An allen Straßenecken standen sie in großen Gruppen beisammen und redeten. Viele näherten sich, wie ich, behutsam, bei jedem Zunehmen des Waffenlärms zögernd, aber unwiderstehlich angezogen von dem, was dort ein paar Straßenkreuzungen weiter geschah, im Regierungspalast.

Das alte, Ende des 18. Jahrhunderts entstandene Gebäude, die Moneda, umfasst einen ganzen Häuserblock. Durch zwei hohe, gewölbte, von Säulen eingefasste Toreingänge, einer zur Plaza Bulnes, der andere zur Plaza de la Constitución hin, führt eine Straße durch den in seiner Mitte mit einem Springbrunnen geschmückten Innenhof, auf der immer viele Menschen hin und her strömten. Ein kleiner seitlicher Ausgang führt auf die Calle Morandé. Ganz unerwartet tauchten an der Ecke Morandé/Alameda in immer größerer Anzahl mit Maschinenpistolen bewaffnete *carabineros* auf, vielleicht vierzig oder fünfzig. Alle blickten gespannt in diese Richtung. Gleichzeitig war der Lärm der bis dahin ununterbrochenen Schießerei verstummt. Einzelne zuerst und dann die ganze Menschenmenge, fingen an, in die Hände zu klatschen. Es wurde zu einem allgemeinen Applaus, unterbrochen von Hochrufen auf die *carabineros*:

»*Que vivan los carabineros de Chile!*« – »Es leben die *carabineros* von Chile!« Und: »Sie rücken vor! Sie gehen zum Angriff über! Die Panzer ziehen sich zurück!« Wie ein Lauffeuer durchlief die Nachricht die Alameda von der Plaza Italia bis zur Estación Central. Die meisten glaubten wirklich, dass die Polizisten im Begriff waren, zum Gegenangriff überzugehen.

Es war jedoch nur eine Täuschung gewesen, ein aus dem Wunsch, dass es so sein möge, entstandener Irrtum. Schon wenige Minuten später bemächtigte sich aller das Gefühl der Ohnmacht und erbitterter Enttäuschung. Die *carabineros* waren alle, nachdem sie die Alameda und den Platz überquert hatten, im Eingangsportal des Verteidigungsministeriums verschwunden. Die zum Schutz der Regierung in der Moneda stationierte Polizeitruppe hatte ihren Präsidenten verlassen. Dem Befehl des neuen Polizeioberkommandierenden gehorchend, waren sie desertiert, zu den Aufständischen übergelaufen, hatten sich der neuen, jetzt in Chile herrschenden Militärmacht zur Verfügung gestellt. Auch die Panzer hatten sich nur zurückgezogen, um sich vor der kurz bevorstehenden Bombardierung der Moneda in Sicherheit zu bringen.

Um 11 Uhr 40 begann der Luftangriff. Ich sah, wie vom Gebirge herkommend, zuerst als Punkt nur sichtbar, bald aber deutlich erkennbar, das erste Kampfflugzeug sich dem Stadtzentrum näherte, wie es sich dann, wie ein Raubvogel auf seine Beute, auf den Gebäudekomplex der Moneda stürzte, wie die Rakete sich vom Flugzeug löste, wie beide schon getrennt voneinander fliegend auf uns zukamen, wie diese Rakete dann in einer perfekten Kurve nach unten abbog und einschlug. Ein helles Licht. Der Boden unter unseren Füßen erzitterte. Das Klirren vieler zersplitterter Fensterscheiben. Das Geräusch berstenden, zerbröckelnden, zusammenbrechenden Mauerwerks und unmittelbar danach das obszön grölende Aufjaulen des Flugzeugs, welches über unsere Köpfe hinweg in einer steilen Kurve jäh in den Himmel stieß. Schwarzer Qualm schoss aus den Fenstern. Weißgrauer Staub und Rauch quollen aus dem Eingangstor. Nach dem zweiten Einschlag in einen uns näher liegenden Flügel der Moneda wurden wir von zersplittertem Glas und zerschlagenem Mauerwerk überrieselt. Wir flüchteten in den Hof der zwei Häuserblocks entfernten Universidad de Chile. Im Abstand von ein bis zwei Minuten folgte Detonation auf Detonation, und jedes Mal danach das ohrenbetäubende Kreischen der hochziehenden Kampfflugzeuge.

Es sollen vier Hawker Hunter Jagdbomber gewesen sein, die in mehrmals wiederholtem Anflug insgesamt achtzehn Raketen auf die Moneda abgeschossen haben. Alle trafen ins Ziel.

Dann war der Luftangriff zu Ende. Wir verließen den schützenden Hof der Universität und näherten uns wieder der Moneda. Hinter zerbrochenen Fensterscheiben flackerte das Feuer. Dunkler Rauch stieg überall hoch. Die Straße war von Glas und Trümmern bedeckt. Im selben Moment rückten die Panzer wieder auf die Plaza Bulnes vor und eröffneten erneut das Feuer. Aus einigen Fenstern wurde immer noch zurückgeschossen. Einer der Tanks drehte seinen Turm in unsere Richtung. Seine Schüsse trafen einen jungen Arbeiter, der, während wir Deckung suchten, auf der Straße liegen blieb. Es gelang mir, ein weißes Taschentuch schwenkend, einen Krankenwagen, der in einiger Entfernung die Alameda kreuzte, auf uns aufmerksam zu machen. Er kam und nahm den Verwundeten mit.

Die brennende Moneda im Rücken, kehrte ich zu meinen *compañeros* zurück. Hinter mir hatte der Lärm der Kanonen und Maschinengewehre wieder zugenommen.

Ich rief die Ärztin an, bei der Ruth versuchen wollte, die von Lily benötigten Medikamente zu bekommen. Die Doctora Lopes kam ans Telefon und bestätigte mir, dass Ruth bei ihr sei. Dann kam sie selbst ans Telefon. Ich war glücklich, ihre Stimme zu hören. Ruth sagte mir, dass die Doctora Lopes sie eingeladen hätte, so lange bei ihr zu bleiben, bis sich die Situation beruhigt hätte. Wir machten aus, dass ich sie dort so bald wie möglich abholen würde. Ich war erleichtert. Ruth konnte in diesem Moment an keinem sichereren Ort sein. Die Ärztin gehörte einer der Rechtsparteien an. Dort würde man sie bestimmt nicht suchen.

Es wurde Nachmittag. Ein neues Dekret des Militäroberkommandos verkündete offiziell den Belagerungszustand und anschließend das Inkrafttreten einer totalen, vorläufig zeitlich unbegrenzten Ausgangssperre.

Von unten her drängte geballter, tiefschwarzer Qualm immer dichter, immer höher in den grauen Himmel. Gedämpft durch die Entfernung, hörten wir in längeren Zeitabständen das dumpfe Dröhnen einstürzenden Mauerwerks und herabstürzender Balken. Aber dann wurde es auf einmal ganz still, und diese Stille besagte nichts Gutes. Sie zeigte nur allzu deutlich, dass alles zu Ende war. Die Zeit schien stillzustehen oder so unmerklich langsam weiterzufließen, dass der gegenwärtige Moment endgültig zu sein schien und dass Veränderungen nicht mehr zu erwarten seien. Nach Einbruch der Dunkelheit sahen wir nur noch einen flackernden Widerschein an den tiefer ziehenden Wolken. In unser lang anhaltendes Schweigen hinein rief plötzlich Eduardo laut und mit in aufwallender Empörung und bitterer Enttäuschung bebender Stimme: »Nie wieder werde ich einem Reformisten glauben.« Dann war nur noch das leise Schluchzen Veronicas zu hören.

Um 14 Uhr 15 im Salón de la Independencia hatte Allende sich das Leben genommen. Der Entschluss, im Fall des Sieges der Reaktion die Moneda nicht lebend zu verlassen, musste schon gefallen sein, bevor er seine letzten Worte an das chilenische Volk richtete. Denn diese letzten Worte, *el ultimo discurso,* waren die eines endgültigen Abschieds gewesen. Im klaren Bewusstsein der Situation, der Tatsache, dass sich die Gesamtheit der Streitkräfte, ohne Ausnahme, gegen ihn verschworen hatte und so jeder Widerstand aussichtslos geworden war, war es gleichzeitig auch der Abschied von den großen Plänen seines Lebens gewesen: Der Versuch des gewaltlosen, demokratischen Wegs zum Sozialismus war gescheitert.

Durch dichten Qualm und überall flackernde Brände waren die Soldaten in die halb zerstörte Moneda eingedrungen. General Palacios fand als Erster den toten Allende. Er forderte ein Funkgerät an und unterrichtete das Verteidigungsministerium mit folgenden kurzen Worten über die Situation: »Auftrag erfüllt – die Moneda besetzt – der Präsident tot.«

»Es gab Soldaten, die um die Erlaubnis baten, uns töten zu dürfen: Herr Leutnant, lassen Sie mich diese Kommunisten umbringen. Ich will ihnen hier auf der Straße persönlich die Köpfe einschlagen«, erinnert sich der vor der Moneda am Boden liegende Inspektor Soane gehört zu haben. Der Polizist David Garride sagt aus: »Sie fingen an, einen der auf dem Boden Liegenden zu verprügeln. Um besser zuschlagen zu können, standen sie auf meinem Rücken. Sie wussten nicht, wen sie verprügelten. Sie taten es nur, weil er sich bewegt hatte.«

Und weiter: »Wir lagen mit den Händen im Nacken auf dem Gehsteig vor dem Ministerium für Öffentliche Bauten. Ich sah, wie ein Panzer auf uns zukam und hörte den im Turm stehenden Offizier sagen: Bitte um Erlaubnis, mit meinem Panzer über die Köpfe dieser Idioten fahren zu dürfen.

Ich drehte den Kopf, um zu sehen, an wen er sich gerichtet hatte, und erkannte General Palacios. Seine linke Hand war verbunden. In der rechten hielt er ein Gewehr. Der Panzer war mit einer seiner Ketten auf den Gehsteig gefahren und näherte sich. Da hörte ich über uns ein großes Geschrei. Die Angestellten des Ministeriums für Öffentliche Bauten, die beobachtet hatten, was auf der Straße vor sich ging, schrien alle so laut sie konnten. Es scheint, dass dieses Geschrei so vieler Menschen den Panzer zum Stehen brachte, wenige Zentimeter von unseren Köpfen entfernt. Es war wie ein schrecklicher Albtraum.«

Die ganze Nacht hindurch herrschte auf der Alameda Betrieb. Mit Granatwerfern bestückte Lastwagen hielten am Straßenrand. Nach kurzem Aufenthalt fuhren sie in verschiedene Richtungen wieder ab. Aus braungrünen Autobussen quollen Soldaten in Kriegsausrüstung. Kommandorufe, Anweisungen, Befehle. Die Soldaten schlossen sich zu Kolonnen zusammen und marschierten in Dreierreihen ab. Später waren aus der Richtung des nahen Gebäudekomplexes San Borga Schüsse zu hören. Dann Maschinengewehrfeuer. Ein Hubschrauber dröhnte. Nach mehreren Explosionen wurde es still. Die ganze Nacht hindurch bewegten sich in der Ferne lautlos die Hubschrauber, die mit ihren Scheinwerfern wie mit weißen Fingern aus Licht die Straßen der Arbeiterviertel abtasteten.

Wegen der vom Militäroberkommando verhängten Ausgangssperre konnten wir unser Versteck nicht mehr verlassen. Draußen wurde auf jeden, der sich blicken ließ, geschossen. Todmüde von der Spannung dieses Tages, erschöpft vom nutzlosen Warten und vom lähmenden Gefühl absoluter Ohnmacht, nachdem wir unsinnigerweise, wie wir es gewohnt waren, versucht hatten, die »Situation« zu diskutieren, hatten wir eingesehen, dass es nichts mehr zu diskutieren gab, dass alles ganz klar war: Die Reaktion hatte gesiegt. Einer nach dem anderen hatten wir uns eine

Decke genommen oder einen Mantel oder sonst etwas, mit dem wir uns zudecken konnten, und hatten uns auf dem Teppich ausgestreckt, um zu schlafen. In der Dunkelheit konnte ich nicht sehen, ob die *compañeros* eingeschlafen waren oder, so wie ich, mit offenen Augen ihren Gedanken nachhingen. Ich hörte den Geräuschen des in weiter Ferne immer wieder aufflackernden und dann wieder verstummenden Maschinengewehrfeuers zu. Im Fensterausschnitt sah ich den Widerschein der brennenden Moneda: ein lautloses, unruhiges Tanzen trüben Lichts an den tief ziehenden Wolken. Vergeblich versuchte ich mich zu konzentrieren, mir klar zu werden über das Geschehene. Aber der Putsch hatte mit solcher Wucht all meine Hoffnungen, es möge am Ende doch noch gut gehen, zerschlagen, dass meine Gedanken nur Bruchstücke waren wie Scherben einer zerschmetterten Vase, die ich vergeblich wieder zusammenzusetzen versuchte.

Erst viel später konnte ich im Zusammenhang aufschreiben, was ich in diesen Momenten dachte und empfand: Die Geschichte ist taub für die Forderungen der Unterdrückten. Sie hört nicht den Schrei der Gefolterten. Auch nicht die Klage um den Tod so vieler ihrer Opfer. Sie hat keine Moral. Sie kennt weder Gerechtigkeit noch Barmherzigkeit noch den Begriff ethischer Forderungen. Ihr einziger Maßstab für das »Gewinnen« oder »Verlieren« im seit Jahrtausenden von Generation zu Generation weitergeführten Kampf des Menschen gegen den Menschen ist das jeweils zwischen den Gegnern herrschende Kräfteverhältnis, d.h. das Ausmaß von Macht. Die Geschichtsschreiber wollen uns weismachen, dass es die Individuen sind, die die Geschichte machen. Aber sie sind höchstens ausführende Schauspieler eines Stückes, welches geschrieben war, bevor sie geboren wurden. Die Geschichte ist kollektiv. Sie ist die Quersumme dessen, zu dem die Menschheit bis dahin fähig war. Sie vernichtet das Individuum und reduziert das, was hätte sein können, auf die menschenmögliche Wirklichkeit.

Beim Erwachen schien mir die Sonne hell ins Gesicht. Die *compañeros* waren dabei, Kaffee zu kochen. Wir hatten auch Brot und Käse. Das Leben ging also weiter. Dann hörten wir stundenlang Radio. Die chilenischen Sender brachten nichts anderes als Marschmusik und militärische Aufrufe und Anordnungen. Es gelang uns, einige ausländische Sender zu hören. Dort wurde von Hunderten von Toten, vom Selbstmord Allendes und von einer angeblich in den Wäldern des Südens weiterkämpfenden Guerilla gesprochen. Gott sei Dank fanden wir in der Wohnung einige Bücher, mit denen wir uns die Zeit vertreiben konnten.

Um die Mittagszeit des dritten Tages, den wir in unserem Versteck verbrachten, klingelte es an der Haustür. Nach einigem Zögern entschloss sich Carlos zu öffnen. Eine freundlich lächelnde, gutherzige Frau aus einem der unteren Stockwerke brachte uns eine dampfende Nudelsuppe. Sie hielt uns für Studenten der Katholischen Universität, die von der Ausgangssperre überrascht worden waren. Glückstrahlend rief sie immer wieder aus:

»Wie herrlich! Alles ist vorüber und ganz ohne Blutvergießen, ganz ohne Gewalt. So etwas gibt es nur in Chile!«

Wir widersprachen ihr nicht und ließen uns die gute Suppe schmecken.

Am Nachmittag wurde die Ausgangssperre aufgehoben. Das heißt, sie wurde auf die Zeit zwischen 19 Uhr und 6 Uhr morgens reduziert.

Ich fand Ruth noch in der Wohnung der Ärztin. Die Doctora Lopes war eine jener hageren, älteren chilenischen Frauen, die hinter strengen, harten Gesichtszügen ein Herz voller Hilfsbereitschaft verbergen. Politisch stand sie rechts. Sie wusste, wie links Ruth war. Aber nicht ein Mal hatte sie ihr deswegen ihren Beistand versagt. Während der Ausgangssperre hatten beide Frauen zusammen im Bett von Doctora Lopes geschlafen.

Im Wohnzimmer zeigte mir Ruth die zwei kreisrunden, etwa eineinhalb Zentimeter breiten, von feinem Filigran gesprungenen Glases umgebenen Einschussstellen in der sonst unbeschädigten Fensterscheibe und die Löcher schräg oben in der Kante zwischen Wand und Zimmerdecke, in die die Kugeln eingeschlagen waren:

»Ich hatte durch das geschlossene Fenster auf die gegen Abend menschenleere Straße hinausgesehen. Von Weitem kamen zwei Soldaten die Straße herunter. Einer von ihnen hatte vielleicht gerade einen Witz erzählt, denn beide lachten. Sie mussten mich hinter dem Fenster gesehen haben. Beide hoben sie ihre Gewehre und zielten auf mich. Ich hielt das für einen Spaß, den sie sich mit mir machen wollten. Aber eine plötzliche Eingebung oder mein Instinkt rissen mich blitzschnell herunter und schon hörte ich über mir das Krachen und Splittern.«

Ruth ging zum Fenster, um mir zu zeigen, wo sie gestanden hatte. Die Einschussstellen lagen exakt auf der Höhe ihrer Augen.

Auf dem Weg zum Omnibus überquerten wir die Plaza de la Constitución. Die aus soliden Quadersteinen erbaute Fassade der Moneda hatte dem Luftangriff standgehalten. Aber hinter den leeren Fensterhöhlen schwelte der Schutt. Die Alameda war wieder voller Menschen. Manche gingen mit selbstbewussten Schritten, froh und erleichtert, wie befreit von der Angst vor der Zukunft. Sie glaubten sich wieder zurückversetzt in das Chile ihrer Kindheit. Andere sahen sich interessiert, aber ungerührt die Ruinen der Moneda an, wie Touristen eine Sehenswürdigkeit, die sie unbedingt gesehen haben mussten. Die große Mehrheit der Passanten blickte niedergeschlagen vor sich hin mit Gesichtern, als wären sie gerade aus einer Narkose erwacht. An ihrem von

Ohnmacht und Traurigkeit verhangenen Blick erkannten sich die Besiegten. Ein verstohlenes, solidarisches Lächeln ausgetauscht zwischen Gleichgesinnten, Gleichempfindenden, wenn sie sich erkannten, stellte den Kontakt her. Wir nahmen den Omnibus nach Macul. Unsere Wohnung empfing uns so, als wenn überhaupt nichts passiert wäre.

Am Nachmittag kam Lily. Sie war die Einzige von uns, die im Widerstand ihr Leben aufs Spiel gesetzt hatte. In der Nacht vom 11. auf den 12. September hatte sie Granaten und andere Waffen von einem unbekannten Ort zu einem anderen transportiert. Sie blieb ein paar Tage bei uns.

Frühling in Chile

Im September beginnt der Frühling in Chile. Überall schießen die Blumen aus der Erde, entfalten ihre kräftigen Blätter und Blüten und schmücken das Land mit leuchtenden Farben. Die von Bienen umschwärmten Blütenkelche öffnen sich weit, um die Sonne zu genießen, um befruchtet zu werden. Es bleibt ihnen nur kurze Zeit bis zum Beginn des Sommers mit seiner monatelang sengenden Sonne und Trockenheit, die alle Pflanzen verdorren lässt und zu einem langen Sommerschlaf zwingt.

Die Bewohner der *población* Torres de Macul schienen nichts anderes im Kopf zu haben, als sich um ihre Gärten zu kümmern. Es wurde umgegraben, Beete wurden angelegt, Gemüse und Blumen gesät. Überall wurden Feuer angezündet, deren grauweißer Rauch sich über den Dächern in den blauen Septemberhimmel hineinkräuselte. Da musste eine Unmenge vertrocknetes Unkraut und Laub verbrannt werden. So sah es wenigstens aus. Wer aber die Gelegenheit hatte, über die Mauern in die Gärten hineinzublicken, der sah, dass es kein Laub war, sondern Papier, welches dort brannte.

Auch hätte er die ausgehobenen Gruben und die in ihnen verstauten Plastiksäcke sehen können, über denen dann die Beete angelegt wurden. Es gab ganze Haufen von einem Tag auf den anderen sehr gefährlich gewordenen Papiers. Plakate der letzten Tage der *Unidad Popular*, auf denen stand: *»Soldado también tú eres explotado. Desobedece!«* – »Soldat, auch du gehörst zu den Ausgebeuteten. Verweigere den Gehorsam!«

Flugblätter, die dazu aufriefen, sich zu organisieren und sich auf den Kampf gegen den Faschismus vorzubereiten. Zeitungen und Zeitschriften der Linken: *El Siglo, El Rebelde, Punto Final.* Es war kaum zu glauben, wie viel Gedrucktes sich in den Wohnungen angesammelt hatte. Ganze Stapel von Papier. Auch Notizbücher und eine Unzahl von Zetteln mit Namen, Adressen und Telefonnummern mussten verschwinden. Jede Zeitung musste eine Seite nach der anderen und jedes Plakat einzeln ins Feuer geworfen werden. Denn es ist ein vergebliches Unterfangen, bedrucktes Papier packenweise zu verbrennen. Nur die Ränder verkohlen. Innen bleibt alles intakt und leserlich, und die Feuer durften ja auch nicht aus allzu großer Entfernung sichtbar sein.

Nachdem alles, auch die schwarze Asche, in den ausgehobenen Gruben verschwunden und mit Erde bedeckt war, säten wir Gemüse darüber und steckten auf jedes Beet das entsprechende Samentütchen. So sah alles ganz normal aus. Wir begossen reichlich, und bald begann das aus dem Boden sprießende Grün die Vergangenheit zu verstecken.

Wenn dann früher oder später das Militär auch in unsere *población* käme, um nach Angehörigen der *Unidad Popular* zu suchen, war das Haus »sauber« und man konnte ruhig sagen: »*No señor*. Ich war nie Mitglied der *Unidad Popular*. Ich kenne auch niemanden in unserem Viertel hier, der es gewesen wäre. Nicht, dass ich wüsste.« Das würde man sagen, wenn das Militär kam und fragte.

Drei Wochen lang hörten wir jede Nacht das Rattern von

Maschinengewehren in den *poblaciones*, das Pfeifen und Knallen vereinzelter Schüsse, das dumpfe Krachen einschlagender Panzergranaten, den Lärm der Hubschrauber über den Dächern der Arbeiterviertel. Manchmal war es ganz in der Nähe. Dann wieder kaum hörbar in weiter Ferne. Einmal wurden wir vom tosenden Lärm eines ganz niedrig über unser Haus hinwegknatternden Hubschraubers aus dem Schlaf aufgeschreckt. Vorsichtig spähte ich durch die Gardinen und sah das die leere Straße entlanggeisternde Licht seiner Scheinwerfer. Sie suchten nach Leuten, die die Sperrstunde nicht eingehalten hatten. Wenn sie jemand fanden, wurde geschossen. Am Morgen beim Brötchen kaufen sah ich gegenüber der Bäckerei einen toten Mann im Rinnstein liegen. Niemand kümmerte sich um ihn. Alle hatten Angst. In der Morgendämmerung trieben in den Wassern des Mapocho die Leichen derjenigen, die während der Nacht erschossen worden waren. Die Leute schienen sich daran zu gewöhnen. Es war still geworden in Chile. Fast alle, die als Einzelgänger oder in spontan entstandenen Gruppen versucht hatten, mit der Waffe in der Hand der kompakten militärischen Macht der Diktatur entgegenzutreten, waren tot. Die Überlebenden und Vernünftigeren hatten eingesehen, dass der bewaffnete Widerstand aussichtslos war. Es herrschte Ruhe im Land. Die Schreie der Gefolterten in der Villa Grimaldi, in Tejas Verdes, in den Konzentrationslagern von Ires Alamos und Chacabuco und in den Kellern der mit politischen Gefangenen überfüllten Nationalstadien waren draußen nicht zu hören.

Schließlich kam das Militär auch zu uns. Ich hatte angefangen, eine Art Tagebuch zu schreiben, Notizen über die Ereignisse der letzten Tage. Ich war gerade dabei, einige Zeitungsausschnitte zu ordnen. Da hörte ich draußen den dröhnenden Motorenlärm, der sich näherte und die Fensterscheiben klirren ließ. Ich sah dicht am Fenster zuerst ein Kanonenrohr und dann den Turm eines Panzers vorbeikommen. Danach noch ein zweiter Panzer und hinterher im Laufschritt in voller Kriegsausrüstung vielleicht hundert Soldaten. Ruth kam hereingerannt und rief: »Sie kommen! Sie kommen!« Als sie sah, dass ich meine Papiere schon weggeräumt hatte, beruhigte sie sich und ging nach kurzem Nachdenken in den Vorgarten, um vom Gartentürchen aus die Soldaten zum Kaffeetrinken einzuladen. Der kommandierende Offizier hatte sie gesehen und lehnte freundlich dankend ab. Es ist schwer zu sagen, ob es ihr sicherer Instinkt, ihre Kenntnis solcher Situationen oder einfach Klugheit war, die sie veranlasste, so zu handeln. Auf jeden Fall war unser Haus eines der wenigen, die verschont wurden. Bei den Hausdurchsuchungen in fast allen Wohnungen unserer *población* ging es brutal zu. Die Soldaten rissen die Schränke und Schubladen auf, warfen ihren Inhalt auf den Boden. Sie trampelten mit ihren Stiefeln auf den Sachen herum, zertrümmerten alle Vasen und das meiste Porzellan, um so ihren Inhalt zu untersuchen. Matratzen und Kissen wurden aufgeschnitten. Die verängstigten Bewohner wurden angebrüllt: »Ihr seid alle Kommunistenschweine und Terroristen.« Vierzig Personen wurden festgenommen, auf Lastwagen verladen und in das Nationalstadion transportiert.

Wir erfuhren von der Verhaftung und vom Tod vieler *compañeros*. Ruth wurde heimlich von einem Augenzeugen, der entkommen war, mitgeteilt, dass ihr erster Mann Ernesto nach der Folter erschossen worden war. Auch Victor Jara wurde in jenen Tagen ermordet. Damit er nie wieder Gitarre spielen könne, hatte man ihm vorher beide Hände gebrochen.

Miguel hatten sie in seiner Wohnung verhaftet und ins Nationalstadion gebracht. Sonst wussten wir nichts von ihm. Vera war mit ihren Kindern allein.

Mit jedem Tag, der verging, wurde es dringlicher, Arbeit zu finden. Egal, welche. Überall wurden die Anhänger der *Unidad Popular* fristlos entlassen. Chile Filmes war geschlossen worden. Es wurde mir abgeraten, mich an der Universidad Técnica, an der ich Unterricht in Kameratechnik gegeben hatte, blicken zu lassen. Die Universität war eine Hochburg der Kommunisten gewesen. Praktisch alle Professoren und Studenten waren anlässlich der Besetzung durch das Militär erst verprügelt und dann verhaftet worden. Viele verbrachten Wochen im Gefängnis oder im Nationalstadion. Aber der Rest unserer Ersparnisse ging rasch zu Ende.

Wäre das nicht der Moment gewesen, die deutsche Botschaft aufzusuchen und um Repatriierung zu bitten? Die Botschaft hatte in den ersten Tagen nach dem Putsch vielen politisch Verfolgten Asyl gewährt. Ruth hätte sofort nach Israel gehen können, wo sie ihr Sohn, in großer Sorge um sie, erwartete. Aber wir dachten nicht daran wegzulaufen. Wenigstens in diesem Moment nicht. Wir kamen gar nicht auf diese Idee. Bei den *compañeros*, hinter denen man her war und die bekannt waren, war das eine andere Sache. Die hatten das Recht und sogar die Pflicht, in einer Botschaft Zuflucht zu suchen. Aber uns drohte ja gar keine unmittelbare Gefahr. Jetzt Chile zu verlassen, wäre uns wie Fahnenflucht vorgekommen. So blieben wir eben, wie die meisten.

Ende Februar las ich in der Zeitung, dass Chile Filmes die Produktion wieder aufnehmen würde und dass vom 1. März an Bewerber für technische und andere Stellen vorsprechen könnten. – Von Weitem schon sah ich die Schlange der vor dem Eingangstor Wartenden. Fast alle waren Kollegen, die man gut kannte. Aber es war unglaublich, wie sehr sich manche von ihnen verändert hatten. Ich befürchtete, wenn mich jemand begrüßte, wie man eben einen alten Bekannten begrüßt, ihn mit dem falschen Namen anzureden. Viele, die ich revolutionär bärtig und langhaarig kannte, waren mit kurzem militärischen Haarschnitt und vollkommen glattrasiert erschienen. Sie erinnerten an geschorene Lämmer. Andere, die immer mit offenem Hemd und Sandalen herumgelaufen waren, waren im dunklen Anzug und Krawatte gekommen. Es war ein Graus, das mitanzusehen. Die *compañeras* hatten sich die langen Haare abgeschnitten, ihre Frisur verändert oder sich die Haare gefärbt. Für einen Moment fragte ich mich, wozu das ganze Theater gut sein sollte. Meinten sie im Ernst, so nicht entdeckt zu werden, wenn man sie wirklich suchte? Aber was tat man nicht alles in jener Zeit, um als ehemaliger Anhänger der *Unidad Popular* Arbeit zu finden.

Die Schlange der Wartenden bewegte sich sehr langsam vorwärts. In großen Zeitabständen öffnete sich die kleine Tür neben dem großen Eingangstor, und der Nächste wurde eingelassen. Es bedurfte einer geraumen Zeit, bis wir merkten, dass nicht jeder, der hereingerufen wurde, auch wieder herauskam. Man wurde unruhig und begann zu diskutieren. Bis schließlich einer der *compañeros*, der hereingelassen und auch wieder herausgelassen wurde, uns mitteilte, dass er gesehen hätte, wie mehrere Kollegen von Soldaten mit vorgehaltener Waffe abgeführt wurden. Und von Weitem hätte er auch beobachten können, wie sie im Hinterhof auf einen Lastwagen klettern mussten. In diesem Moment bog ein Militärfahrzeug voller Soldaten in die Zufahrtsstraße zu Chile Filmes ein. Ich hielt es für besser, meine Arbeitssuche vorerst aufzugeben. So unauffällig wie möglich löste ich mich aus der Schlange, teilte den unmittelbar neben mir Stehenden mit, dass ich ginge, und schlenderte langsam dem Ausgang der kleinen Straße zu. Als mir ein zweiter Lastwagen voller Soldaten entgegenkam, beschleunigte ich meine Schritte und saß bald erleichtert im Bus, um unverrichteter Dinge nach Hause zurückzukehren. Während der Fahrt erinnerte ich mich an Isidoro Basis.

Ich hatte ihn zwei Tage nach meiner Ankunft in Chile in seinem Büro kennengelernt. Er war Besitzer einer kleinen Werbeagentur, und man hatte mir gesagt, dass er manchmal einen Kameramann bräuchte. Er hatte mich sehr freundlich empfangen und sich interessiert eine Rolle meiner Arbeiten aus Brasilien angesehen. Seine Antwort war jedoch negativ gewesen. »Es tut mir aufrichtig leid. Aber seit die *Unidad Popular* an der Regierung ist, werden keine Werbefilme mehr im Fernsehen gezeigt. Ich weiß selbst nicht, was ich machen soll.« An Arbeit hatte es mir dann nicht gefehlt, und bald hatte ich Isidoro vergessen. Erst jetzt war er mir wieder eingefallen.

Ich traf ihn in seinem alten Büro. Er erkannte mich wieder und teilte mir schon bei der Begrüßung mit, dass er Arbeit für mich hätte. Er stellte mich seinen vor Kurzem eingestellten Mitarbeiterinnen vor. Fast hätte ich laut gelacht, denn ich kannte beide sehr gut. Mireya war kämpferische Sozialistin und hatte beim Cine Experimental gearbeitet, und Veronica hatte ich am 11. September in der kleinen Wohnung in der Nähe der Universidad Católica, in der wir uns versteckt hielten, das letzte Mal gesehen.

Isidoro sah uns mit einem etwas müden, aber wohlwollenden Lächeln zu, wie wir uns mit solch überschwänglicher Freude umarmten und begrüßten. Er war wesentlich älter als wir und litt an einer chronischen Krankheit, die ihm oft große Schmerzen bereitete. Er war ein gutherziger Mensch. Er war Mitglied der Sozialistischen Partei, aber politisch nie in die Öffentlichkeit getreten. Deshalb konnte er uns jetzt Arbeit geben. Er tat es mit unverhohlener Genugtuung. Das war seine zivile Form des Widerstands gegen die Diktatur. Und auch er setzte dabei manches aufs Spiel. Wie weit er in seiner so praktizierten Solidarität mit den vom neuen Regime Bedrohten ging, das merkten wir gleich bei einem der ersten Werbefilme, die wir in seinem Auftrag drehten. Wir sollten in der Dämmerung noch vor Sonnenaufgang im Zentrum Santiagos zwei mit Säcken gestohlenen Gutes bepackte Diebe filmen, wie sie sich verstohlen davonschlichen. Der Film war für eine Versicherungsagentur, die gegen Einbruch versicherte. Der Einbruch selbst sollte im Studio gedreht werden. Wir waren, sobald es die Ausgangssperre erlaubte, am Drehort angekommen und bei Sonnenaufgang mit der Arbeit fertig. Wir waren die Einzigen zu dieser Zeit im Zentrum. Die Straßen waren leer. Keine Polizeistreife störte die momentane Ruhe. Da saßen wir schließlich, acht erwachsene Frauen und Männer, am Randstein, kauten unser Frühstücksbrot und tranken Kaffee dazu. Keiner von uns war nicht Anhänger der *Unidad Popular* gewesen: Sozialisten, Kommunisten, MIR-Mitglieder und andere. Wir fanden es doch etwas erstaunlich, dass man so gefährliche Leute ganz unbewacht in dieser Stunde im Zentrum der Stadt herumlaufen ließ.

Isidoro bekam immer häufiger Aufträge. Unsere ökonomischen Schwierigkeiten ließen nach. Das war ein großes Glück in jener Zeit nach dem Putsch, in der es den meisten sehr, sehr schlecht ging.

Vom Widerstand – 1973/74

> »... Freiheit wartet offensichtlich nicht auf Institutionen. Unter den erdrückendsten Regimen können ein Mann, eine Frau ihre Freiheit bewahren ... Freiheit ist ein Zustand des Geistes. Dort wird sie geboren (und dort stirbt sie oft auch).«
> Etel Adnan, *Von Frauen und Städten*

Es muss noch Ende September gewesen sein. Ruth war in der Stadt gewesen und war dann sehr niedergeschlagen und traurig nach Hause gekommen. Sie war gleichzeitig wütend und enttäuscht: »Ich hätte es nie für möglich gehalten, dass mich gerade dieser *compañero* auf der Straße verleugnet und mich dazu noch in aller Öffentlichkeit beschimpft«, sagte sie so leise, dass ich sie kaum verstehen konnte. Ich merkte, dass ihr die Tränen kamen. Viele Jahre später schrieb Ruth auf, was ihr an diesem Tag zugestoßen war. Ihre Worte waren an ihre ehemaligen *compañeras* und *compañeros* gerichtet, fast wie um Verzeihung bittend. Sie waren eine Art Nachruf für Arturo Dias:

»Wie fühlt sich jemand, wenn er zufällig erfährt, dass ein anderer ihm unter äußerster Lebensgefahr und sich selbst verleugnend das Leben gerettet hat?

Compañero Arturo Dias
Presente! Ahora y siempre.
Compañero Arturo Dias
Du bist hier – jetzt und für immer.

Arturo wurde auch *El Cojito Dias* genannt, weil er hinkte. Alle hatten ihn gern. Alle hatten große Achtung vor ihm. Unsere Kinder beteten ihn an. Er spielte auf der Ziehharmonika und tat es mit Enthusiasmus und Hingabe. Deshalb durfte er auf keiner Geburtstagsfeier fehlen. Weder wenn unsere Kinder Geburtstag hatten noch wir selbst oder einer der *compañeros*. Wir feierten immer zusammen. Vielleicht habt ihr schon gemerkt, dass wir alle Aktivisten der Kommunistischen Partei Chiles waren? Arturo hatte einen kleinen Kiosk, in dem er Früchte verkaufte, in der Calle Recoleta, fast gegenüber dem Tor des Hauptfriedhofs. Wenn er zu uns kam, brachte er große Taschen mit Früchten mit und selbstverständlich auch seine Ziehharmonika. Für mich war er immer ein ganz besonderer Mensch. In der Zeit, während der ich mich von meinem ersten Mann Ernesto trennte, bat ich ihn um Rat. ›Sieh mal, *compañera*‹, sagte er mir. ›Es ist besser, wenn ihr euch jetzt trennt und nicht so lange wartet, bis es zu spät ist, bis ihr dann nicht einmal mehr befreundet sein könnt. Du bist jung und siehst prächtig aus. Ich bin sicher, dass du bald einen anderen *compañero* finden wirst, und wer weiß, vielleicht werdet ihr euch mit der Zeit doch wieder zusammentun.‹

Am Tag des Putsches, am 11. September 1973, machte ich

mir große Sorgen um Arturo. Ich fürchtete, dass sie ihn verhaften würden. Vielleicht würden sie ihn erschießen? Später wurden dann so viele *compañeros* verhaftet, gefoltert und ermordet, dass ich schon nicht mehr wusste, um wen ich mir die größten Sorgen machen sollte. Wir waren wie eine große Familie. Wir halfen uns gegenseitig, so gut wir konnten. Die Solidarität unter uns war sehr groß, und die konnten sie nicht zerbrechen.

Eines Tages hielt ich es zu Hause nicht mehr aus. Ich nahm einen Mikrobus und fuhr ins Zentrum. Wie immer, wenn ich mit dem Bus fahre, blickte ich die ganze Zeit aus dem Fenster, um zu sehen, was draußen los war. Da sah ich an einer Ecke der Alameda Arturo stehen. Ich drückte den Knopf, zum Zeichen, dass ich aussteigen wollte, und stieg aus. Ich rannte auf ihn zu, fasste ihn am Ärmel: ›Arturo, wie geht's? Weißt du vielleicht etwas über Ernesto? Wo er ist? Ob sie ihn verhaftet haben? Ich suche schon seit dem Putsch nach ihm. Aber niemand gibt mir auch nur die geringste Auskunft. Bitte sag mir, wenn du etwas erfahren hast.‹ ›Lass mich in Ruhe‹, entgegnete er auf eine Weise, die ich von ihm nicht gewohnt war. Dabei stieß er mich von sich, ›ist dir immer noch nicht klar geworden, dass dein Mann nichts mehr von dir wissen will? Verschone mich mit deinen Eifersuchtsszenen und deinen privaten Problemen und mach, dass du wegkommst.‹ Ich sah ihn an und konnte nicht glauben, was ich gehört hatte. Erst jetzt bemerkte ich den Mann, der neben ihm stand und fragte: ›Und die da? Wer ist die denn?‹ ›Eine von denen, die von ihren Ehemännern verlassen wurden, weil diese sie nicht mehr aushielten‹, gab Arturo zur Antwort ... Ich erinnere mich nicht, was er sonst noch sagte, wollte es auch gar nicht wissen. Ich kehrte ihm den Rücken und entfernte mich, so schnell ich konnte.

Jahre später, nachdem es uns gelungen war, aus Chile zu fliehen, lebten wir in Brasilien und drehten Dokumentarfilme. Dort lernten wir viele chilenische Flüchtlinge kennen.

Wir halfen bei der Gründung eines Solidaritätskomitees mit. Während wir mal wieder über vergangene Zeiten redeten, erinnerte ich mich an Arturo und sagte: ›Was mich am meisten schmerzt, ist, mit ansehen zu müssen, wie sehr sich manche unserer *compañeros* verändert haben. Habt ihr zufällig Arturo Dias gekannt? An einem der Tage nach dem Putsch sah ich ihn an der Ecke Alameda mit Ahumada stehen. Ich lief hin, um ihn zu begrüßen. Ich wollte ihn umarmen, denn ich hatte mir große Sorgen um ihn gemacht. Aber er stieß mich von sich und beschimpfte mich in aller Öffentlichkeit.‹ – ›Mein Gott‹, unterbrach mich Eliana. ›Es wäre besser, wenn du deinen Mund halten würdest. Arturo wurde noch am Tag des Putsches verhaftet. Er wurde schrecklich gefoltert. Man wollte ihn zwingen, die *compañeros* zu denunzieren, aber er hat nichts gesagt. Dann stellten sie ihn von Agenten der DINA bewacht an diese Straßenecke im Zentrum, als Lockvogel gewissermaßen. Wenn sich die *compañeros* ihm ahnungslos näherten, um ihn zu begrüßen, um mit ihm zu reden, verrieten sie damit, dass sie ihn kannten. Sie wurden auf der Stelle verhaftet. Arturo hat dir das Leben gerettet. Er hat verhindert, dass du verhaftet, gefoltert und vergewaltigt wirst. Vielleicht hätten sie dich auch umgebracht oder du wärst spurlos verschwunden, wie so viele andere.‹

Arturo. Bitte vergib mir. Ich bitte dich darum von ganzem Herzen. Ich werde weiterhin für Freiheit und Gerechtigkeit kämpfen, wo immer es auch sei. Ich schwöre es dir.«

Arturo gehört zu den Verschwundenen. Niemand weiß, wo er begraben ist. Sein ganzes Leben lang bis in den Tod hatte er Widerstand geleistet gegen die herrschende Ordnung und gegen die Diktatur der Reichen. Er wusste, dass die Idee des Putsches und der Militärdiktatur nicht allein in den Köpfen Pinochets und der anderen Generäle entstanden war. Er kannte deren Logik. Sie war nichts anderes als das böse, wütende Antlitz der Gesellschaft, die er seit seiner Kindheit, seit er in die Partei, der schon seine Eltern angehörten, eingetreten war, bekämpft hatte. Er hatte Zeiten der Hoffnung und viele Niederlagen erlebt. Und jetzt, nachdem er sein Ziel fast schon mit Händen greifen konnte, dieses Massaker, diese absolute Hoffnungslosigkeit, diese totale Ohnmacht dem Gang der Geschichte gegenüber. Und trotzdem widerstand er. Warum? Galt sein Kampf einem Ziel, welches außerhalb seiner, unserer Zeit lag? Verfolgte er ein Ziel in unendlich ferner Zukunft, so etwas wie die zeitlos weiter bestehende Hoffnung? Wie ein Glaube an die Menschheit?

Arturo war ein sanftmütiger, friedfertiger Mensch gewesen, einfach, kameradschaftlich, immer zum Frohsinn bereit. Gewalttätigkeit lag außerhalb seiner Vorstellungen. Trotzdem brachten sie ihn um! Es gab viele Arturos damals in Chile und viele Arten des gewaltlosen Widerstands, von dem im Allgemeinen nicht gesprochen wird.

In den Arbeitervierteln herrschte Hunger. In wenigen Monaten waren die Preise der Grundnahrungsmittel um mehr als 100 % gestiegen. Dazu kam die massive Arbeitslosigkeit. Aus dieser konkreten Not heraus entstand die Idee der Volksküchen. Gemeinsam kochen war billiger. Das war im Grunde genommen schon ein erstes Anzeichen von Widerstand, denn Solidarität und Gemeinschaftlichkeit waren fast umstürzlerische Begriffe innerhalb der von der Diktatur beabsichtigten unsolidarischen Gesellschaft.

Am 18. September ist chilenischer Nationalfeiertag. Die Junta hatte angeordnet, dass jeder Chilene, der ein wahrer Patriot sei, das durch das Heraushängen der Nationalfahne bezeugen müsse. Es gab sehr viele Chilenen, die diesem Befehl nicht nachkamen, weil sie keinen Sinn darin sahen, am Festtag der Sieger ihre Niederlage zu feiern. Das war zumindest Ungehorsam, wenn nicht schon Aufsässigkeit der Regierung gegenüber und auch nicht ganz ungefährlich.

Auch die Suche nach den Verschwundenen wurde zu einem Akt des Widerstands. Angehörige verschiedener Familien trafen sich, um darüber zu beraten, wie sie etwas über das Schicksal ihrer verschwundenen Töchter, Söhne, Schwestern, Brüder, Väter und Mütter erfahren könnten. Sie fingen damit an, Zeugen der Verhaftung ihrer Angehörigen, die diese in den Konzentrationslagern gesehen oder die ihnen in den Folterkammern begegnet waren, zu befragen, um Beweise für deren Verschwinden nach ihrer Verhaftung zu sammeln. Die Mütter gründeten die *Agrupación de Familiares de Detenidos Desaparecidos*, die Vereinigung der Angehörigen der verschwundenen Gefangenen, um gemeinschaftlich das Verschwinden ihrer Familienmitglieder an die Öffentlichkeit zu bringen. Sie fingen an, auf der Straße zu demonstrieren. Die Frauen ketteten sich mit den Fotografien der Verschwundenen auf der Brust an das Gitter des Kongressgebäudes und warfen die Schlüssel weg, so dass die Polizei mit großem Aufgebot kommen musste, um die Ketten aufzusägen. Die Menschen auf der Straße blieben stehen, um diesem Schauspiel zuzuschauen. Zuerst schweigend. Dann wurden in der Menge die ersten Schmährufe gegen die Diktatur laut: »*Abajo la dictadura!*«

Unter den Studenten breitete sich ziemlich bald eine zusehends subversivere Unruhe aus. Der Protest gegen die militärische Bevormundung durch Rektoren in Uniform, die kontrollierten, was gelehrt und in den Korridoren geredet wurde, äußerte sich immer häufiger in Form verbotener Demonstrationen, zuerst innerhalb der Universität, dann öffentlich auf der Straße, bei denen trotz heftigster Repression das Ende der Diktatur gefordert wurde.

An einem Sonntagnachmittag Ende Oktober hatte uns einer der ehemaligen *compañeros* besucht. Er war gekommen, um uns zu fragen, ob wir nicht mitmachen wollten. Irgendetwas müsste gegen die Diktatur unternommen werden. Es wären alles *compañeros* von vorher. Wenn ja, sollten wir uns am kommenden Dienstag um soundso viel Uhr an einer bestimmten Ecke der Alameda mit ihm treffen. Wir sagten zu, und von diesem Moment an schien es uns, dass unser Leben wieder einen Sinn bekommen hatte.

Wir waren bewegt, als wir die *compañeros* wiedersahen: Carmen, Angelica, Eduardo, Carlos und Horacio waren gekommen. Mehr nicht, denn das hätte Verdacht erregen können und wäre außerdem aus Sicherheitsgründen von der Bewegung streng verboten, sagte Carlos, der neue Leiter unserer Gruppe. Er fügte hinzu, dass eine ganze Reihe solcher Zellen neu entstanden seien. Dann sprach er vor allem von Sicherheitsmaßnahmen. Wir dürften uns in Zukunft nicht mehr, wie heute, alle zusammen treffen. Jeder könne nur mit höchstens zwei *compañeros* Kontakt haben und wir dürften uns auf der Straße nicht grüßen. Wir sollten unter uns Treffpunkte ausmachen, die nur uns selbst bekannt waren. Später würden wir erfahren, was zu machen sei. Von da an zwinkerten wir uns nur zu, wenn wir uns in der Stadt begegneten und kamen uns dabei sehr verschwörerisch vor.

Unsere Aufgaben waren folgende: Mit jeweils einer *compañera* oder einem der *compañeros* und einem *compañero* der Leitung geheime Treffpunkte vereinbaren. Ort und Uhrzeit der Treffpunkte sowie Telefonnummern und Adressen von *compañeros*, die man kannte, mussten auswendig gelernt werden. Unter keinen Umständen durfte man sie aufgeschrieben zu Hause aufbewahren. Natürlich bekam jeder von uns einen falschen Namen. Alle Hinweise auf irgendeine politische Beteiligung oder auch nur Interesse an Politik, zum Beispiel diesbezügliche Bücher und Schriften, mussten verschwinden. Das Haus musste »sauber« sein. Schweren Herzens entschlossen wir uns, die bei uns im Garten noch versteckten Filmrollen auszugraben und weit weg in einen Kanal zu werfen. Wir selbst waren davon überzeugt, dass Widerstand zu leisten wichtiger war als Film. Dann wurden uns Rollen mit Aufklebern in Briefmarkengröße übergeben, auf denen stand: *Pan, trabajo y libertad* oder *Abajo la dictadura!* (»Brot, Arbeit und Freiheit«, »Nieder mit der Diktatur!«) Wir klebten sie an Haustüren, Gartentore, parkende Autos, an die Wände von Hauseingängen und an Laternenpfähle. Später waren es dann von der Bewegung herausgegebene Pamphlete, Aufrufe und Informationen, die so klein gedruckt waren, dass man sie nur mit der Lupe lesen konnte. Wir schoben sie mit dem Fuß unter Haus- und Gartentore oder ließen sie an Arbeitsstätten, im Kino oder im Autobus liegen. Ich fotografierte *compañeros* für gefälschte Kennkarten und Pässe. Es kam auch vor, dass wir zeitweilig von der Polizei gesuchte *compañeras* oder *compañeros* bei uns zu Hause versteckten.

Eines Tages wurde bei uns eine sehr schöne und sehr alte Kommode abgegeben. Die Männer in blauen Overalls mit dem Namen einer Transportfirma, die sie vom Lastwagen gehoben und ins Haus geschleppt hatten, waren außer Atem, nachdem sie sie an den angewiesenen Platz gestellt hatten. Die Kommode war ungewöhnlich schwer und außerdem fest verschlossen. Wir bedeckten sie mit einem handgewebten Deckchen, stellten eine Blumenvase und mehrere Keramikfigürchen darauf und hängten ein Landschaftsbild über ihr auf. Sie wurde zum Schmuckstück unseres Heims. Wir ahnten natürlich, dass in den Schubladen dieses »Geschenks« nichts Gutes versteckt sein konnte. Zehn Tage später besuchten uns nach Einbruch der Dunkelheit mehrere *compañeros*, die sich durch Kennworte, die uns vorher mitgeteilt wurden, auswiesen. Ruth war bei Lily und ich war allein zu Hause. Freundlich, aber einen Widerspruch nicht zulassend, wurde ich aufgefordert, mich in unser Schlafzimmer zu begeben und das Wohnzimmer erst wieder zu betreten, wenn ich dazu aufgefordert würde. Ich gehorchte, und da es schon ziemlich spät war, schlief ich bald ein. Das

Geräusch schwerer Gegenstände aus Eisen, die auf den Fußboden gelegt wurden und das wiederholte Klacken von Metall auf Metall weckten mich. Die *compañeros* unterhielten sich leise. Obwohl ich das ja nicht sollte, öffnete ich die Wohnzimmertür und sah im Licht mehrerer Taschenlampen, dass der ganze Fußboden mit Waffen bedeckt war: Gewehre, Revolver, Maschinenpistolen und mehrere Handgranaten. Die *compañeros* waren dabei, die Waffen auseinanderzunehmen, zu prüfen, sie einzuölen, sie wieder zusammenzusetzen und sie dann in Ölpapier eingepackt wieder in der Kommode zu verstauen. Nachdem sie alle Lichter ausgelöscht hatten, verabschiedeten sie sich kurz und verschwanden einer nach dem anderen in verschiedenen Richtungen in der Dunkelheit. Vierzehn Tage später wurde die Kommode wieder abgeholt. Wir atmeten auf und fühlten uns wieder wohler in unserem Heim.

So sah für uns, die wir ja nur Hilfskräfte waren, damals der Widerstand aus. Hin und wieder hörten wir, dass eine Militärstreife angegriffen oder eine Hochspannungsleitung in die Luft gesprengt wurde. Gerüchte gingen um von einer in den Wäldern des Südens im Entstehen begriffenen Guerilla. Bald jedoch war nichts mehr darüber zu erfahren. Alle militärischen Aktionen des Widerstands stellten die absolute Übermacht der Diktatur nicht einmal in Frage.

Tatsächlich war jeder Versuch, den vereinten, mit den Vereinigten Staaten verbündeten Streitkräften entgegenzutreten, von vornherein zum Scheitern verurteilt. Die herrschende Situation des Kalten Krieges machte weitere Revolutionen und selbst geringfügige Veränderungen der gesellschaftlichen Strukturen in Lateinamerika unmöglich. Die beiden Supermächte USA und Sowjetunion standen sich in ihrem Streben um die Weltmacht mit abschussbereiten Atomwaffen frontal gegenüber. Nur die Angst beider vor den unvorhersehbaren Konsequenzen eines Atomkrieges verhinderte die direkte militärische Konfrontation und ermöglichte das sogenannte »Gleichgewicht des Schreckens«. Der Krieg verlagerte sich mit geringeren Risiken für die beiden Großmächte in die Dritte Welt. Es entstanden gegenseitig anerkannte Einflusssphären, innerhalb derer jeder mit Zustimmung des Gegners die absolute Macht ausüben konnte. Jede Art von Auflehnung innerhalb des eigenen Bereiches wurde als Angriff des Gegners betrachtet. Die Unterdrückung politischer Veränderungen wurde auf beiden Seiten als Akt der Selbstverteidigung aufgefasst. Chile, wie ganz Lateinamerika, lagen im Bereich der USA.

Es war in Chile nicht der eigentlich subversive Widerstand der Konfrontation, der schließlich nach 1988 zur »Redemokratisierung« führte, sondern die kollektive Ablehnung der Diktatur und eine zunehmende Aufsässigkeit der Militärregierung gegenüber, die Pinochet dazu bewogen, ein Plebiszit zu initiieren, in dem er seine Präsidentschaft zur Abstimmung stellte und das er zu gewinnen glaubte – das er jedoch mit einer überwältigenden Mehrheit des »Nein« verlor, was schließlich die Wahl eines nicht-militärischen Präsidenten möglich machte. Die USA hatten, nachdem Pinochet seine schmutzige Aufgabe erfüllt hatte, nichts mehr gegen eine langsame, kontrollierte Rückkehr zur Demokratie einzuwenden, solange sie nicht die Freiheit des Kapitals gefährdete.

Wenn ich heute versuche, über den Sinn des Widerstands im damaligen Chile nachzudenken, finde ich keine überzeugende Antwort. Was waren seine konkreten Auswirkungen? Hatte er überhaupt irgendwelche Auswirkungen? Was veranlasste die Menschen dazu, unter Lebensgefahr der weit überlegenen Macht der Diktatur entgegenzutreten? In den meisten lateinamerikanischen Staaten hatten Militärdiktaturen die Demokratie abgelöst. In all diesen Ländern gab es Widerstandsbewegungen. Keine konnte sich durchsetzen. Worin lag der Sinn all dieser mit großen Opfern verbundenen Versuche, das Unabwendbare wieder rückgängig zu machen?

Niemand fragte damals nach dem Sinn des Widerstands. Man hielt ihn für eine ganz selbstverständliche Angelegenheit, die nicht weiter diskutiert zu werden brauchte. An ihm teilzunehmen, war für die *compañeros* eine Art Verpflichtung, die in dem politischen Denken und Handeln, welches man sich angeeignet hatte, seine selbstverständliche Erklärung findet. Aus dem politischen Bewusstsein entspringt das politische Handeln. Man fühlte sich einfach wohler, wenn man sich am Widerstand beteiligte. Dennoch blieben die Zweifel und das entmutigende Gefühl absoluter Ohnmacht.

Bei Weitem war nicht alles perfekt und richtig durchdacht in diesem Widerstand. Die Unfähigkeit, die Situation jederzeit richtig einzuschätzen, Disziplinlosigkeit bei den Sicherheitsregeln und die Unachtsamkeit einiger *compañeros* und Führungsmitglieder der Bewegung forderten manche Opfer. Es gab auch Momente, über die man heute nur noch lachen kann. Ich erinnere mich an Streitereien darüber, ob das Ende des Kapitalismus kurz bevorstünde oder ob unser Kampf noch viele Jahre lang andauern würde. Wir waren nicht so sehr für die Sowjetunion. Wir durchschauten deren zweideutige Einstellung, ahnten jedoch nicht ihr baldiges Ende. Solche Diskussionen waren in der damaligen Situation natürlich absurd. Und manchmal, völlig unerwartet und scheinbar ohne Grund, packte mich die Angst. Wie ein plötzlicher Krampf. Die Hände begannen mir zu zittern. Am meisten fürchtete ich die Folter. Dazu kam die ständige Sorge um Ruth. Immer wieder, wenn ich allein zu Fuß unterwegs war oder im Bus saß, wiederholte ich mir die Worte, die ich sagen wollte, um Ruth nicht zu verraten, wenn ich verhaftet würde. Dabei hatte ich Zweifel, ob ich im Ernstfall die Kraft hätte, so gut zu lügen, wie ich es mir vorgenommen hatte. Dann war der Moment der Angst wieder verflogen. Ich ging meiner täglichen Arbeit nach, und so machten wir halt weiter.

Es gab unter uns nur wenige, die einen natürlichen Hang zum gewaltsamen Handeln hatten. Ich erinnere mich an die unvermutete Frage, mit der Carlos mich eines Nachmittags überraschte, an dem wir wieder einmal über den Sinn oder die Unsinnigkeit des bewaffneten Widerstands sprachen: »Ist dir klar geworden, dass du, wenn es darauf ankommt, töten musst?« Ich antwortete: »Darüber habe ich überhaupt noch nicht nachgedacht.« Nach einer längeren Pause fuhr Carlos fort: »Die meisten bringen den Begriff ›Widerstand‹ mit Gewaltanwendung in Verbindung. So denkt auch die Partei. Es ist die vorherrschende Meinung. Aber es muss doch andere, nicht gewaltsame Formen des Widerstands geben, die wir kaum in Betracht ziehen, die vielleicht sogar viel wirkungsvoller sein könnten.«

Gewalt erzeugt Gewalt. Sie ist wie ein Wirbelsturm, ein Tornado, dessen vernichtende Kraft sich durch die Bewegung wie von selbst steigert. Gewalt und Gegengewalt. Angriff und Verteidigung, so berechtigt diese auch sein mögen, ergänzen sich in einer immer unkontrollierbareren, immer sinnloseren Spirale gegenseitiger Vernichtung und des Mordens. Bis aus Erschöpfung ihre Kraft erlischt und in sich selbst zusammenfällt, nichts hinterlassend als Zerstörung. Es gibt keinen dauerhaften Frieden als Resultat des Sieges einer Gewalt über die andere, wenn die Ideen, Vorstellungen und Vorwände, die den Konflikt veranlassten, nicht durch neue Ideen des Zusammenlebens ersetzt werden.

Widerstand gegen die herrschende Ordnung braucht nicht unbedingt politisch-militärischen Erwägungen zu entsprechen. Er kann auch aus der Notwendigkeit entstehen, seine persönliche Identität zu verteidigen, aus einer Art von geistigem Selbsterhaltungstrieb. Auch Allendes Selbstmord, glaube ich, war eine Form des Widerstands. Er entsprach dem leidenschaftlichen Wunsch, durch seinen Tod das Sterben und Vergessenwerden der Ideen, denen er sein Leben gewidmet hatte, zu verhindern. Seine Niederlage und seine tiefe Enttäuschung sollten zu einer in die Zukunft aufgeschobenen Hoffnung werden. Wenige Stunden vor seinem Ende hatte er in seiner letzten Rede dem chilenischen Volk zugerufen: »Andere nach mir werden auch diese bitteren und dunklen Augenblicke überwinden, in denen der Verrat versucht, sich durchzusetzen. Sie sollen wissen, dass eher früher als später wahre Menschen auf breiten Straßen marschieren werden, um eine bessere Gesellschaft aufzubauen.« Und dann am Ende seiner Rede: »Ich habe die Gewissheit, dass mein Opfer nicht umsonst sein wird. Ich habe die Gewissheit, dass es zumindest eine moralische Lektion sein wird, die die Feigheit und den Verrat strafen wird.«

Widerstand zu leisten ist auch eine Frage der *Consciencia*. *Consciencia* bedeutet im Spanischen das Bewusstwerden der Situation, in der man sich befindet. *Consciencia* heißt aber auch Gewissen. Es ist eine Frage des Bewusstseins und des Gewissens, sich damit abzufinden oder nicht, mit dem, was auf der Welt geschieht. Widerstand ist einfach ein Ausdruck von Freiheit. Die Repression der Diktaturen hat das Ziel, die Individualität ihrer Gegner zu vernichten, denn es ist das freie Individuum, welches anders denkt und sich unter Umständen mit anderen Individuen zusammenschließt, um kollektiv die Gesellschaft zu verändern.

Das immer wieder neu geborene Streben nach einer »besseren Welt«, auch wenn Irrwege begangen oder im Moment nicht realisierbare Ziele verfolgt werden, entspringt einer Notwendigkeit, die mit dem Überleben der Menschheit zusammenhängt. Es geht darum, der selbstzerstörerischen Unvernunft im menschlichen Wesen entgegenzutreten. Ohne dieses Streben wäre die Menschheit schon längst in der absoluten Barbarei untergegangen. Es ist Ausdruck der weiter bestehenden Hoffnung.

Unsere Flucht

»... *ráfagas instantáneas de la vida que fue y que no volvería nunca mas* ...«
»... flüchtige Momente eines vergangenen Lebens, das niemals mehr zurückkehren wird ...«
Gabriel García Márquez

Ende Mai hatte Lily ihr Kind bekommen. Es war ein Mädchen und wurde Tamara genannt. Heute ist Tamara Journalistin und lebt in Tel Aviv. Sie kann sich natürlich nicht an die ersten Monate ihres Lebens erinnern. Merkte sie vielleicht von all dem, was um sie herum vorging, gar nichts? Das wird sie nie genau wissen. Sicher aber ist, dass alles damals Wahrgenommene und Gespürte in ihrem Unterbewusstsein registriert wurde, vielleicht nicht mehr zu entziffern, aber unauslöschbar. Auch die aufs Äußerste gesteigerte Spannung und die Ängste, die ihre Mutter durchstand, sind bis heute Teil ihres Lebens. Als heranwachsendes Mädchen zuckte sie noch bei jedem lauten Geräusch zusammen.

Die Netze der DINA schlossen sich immer enger um diejenigen, die noch Widerstand zu leisten versuchten. Miguel Henrique war, nachdem sein Versteck entdeckt wurde, bei einem Fluchtversuch erschossen worden. Bautista van Schouven, eines der wichtigsten Mitglieder des Zentralkomitees des MIR, war verhaftet und zu Tode gefoltert worden, ohne auch nur ein einziges Wort zu sagen. Ein *compañero* nach dem anderen wurde verhaftet. Kaum einer konnte auf längere Zeit der Folter standhalten. Informationen über Schlupfwinkel, Namen, Adressen, Verbindungen wurden den Gefangenen entrissen. Einige brachen so vollständig zusammen, dass sie sich mit gebrochener Seele als Spitzel benutzen ließen oder als Köder, um *compañeros*, die ihnen vertrauten, in die Falle zu locken. Wir waren nur kleine Fische in diesem Netz. So konnten wir durch dessen Maschen schlüpfen und ins Freie gelangen. Aber das wussten wir damals noch nicht.

Unsere Flucht begann an einem Freitagmorgen im Oktober 1973. Lily und ihre mittlerweile vier Monate alte Tochter wohnten eine Zeit lang bei uns. Sie hatten mich losgeschickt, um ein Fläschchen für das Baby zu kaufen. Der Weg bis zur nächsten Drogerie war weit. Ich benutzte die Gelegenheit, um auf dem Rückweg einige unserer winzigen subversiven Pamphlete an Gartentore und parkende Autos zu kleben. So hatte ich mich etwas verspätet. Vor unserem Haus parkte ein Taxi. Der Chauffeur war dabei, zwei Koffer, verschiedene, mit allen möglichen Sachen vollgestopfte Taschen und mehrere Bettdecken im Kofferraum zu verstauen. Lily mit Tamara auf dem Schoß saß schon im Auto. Ruth stand neben der offen stehenden Tür des Wagens und gab mir durch Winken zu verstehen, dass ich unverzüglich einsteigen solle. Ein Blick auf unser Gartentor sagte mir, dass etwas sehr Ernstes passiert sein musste. Das Tor war mit einem Bindfaden zugebunden. Das war das ausgemachte Zeichen dafür, dass ich das Haus unter keinen Umständen betreten dürfe. Wir fuhren sofort los.

Erst einmal bekam ich Schelte, weil ich so lange weggeblieben war. Ob ich wenigstens das Fläschchen gekauft hätte. Dann brach von zwei Seiten gleichzeitig ein wahrer Redeschwall auf mich ein. Die Espinozas wären vorbeigekommen, um uns dringend einzuladen, mit ihnen in ihrem Haus am Strand das Wochenende zu verbringen. Wir sollten unbedingt mitkommen. Ob ich mich an dieses extravagante, aber sehr liebenswürdige Ehepaar erinnere, mit dem man sich so gut unterhalten konnte, weil sie viel in der Welt herumgekommen waren, an den ausgezeichneten Wein, den man bei ihnen trank? Wir könnten schwimmen gehen – Ruth warf ein, dass sie die Badesachen nicht vergessen hätte –, welch ein Glück, so schönes Wetter zu haben. Dann schien das Thema erschöpft und die für den Taxifahrer bestimmte Geschichte zu Ende zu sein.

Schweigend, außer Tamara, die während der ganzen Fahrt vor sich hinglucksend aufmerksam nach allen Seiten Umschau hielt und der das Ganze offensichtlich einen Heidenspaß machte, fuhren wir die Irrarasaval herunter, dann die Vicuna Mackenna entlang. Wir umrundeten die Plaza Italia, bogen in die Alameda ein und hielten schließlich in der Calle Tenderini vor den Stufen eines Portals, hinter dem sich die Wohnungen offensichtlich wohlhabender Leute verbargen.

Der professionell undurchdringlichen Miene des Taxifahrers, den ich bezahlte, nachdem er unsere Sachen am Randstein abgestellt hatte, war nicht anzusehen, ob er unsere Geschichte geglaubt hatte oder nicht. Auch nicht, ob er nicht vielleicht der Geheimpolizei angehörte. Aus Vorsicht waren wir hundert Meter vor dem Gebäude, in dem sich mein sogenanntes Studio befand, ausgestiegen. Nachdem das Taxi in einer Seitenstraße verschwunden war, machten wir den Rest unseres Umzugs zu Fuß. Aber erst, nachdem die Tür hinter uns ins Schloss gefallen war, konnte ich erfahren, was eigentlich passiert war: Zehn Tage, nachdem sein Bruder festgenommen wurde, waren Eduardo Gedda und seine Frau Marcia, unsere unmittelbaren Nachbarn und Angehörige des MIR, an ihrem Arbeitsplatz verhaftet worden. Gegen elf Uhr hatte ein uns unbekannter *compañero,* der sofort wieder verschwand, einen Zettel abgegeben, auf dem stand: »Die Geddas verhaftet – umgehend das Haus verlassen.« Ich war gerade noch rechtzeitig zurückgekommen, um mit Ruth, Lily und Tamara abfahren zu können.

Wir richteten uns so gut wie möglich in unserer neuen Wohnung ein. Tamara wurde in einer Pappschachtel auf einen Packen Zeitungspapier gebettet. Lily schlief neben ihr auf dem Boden. Ruth und ich fanden auf der Eckbank im Vorraum Platz. Decken hatten wir. Ebenfalls einen elektrischen Kocher, um uns Kaffee und ein einfaches Mittagessen zu kochen. Ansonsten waren wir froh, erst einmal in Sicherheit zu sein.

Ich ging wieder meiner Arbeit nach. Natürlich hatte ich anfangs Bedenken, an meinen gewohnten Arbeitsplatz zurückzukehren. Vielleicht wurden wir dort auch schon gesucht? Ich erschien deshalb früher als sonst, zu einer Zeit, in der ich sicher war, ihn allein anzutreffen, im Büro von Isodoro. Ich näherte mich vorsichtig der Haustür, um zu sehen, ob dort verdächtige Leute herumstanden. Zur Begrüßung sagte ich einfach nur »*Buen dia*«. Wäre die Polizei schon dort gewesen, um nach mir zu fragen, hätte mir Isodoro das umgehend mitgeteilt. Ich wäre gegangen und nicht mehr zurückgekommen. Er hätte das verstanden. Außerdem gab es eine Grundregel beim Widerstand: Das Sicherste ist, ein ganz normales Leben zu führen, regelmäßig seiner Arbeit nachzugehen, Einkäufe zu machen, Besuch zu Hause zu empfangen. Gute Beziehungen mit den Nachbarn zu pflegen. Sie zum Kaffee einzuladen. Auch wenn sie für die Diktatur waren und in einem solchen Fall gerade deswegen. Es gibt nichts Schlimmeres, als den Anschein zu erwecken, dass man sich versteckt. Außerdem: Die Polizei weiß vieles, aber nicht alles. Sie wusste weder, wo wir jetzt wohnten, noch wo ich arbeitete, und das war unser Glück. Und es ging auch alles gut, bis uns eines Tages unerwarteter Weise Henrique Schmidt besuchte. Wir hatten schon lange keinen Kontakt mehr zu ihm gehabt. Woher wusste er unsere Adresse? Er schien derselbe zu sein, den wir von früher her kannten: Der *compañero*, der mit herausfordernder Waghalsigkeit, aber nie unbedacht, im Untergrund sein Leben »für die Sache« aufs Spiel setzte. Aufgrund seines Draufgängertums und seiner Intelligenz, aber auch wegen der Unanfechtbarkeit seiner ideologischen und politischen Überzeugungen war er in der Bewegung hoch geachtet, und es wurde ihm das Kommando einer der wenigen bewaffneten Gruppen des MIR anvertraut. Alle fanden ihn auf den ersten Blick sympathisch. Seine jugendliche und angenehme Erscheinung, seine intelligent dreinschauenden, dunklen Augen in dem von gelockten, aber kurz geschnittenen Haaren eingerahmten Gesicht, sein offenes Lachen und sein immer höfliches Auftreten erweckten Vertrauen und machten ihn bei allen beliebt. Henrique war gekommen, um durch die Vermittlung von Ruth, die seit einiger Zeit in einem Komitee tätig war, welches sich darum bemühte, politisch Verfolgten zu helfen, eines von dessen Mitgliedern kennenzulernen. Für die *compañeros*, wenn sie es nötig hätten, sagte er. Ruth wurde misstrauisch, irgendetwas gefiel ihr nicht mehr im Betragen dieses *compañeros*, mit dem wir vorher fast befreundet gewesen waren. Etwas Grobes und Großtuerisches, das er vorher nicht gehabt hatte. Und dann die Achtlosigkeit, mit der er hereinkam, ohne die Tür hinter sich zu schließen und leise zu sprechen, wie man es von einem bekannten, im Untergrund tätigen Mitglied des MIR erwarten sollte. Auch mir war aufgefallen, dass er die vorgeschriebenen Sicherheitsregeln so vollkommen außer Acht ließ.

Trotzdem erschien Ruth pünktlich am vereinbarten Ort. Allerdings allein, ohne jemanden vom Solidaritätskomitee mitzubringen. Sie hatte im Komitee noch nicht mal über dieses Treffen gesprochen. Sie war nur gekommen, um festzustellen, was es mit ihren Verdächtigungen Henrique gegenüber auf sich hatte. Da ja niemand gekommen war, schlug sie ihm nur vor, ein neues Treffen auszumachen.

Auf dem Rückweg bemerkte sie, dass ihr jemand folgte. Sie drehte sich kurz um und sah, dass ein junger Mann hinter ihr herkam. Es war derselbe junge Mann, der ihr während ihres Gesprächs mit Henrique schon aufgefallen war, wie er untätig mit den Händen in den Hosentaschen, ihr den Rücken zukehrend, in der Nähe herumgestanden hatte. Sie erkannte ihn am Pullover, den er trug. Anstatt die Treppe hinaufzugehen, versteckte sie sich hinter der offen stehenden Haustür. Sie hörte, wie er hereinkam, die Treppen hinaufging oder hinaufrannte, wie es ihr schien. Dann klingelte es bei uns. Es wurde an die Tür geklopft, heftig an der Türklinke gerüttelt. Dann kam er wieder die Treppe herunter und verließ das Gebäude. Ruth war sich jetzt sicher, dass sie ihr gefolgt waren.

Von da an hatten wir das Gefühl, beobachtet zu werden. Das konnte natürlich auch pure Einbildung sein, ein Reflex der Unsicherheit, in der wir lebten, und der Angst, die, obwohl immer wieder verdrängt, uns dennoch ständig begleitete. Wir wussten, dass die Geheimdienste ein ganzes Heer von trainierten Beobachtern und Spitzeln beschäftigten, die Verdächtigen folgten, um herauszubekommen, mit wem und wo sie sich trafen, um so mit einer Fülle von Informationen den gut versteckten Anführern der Subversion auf die Spur zu kommen. Deshalb gingen wir, wenn wir *compañeros* auf der Straße begegneten, an ihnen vorbei, ohne sie zu grüßen, ohne ihnen offen ins Gesicht zu sehen. Ein kurzes Aufleuchten im Augenwinkel des anderen stellte die Verbindung her, wurde zu einer warmen Begrüßung Gleichgesinnter und vermittelte das Gefühl, nicht allein zu sein.

Die Abschottung der einzelnen Zellen untereinander und zur Leitung hin war rigoros. So war es nicht leicht, mit der Führung der Partei Kontakt aufzunehmen. Wir wollten mit jemandem über unsere Zweifel, was das Verhalten des *compañero* Henrique betraf, sprechen. Es wurde uns gesagt, dass bis jetzt kein ernster Grund vorliege, ihn zu verdächtigen. Es sei allerdings bedenklich, dass er die vorgeschriebenen Sicherheitsmaßnahmen so vollständig außer Acht ließ. Wir sollten deshalb umgehend jeden Kontakt zu ihm abbrechen und sofort eine andere Wohnung suchen.

Erst viele Jahre später erfuhren wir, dass Henrique Schmidt ein professioneller Verräter war, ein Offizier der Luftwaffe, der als Spitzel für das Informationszentrum der Diktatur arbeitete. Die genaue Anzahl der *compañeros*, die er verriet und der Repression auslieferte, ist nicht mehr zu ermitteln. Mit Sicherheit aber hat er die Schuld am Tod fast aller Mitglieder der Gruppe, die ihm persönlich unterstellt war, mit denen er besonders freundschaftliche und kameradschaftliche Beziehungen unterhielt: Achiles, ein ehemaliger Angehöriger der Streitkräfte, der sich dem MIR angeschlossen hatte, der achtzehnjährige Carlos und *El Viejo* (das waren die Decknamen, unter denen sie uns bekannt waren) fanden in den Folterkammern der DINA den Tod. Die Brüder Gedda und Marcia, unsere Nachbarn, mit denen er bei uns zu Hause oft herzlich gelacht, Schach gespielt und Politik diskutiert hatte, ebenso Piaggio und seine Frau wurden durch seine »Vermittlung« verhaftet ... Über dreißig Jahre sind nun schon vergangen. Nur ab und zu, wie ein Albtraum, den man selten, aber immer wieder von Neuem träumt, taucht seine zweideutige Gestalt in meiner Erinnerung auf: Der liebenswürdige, allen sympathische kämpferische *compañero* des MIR und der Offizier der Luftwaffe, der gewissenlos seine angeblichen Freunde und Glaubensgenossen der Repression auslieferte. Beide vereint in einer Person. Mich ergreift ein Gefühl des Unbehagens und der Angst vor den Abgründen der menschlichen Seele, wenn ich daran denke. Was brachte ihn dazu, solche Dienste zu übernehmen? War es nur der leidenschaftliche Wunsch, aufzusteigen in der Gesellschaft und Macht über andere zu haben? Oder handelte er doch aus ehrlicher Überzeugung? Oder war es die psychopathische Lust, Leiden zu verursachen und zu zerstören? Oder war es alles gleichzeitig?

Heute lebt Henrique Schmidt in sehr ärmlichen Verhältnissen, verlassen und gemieden von seinen Kollegen der Luftwaffe, weil sie fürchten, dass seine schmutzige Arbeit auch ihr Ansehen beflecken könne, und vielleicht auch aus Angst, selbst denunziert zu werden.

Ruth schlug vor, nach Einbruch der Dunkelheit Elsa zu besuchen. Elsa hatte ihr schon oft gute Ratschläge gegeben. Ihr konnte man vertrauen. Sie gehörte zur Familie. Sie hatte viele Jahre lang bei ihr als sogenannte Hausangestellte gearbeitet, aber es war manchmal nicht zu unterscheiden, wer eigentlich die Herrin im Hause war. Sie kam vom Land, wie die meisten Hausangestellten in Santiago. Ihre Eltern lebten als Kleinbauern irgendwo im Süden. Ruths Kinder, als sie noch zur Schule gingen, hatten oft ihre Ferien bei ihnen verbracht. Wenn sie zurückkamen, brachten sie jedes Mal große Lebensmittelpakete mit: Äpfel, Birnen, *chirimoyas*, Käse, Eier, hausgemachte Wurst. Elsa kannte gut die oft prekäre finanzielle Lage Ruths. Wenn sie sie nicht mehr bezahlen konnte, suchte sie sich anderswo Arbeit, kam aber, sobald es möglich war, wieder zurück.

Als ich damit anfing, Ruth zu besuchen, hatte ich oft richtige Angst vor Elsa. Wenn sie mich mit strengen, missbilligenden, eindeutig abweisenden Blicken maß, fühlte ich, dass sie mich nicht akzeptierte. Aber ich ließ mich nicht einschüchtern. Auf die Dauer fand sie sich damit ab, dass ich nun auch zur Familie gehörte.

Obwohl sie meiner Meinung nach nicht den geringsten Charme hatte und auch keine Schönheit war, hatte sie viele Liebhaber, die sie Ruth bei jedem Wechsel vorstellte. Was die Politik betraf, bat sie Ruth um ihre Meinung. »*Mamita,* wen soll ich wählen?« »Allende natürlich«, entgegnete Ruth, und sie wählte Allende. Wie gesagt: Das Leben bei Ruth war ohne Elsa kaum vorstellbar. Sie hatte ein großes Herz. Sie würde Ruth nie verraten.

Jetzt wohnte Elsa in einem Zimmer mit Kochnische und dem Bad im Treppenhaus in einem verwahrlosten Gebäude in der Nähe des Zentrums. Da sie Allende gewählt hatte, was sie allen ins Gesicht sagte, fand auch sie kaum Arbeit. Sie durchschaute sofort unsere Situation und lud uns ein, bei ihr die Nacht zu verbringen. Sie kochte eine Suppe für alle und bestand darauf, dass wir in ihrem Bett schliefen. Für sich selbst bereitete sie ein Lager auf dem Fußboden. Bald war sie eingeschlafen. Das Geräusch ihres Schnarchens füllte beruhigend den Raum.

Auf der Straße war es still geworden. An den feuchten Wänden glitzerten vereinzelt rinnende Wassertropfen. An der Decke bewegten sich von den Scheinwerfern weit weg vorbeifahrender Autos in das Zimmer projizierte Rechtecke aus Licht. Geheimnisvoll und lautlos. Ich erinnerte mich an meine längst vergangene Kindheit. Elsa hatte uns geraten, ein Zimmer in einer der zahllosen billigen Pensionen Santiagos zu suchen. Das wäre das sicherste Versteck für Leute wie uns. Besonders für mich, der ich ja ein perfekter Gringo war. Wir fanden eine Pension ganz in der Nähe und zogen noch am selben Nachmittag um.

Ein paar Tage später wurde Ruth mitgeteilt, dass es Lily gelungen war, mit Tamara in die kolumbianische Botschaft zu flüchten. Sie hätten die Nacht versteckt in den Büschen des hinter dem Gebäude gelegenen Gartens zugebracht. Chilenische Soldaten waren in die Botschaft eingedrungen und hatten die Mehrheit der Flüchtlinge festgenommen. Der unmittelbar einsetzende Protest der ganzen Welt gegen diesen schwerwiegenden Bruch des internationalen Rechts hatte jedoch die Regierung Pinochets dazu gezwungen, die Botschaft zu räumen und die Gefangenen freizugeben. Vorläufig wenigstens sei nichts mehr für die Asylsuchenden zu befürchten. Eine Woche später flogen Lily und Tamara zusammen nach Israel.

Wir sollten jedoch nicht lange Ruhe haben in unserem neuen Heim. Ich war gerade dabei, im Studio Isodoros mit meiner Bolex, die Bild für Bild aufnehmen konnte, in Trickfilmtechnik eine Gesichtsseife zu filmen, die selbstständig aus ihrer Packung schlüpfte und dann in den Vordergrund glitt, damit die eingepresste Marke LUX deutlich lesbar würde.

Das ist eine knifflige Arbeit, bei der man nicht gestört sein will. Deshalb war ich, als mich jemand ans Telefon rief, etwas ungehalten. Es drehte sich jedoch um Folgendes: Carlos Piaggio, der Schnittmeister Isodoros und unserer Zelle, und seine Frau waren am Morgen verhaftet worden. Ich solle sofort meinen Arbeitsplatz verlassen.

Ich beendete meine Arbeit so ruhig, wie es mir möglich war, und teilte dann Isodoro mit, dass ich in den nächsten Tagen nicht kommen könne. Isodoro verstand sofort, was passiert war und fragte mich nur noch, ob ich am nächsten Morgen noch mal vorbeikommen könnte. Dann würde er mir alles, was er mir schuldete, in bar auszahlen. Er hielt sein Wort.

Jetzt war die Gefahr unmittelbar. Wir beschlossen zu versuchen, das Land zu verlassen. Am nächsten Morgen gingen wir zur deutschen Botschaft. Ich wusste, dass diese während der ersten Wochen nach dem Putsch eine Anzahl politisch verfolgter Chilenen aufgenommen hatte. Ich versuchte, wegen einer persönlichen Angelegenheit mit dem Konsul zu sprechen, und ließ dabei das Wort Repatriierung fallen. Umgehend wurden wir von einem für den Fall zuständigen Herrn empfangen. Ich erklärte ihm, dass wir gekommen wären, weil wir Gefahr liefen, verhaftet zu werden. Wir seien politische Flüchtlinge und wollten die Botschaft um Asyl bitten. Seine Antwort war höflich und sachlich: »Ich verstehe Sie vollkommen. Tatsächlich hat die deutsche Botschaft nach dem Eingreifen des Militärs in Chile eine größere Anzahl politisch verfolgter Chilenen aufgenommen. Aber jetzt leben wir in Chile in einer vollkommen normalen Situation. Die Bedingungen für ein Asylgesuch sind nicht mehr gegeben.« Er fügte hinzu: »Sollten Sie trotzdem und wider Erwarten verhaftet werden, geben Sie uns bitte

Bescheid. Wir werden alles tun, um Ihnen behilflich zu sein.« Uns blieb nichts anderes übrig, als zu danken und zu gehen.

Wir besuchten Bischof Helmut Frenz, den Ruth durch ihre Arbeit beim Komitee kennengelernt hatte. Wir fragten ihn, ob wir nicht vielleicht einfach ein Flugticket kaufen und wegfahren könnten. Er riet uns dringend davon ab und sagte, wir sollten in einer Woche wieder bei ihm vorbeikommen. Er hätte die Möglichkeit, sich über unsere Situation genauer zu informieren. Freunde boten uns an, einige Tage in ihrem Haus am Strand zu verbringen.

Ich erinnere mich an jene Tage am Strand wie an ein zeitloses Schweben in einem Raum außerhalb der Wirklichkeit. Die Zeit schien stillzustehen. Die Brandung schien langsamer gegen die felsige Küste anzustürmen. Die Pelikane, die sich aus großer Höhe mit zusammengeklappten Flügeln senkrecht in das wogende Meer stürzten, um zu fischen, schienen langsamer zu fallen. Die roten Sonnenuntergänge über dem Pazifik schienen kein Ende zu nehmen. Die Ungewissheit über das, was in unmittelbarer Zukunft geschehen würde, war total. Wir lebten so ausschließlich in der Gegenwart, dass wir die Gefahr, in der wir uns befanden, kaum merkten. Das einzig Reale war unsere Liebe. Sie war so präsent, dass alles andere in weite Ferne rückte. – Wir nahmen Abschied von einer zu Ende gegangenen Zeit unseres Lebens.

Am Mittwoch zur ausgemachten Zeit teilte Bischof Helmut Frenz uns mit, dass unsere Namen auf einer Liste von der Polizei Gesuchter ständen. Wir könnten unter keinen Umständen einfach so wegfahren. Wir sollten vorläufig in unserer Pension bleiben, uns aber bereit halten. Sobald er eine Möglichkeit für uns fände, auf andere Weise das Land zu verlassen, würden wir benachrichtigt werden.

Schon am nächsten Morgen, wir waren noch beim Frühstück, wurde Ruth ans Telefon gerufen. Sie erhielt folgenden

Bescheid: »Günstige Gelegenheit. Nur für Frauen. Treffpunkt Ecke San Diego/Alameda um elf Uhr. Ohne Gepäck und ohne Begleitung.« Es wurde abgehängt. Wir waren gleichzeitig erleichtert und sehr aufgeregt. Es tat sich etwas. Ruth würde vielleicht aus dem Lande herauskommen. Aber das bedeutete auch, Abschied zu nehmen auf unbestimmte Zeit. Ich begleitete sie bis an die Zimmertür. Mit ihrem gewohnten Geräusch fiel diese ins Schloss. Durch das Fenster konnte ich sehen, wie Ruth die Straße hinunterging, wie sie sich noch mal umblickte. An der nächsten Straßenkreuzung verlor ich sie aus den Augen.

Sehr langsam vergingen die Stunden. Vielleicht würden sie mir Bescheid geben, wenn alles gut gegangen wäre.

Um vier Uhr war Ruth zurück. Wir umarmten uns und küssten uns wie vielleicht nie zuvor. Unsere Freude über das Wiedersehen war so maßlos und unbedacht, dass wir uns der wieder auf uns einstürzenden Gefahr lange Zeit hindurch nicht bewusst wurden. Der Fluchtplan war missglückt. Die venezolanische Botschaft hatte zugesagt, dass sie an diesem Tag eine kleine Gruppe von Frauen aufnehmen würde. Das musste irgendwie herausgekommen sein. Vor dem Tor der Botschaft waren Soldaten postiert und machten jeden Zugang unmöglich.

Am 29. November wurden Carmen Bueno und Jorge Müller verhaftet. Beide waren Kollegen vom Film. Wir gehörten derselben Zelle des MIR an. Sie war Schauspielerin und Cutterin. Bildschön mit ihren langen schwarzen Haaren, jung, lebhaft, immer gut gelaunt, zu allem bereit, wenn es sich um Angelegenheiten drehte, die ihr wichtig waren, wurde sie von allen geliebt. Er war älter, zurückhaltender, beobachtend, kritisch, eben vor allem Kameramann. Seit längerer Zeit waren sie ein Paar. Um elf Uhr morgens, während sie an der Ecke Los Leones/Providencia auf den Bus ins Zentrum warteten, wurden sie von Agenten der DINA umstellt und vor den Augen der Wartenden und Passanten mit vorgehaltenem Revolver in einen Streifenwagen gezerrt. Seitdem sind sie verschwunden. Mitgefangene, die überlebten, sagen aus, dass sie beide in bedenklichem Zustand in den Folterzentren Villa Grimaldi und Tres Alamos gesehen hätten. Bis heute, mehr als dreißig Jahre danach, gibt es keine weiteren Informationen über ihr Schicksal.

Drei Tage danach erhielten wir erneut Bescheid. Treffpunkt um vierzehn Uhr vor der Bibliothek. Nur mit dem allernötigsten Gepäck. Kennwort: »Alles in Ordnung. Der Film wird gemacht.« Ich sollte antworten: »Wir haben noch nicht über das Gehalt gesprochen.« Sie wussten also, dass ich vom Film war. Pünktlich zur ausgemachten Zeit hielt vor der Bibliothek eine *Citroneta*. Die Frau am Steuer öffnete das Fenster und sagte das Kennwort. Auch ich sagte mein Sprüchlein. Beide mussten wir über die Komik solcher Vereinbarungen lachen. Umgehend fuhren wir los. Wegen all der Umwege, die wir fuhren, kann ich mich weder an die Straße noch an das Stadtviertel, in dem sie lag, erinnern. Das Haus war bescheiden und hatte einen Garten. Wir wurden von einem freundlichen, etwas aufgeregten Ehepaar empfangen. Auf einem Stuhl saß ein kleines Mädchen und musterte uns mit großen Augen. Sie servierten uns Tee und Kuchen. Es wurde wenig gesprochen. Schon am selben Abend nach Einbruch der Dunkelheit wurden wir an einen anderen Ort gebracht. Wir betraten ein weitläufiges, geschmackvoll einfach und modern eingerichtetes Wohnzimmer. Verschiedene Arten von Lichtquellen erfüllten den Raum mit sanfter Helligkeit. An den Wänden bis an die Decke reichende, weiß gestrichene Bücherregale. Drei antike Sessel um ein niedriges, chinesisches Tischchen herum, auf dem eine schwere, sehr alte und wertvolle Bibel lag, unterbrachen die sonst nüchterne Sachlichkeit der Einrichtung. Hinter der des warmen Wetters wegen offen stehenden Glastür funkelten fern und unwirklich die Lichter Santiagos. Jedes Mal, wenn der Wind die durchsichtigen Tüllvorhänge bauschte, verschwammen sie wie im Nebel. Während des Abendessens und beim Wein unterhielten wir uns mit unseren Gastgebern, ein liebevoll um uns bemühtes älteres Ehepaar, über vieles, nur nicht über Politik. Ich erzählte ihnen von Brasilien, Ruth sprach über ihre Kindheit. Da gab es viel zu berichten. Dann wurden wir in das Gästezimmer geführt. Kaum hatten wir uns hingelegt, versanken wir in traumlosen Tiefschlaf, bis wir von der hellen Sonne, die uns ins Gesicht schien, geweckt wurden.

Auf dem Küchentisch stand das Frühstück für uns. Daneben lag ein Zettel, auf dem stand: »Guten Morgen. Wir kommen bald zurück. Nehmt euch, was ihr wollt. Macht euch Kaffee. Verhaltet euch still und macht nicht auf, wenn es klingeln sollte oder wenn jemand an die Tür klopft. Um elf Uhr werdet ihr abgeholt.«

Viertel vor zehn waren unsere Gastgeber wieder zurück. Bald danach traf ein protestantischer Pfarrer ein und erklärte uns den Plan: Um Punkt zwölf Uhr, während der Ablösung des chilenischen Postens, würde eine Minute lang – nicht länger! – das Tor der kolumbianischen Botschaft offen stehen. Adresse: Avenida Apoquindo, das fünfte Gebäude auf der linken Seite, wenn man von Providencia herkommt, außerdem an der kolumbianischen Fahne und dem Wappen am Tor leicht zu erkennen. Ab Viertel vor zwölf sollten wir auf einem der Wege innerhalb des breiten, von Bäumen und Büschen bestandenen Mittelstreifens zwischen den beiden Spuren der Avenida spazieren gehen, uns unauffällig der Botschaft nähern, ohne stehen zu bleiben, deren Tor beobachten, und sobald dieses sich öffnen würde, versuchen, so schnell wie möglich hineinzukommen. Unseren Koffer müssten wir schon hier lassen. Er würde uns so bald wie möglich zugestellt werden. Der Abschied von unseren Gastgebern war kurz, aber herzlich. Der Pfarrer brachte uns bis zur Kreuzung Providencia/Apoquindo. Er wünschte uns viel Glück und fuhr sofort ab.

Wir kauften uns noch ein Pfund Orangen, mehrere belegte Brötchen, für alle Fälle, und am Zeitungsstand eine Illustrierte und begannen eingehängt, ein Einkaufsnetz mit dem Obst und der Illustrierten in der Hand, nicht den geringsten Verdacht erregend, zwischen Rasenflächen, Blumenbeeten und dichtem Gebüsch, in dem die Vögel zwitscherten, unseren Spaziergang. Wir gingen ein Stück weit in eine Richtung und dann wieder zurück. Jedes Mal, wenn wir an der Botschaft vorbeikamen, sahen wir, dass auch der Soldat mit seiner Maschinenpistole, den Stahlhelm auf dem Kopf, vor dem Tor und am Gitter entlang hin- und wieder zurückmarschierte, hin und nach einer zackigen Kehrtwendung wieder zurück. Wir begegneten kaum anderen Fußgängern. Auf einer Bank saß ein junger Mann und las in der Zeitung. Ein junges Liebespaar. Sie kicherte, als sie an uns vorbeikamen. Zwei ältere Leute mit einem Hund. Aus der Richtung der hinter dem hohen Gebüsch nicht sichtbaren Militärschule waren Kommandorufe und der Marschtritt von Soldaten zu hören. Die Minuten vergingen sehr langsam. Kurz vor zwölf waren wir ganz in der Nähe der Botschaft. Der Soldat war nicht mehr zu sehen. Wir sahen, wie ein Angestellter in Pförtneruniform das Tor öffnete, einen Torflügel offen stehen ließ und sich wieder entfernte. Wir rannten so schnell wir konnten.

Wir hatten gar nicht bemerkt, dass gleichzeitig eine Menge anderer Menschen auf das offen stehende Tor zurannten. Sie brachen durch das Gebüsch, überquerten Rasenflächen und Blumenbeete, tauchten aus Seitenstraßen auf. Die Avenida war plötzlich voll rennender Menschen. Alle kamen fast gleichzeitig am Eingang an, so dass für Momente ein wahres Gedränge entstand. Es waren fast dreißig Personen, die herein wollten. Umgehend wurden wir in den Garten hinter dem Botschaftsgebäude geführt. Ich konnte gerade noch sehen, wie der Pförtner das Tor wieder verschloss und verriegelte. Es bedurfte geraumer Zeit, bis wir uns klar darüber wurden, dass wir schon nicht mehr in Chile waren, sondern in kolumbianischem Hoheitsgebiet, und dass mit dem Tor, welches sich hinter uns schloss, eine Epoche unseres Lebens, die bald nur noch Erinnerung sein würde, zu Ende gegangen war und nie wieder zurückkehren würde.

Ich hätte es nie für möglich gehalten, dass mich der Anblick des Rheins so tief bewegen würde. Das Flugzeug kreiste vor seiner Landung über dem Rhein-Main-Gebiet. Dreimal überquerten wir den Strom, an dessen Ufern ich meine Kindheit und erste Jugend verbrachte. Fragmente von Erinnerungen: verbotenes Feuermachen mit dem Schwemmholz, welches wir zwischen den Steinen am Ufer sammelten. Raddampfer, die mit aller Kraft ihrer Schaufelräder bis zu sieben Schleppkähne gegen die Strömung den Rhein hinaufzogen. Schiffe, die mit dem Strom schnell den Fluss hinunterglitten – Treibeis – Hochwasser im Frühling. Fabrikanlagen am Ufer. Kirschenklauen in den Kirschbäumen gleich hinter dem Damm. Wiesen, Spargel, Tabak und wogende Kornfelder in der angrenzenden Ebene … Meine Heimat. Gab es andere Gründe als den, die Welt kennenlernen zu wollen, als ich auswanderte? Am Flugplatz wurde ich im Namen von Amnesty International von einem evangelischen Geistlichen, der ein Schild mit meinem Namen hochhielt, empfangen. Er heißt Bruno Müller. Bei ihm verbrachte ich die ersten Wochen in Deutschland. Er wurde unser Trauzeuge, als Ruth und ich später in Frankfurt heirateten. Bis heute sind wir gute Freunde. Als Erstes nahm ich in seiner Wohnung in einer Badewanne voll warmen Wassers ein langes Bad. Dann schlief ich in einem für mich hergerichteten Bett in einem Zimmer voller Bücher ein. Ich erwachte von einem leisen Klopfen an der Tür. »Herr Overbeck, das Abendessen ist fertig. Möchten Sie nicht kommen?« – »Sicher, ich komme sofort«, antwortete ich mit noch schlaftrunkener Stimme.

Sinkt jeder Tag
hinab in jeder Nacht
so gibt es einen Brunnen
der drunten die Helligkeit hält

Man muss an den Rand
des Bunnendunkels hocken
entsunkenes Licht zu angeln
mit Geduld

(aus einem der letzten Gedichte Pablo Nerudas)

Epilog

Zwanzig Jahre später kehrte ich noch einmal nach Chile zurück. Das Land hatte sich vollkommen verändert. Aus den Trümmern des mit Gewalt zerstörten alten Chile war ein anderes Chile entstanden. Es gab sichtbare Veränderungen wie die Fertigstellung der von Allende begonnenen Untergrundbahn, jetzt der Stolz der erst vor Kurzem in den Hintergrund getretenen Militärregierung, ein Prachtstück moderner, nützlicher Technologie. Wenn sie sich aus ihren dunklen Tunneln in die Lüfte schwingt und in der Höhe Stadtteile überfliegt, kann man ganz Santiago überblicken, bis hin zu den Hängen der *cordillera*. Die Stadt war gewachsen, zu einem Meer aus Häusern geworden, alle Freiräume überflutend, in denen einst Dörfer und kleine Städtchen lagen.

Auf den neu entstandenen, riesigen Einkaufszentren flattern lustig bunte Fähnchen im Wind. Gigantische Werbetafeln werben für teure Produkte. Andere Veränderungen hinterließen weniger sichtbare Spuren. Die Menschen waren auseinandergerückt, verschlossener und misstrauischer geworden. Sie versuchten sich gegeneinander abzuschirmen. Das Wort Diktatur wagten nur wenige auszusprechen. Man hatte sie gelehrt, den Putsch »Das Eingreifen der Streitkräfte« zu nennen. Die meisten senkten, wenn das Gespräch auf Politik kam, die Stimme und sprachen nur noch im Flüsterton weiter. Die Bekannten von früher, die wir trafen, lachten darüber. Sie sagten: »Die haben immer noch Angst vor der Diktatur.« Dann zogen sie es aber auch selbst vor, über ein anderes Thema zu sprechen. Die Jugend gab sich, so weit sie es konnte, dem Konsum hin, berauschte sich mit ohrenbetäubender Rockmusik und zunehmend mit Drogen, träumte davon hochzukommen, um viel Geld zu verdienen.

Ich beschloss, zu Fuß einen Spaziergang zu machen, um Gegenden, die ich von früher her kannte, wiederzusehen. Am Ende einer der neu entstandenen Siedlungen des gehobenen Mittelstandes: zweistöckige weiße Häuser mit Terrassen vor den Schlafzimmern, umgeben von Grünanlagen, zwei Autos in der Garage, PC und alles, was sonst noch dazugehört. Auf der ruhigen Straße führte mit kindlichem Hochmut und Stolz ein Junge anderen Jungen sein neues, akkubetriebenes Spielzeugauto vor, in dem er selbst fahren konnte. Am Ende dieser Siedlung mit Namen El Dorado stand ich vor einer zweieinhalb Meter hohen, solide aus Klinker erbauten Mauer. Schnurgerade führte sie vom Gebirge herkommend bis an die Hauptstraße, bog dann im rechten Winkel ab, um sich einen Kilometer weiter wieder dem Gebirge zuzuwenden, in dessen Hügeln sie sich verlor. Die Mauer schien nur einen einzigen Durchgang zu haben, durch den sich eine Menge Menschen bewegte, einige schwere Handkarren schiebend, andere auf Fahrrädern, hinein und hinaus.

Ich fragte einen älteren Mann, der mir entgegen kam, nach dem Zweck dieser Mauer. Zuerst sah er mich nur an. So als ob er nicht richtig verstanden hätte. Dann schien er zu verstehen:

»Ah, Sie sind Ausländer? Dann will ich es Ihnen erklären, damit man es draußen erfährt. Diese Mauern wurden gebaut, um die Armen von den Reichen zu trennen, um die Reichen vor den Armen zu schützen. Dahinter wohnen die Armen: Hausangestellte, Arbeitslose, Straßenverkäufer, Bettler und solche, die von der Prostitution leben und leider immer mehr Diebe und Verbrecher. Es herrscht eine schreckliche Gewalttätigkeit in diesen Ghettos. Alkohol und Aussichtslosigkeit lassen die Menschen verkommen. Die Leute sagen, das sei alles faules Lumpenpack, Pöbel, der nicht arbeiten will und vorzieht zu stehlen. Aber was sollen sie denn machen, diese Menschen, wenn man ihnen keine Arbeit gibt, von der sie leben können?« Er fügte hinzu: »Die Mauer hat noch einen anderen Zweck. Sie soll die Grundstückspreise hoch halten. Wer möchte schon gleich neben einem Elendsviertel wohnen?« Nach einer Pause fragte er mich unvermittelt: »Waren Sie vorher schon einmal in Chile?«

»Ja, vor langer Zeit. Ich musste damals nach dem Putsch weg von hier.«

»Gleich nach dem Putsch? Ah, *compañero*. Seien Sie herzlich willkommen im neuen Chile. Wie gefällt es Ihnen?«

»Es hat sich alles sehr verändert«, gab ich nichtssagend zur Antwort. Er lächelte mir kameradschaftlich zu und gab mir die Hand.

»Komme ich hier nach Lo Hermida?«, fragte ich noch.

»Immer nur geradeaus, *compañero*.«

Unvermutet sah ich mich in die Vergangenheit zurückversetzt. Da war es wieder, das Chile, wie ich es kannte, nach dem ich gesucht hatte. Die Zeit schien hier stillgestanden zu haben. Ich ging durch staubige, schlecht asphaltierte

Straßen voller Löcher, vorbei an niedrigen Häusern, der zerbröckelnde Mörtel an den Wänden mit weißem Kalk übertüncht, entlang an schief hängenden Mauern um unbenutzte, verwahrloste Grundstücke, auf denen sich zwischen vertrocknetem Gestrüpp schwelender Abfall häufte. Unter dem vom Regen abgewaschenen weißen Anstrich, der sie für immer verstecken sollte, wurden, verblasst zwar und fleckig, aber deutlich zu erkennen, die Wandmalereien und Propaganda-Inschriften der *Unidad Popular* wieder sichtbar. An manchen Stellen mit frischer Farbe gemalte neue Parolen: »Wo sind unsere Verschwundenen? Gerechte Strafe für die Verbrecher! Allende lebt!«

Auf einem großen, kahlen Platz spielten in Staubwolken gehüllt und mit großem Geschrei die Jungen Fußball. Am Rand standen Reihen kleiner Mädchen, manche mit ihren Püppchen im Arm. Sie kicherten und applaudierten auch manchmal. Auf einigen Häusern wehten zerschlissene Fahnen. Blau-weiß-rot: die chilenischen Nationalfarben. Unzerstörbarer, mystischer, patriotischer Rückhalt, auch für die vom Vaterland nicht sonderlich gesegneten Chilenen ... Überfüllte Busse hielten. Arbeiterinnen und Arbeiter sprangen auf die Straße und verloren sich müden Schritts in den Gassen. Mütter mit Säuglingen auf dem Arm traten vor die Haustür und riefen ihre Kinder zum Abendessen: Antonio, Fernandino, Annina ... Es war die Stunde, in der sich die Kneipen an den Straßenecken mit Männern füllten. Sie standen am Tresen, tranken und schwatzten. Ich setzte mich an eines der kleinen Tischchen, bestellte auch Wein und hörte zu. Sie schimpften auf die Regierung und auf die Privatisierung des Gesundheitswesens und der Schulen, die nur noch wenigen eine angemessene ärztliche Behandlung oder den Aufenthalt im Krankenhaus gestattete und den Minderbemittelten den Zugang zur Universität verschloss. Aber sie schimpften nur um zu schimpfen, nutzlos, mit immer trunkeneren Stimmen. Manchen floss der rote Wein aus dem

Mund. Manche blickten wie Irre ins Weite. Schwankend gingen sie nach Hause. Die Sonne sank hinter die Dächer jenseits des Platzes. Ihr goldenes Licht vergoldete die Welt. Die schweißbedeckten Gesichter der immer noch spielenden Kinder leuchteten wie vergoldete Äpfel. Der über dem Platz hängende Staub verwandelte sich in wehenden Goldstaub.

11. Dezember 2006

Endlich ist Pinochet tot. Geschützt von den immer noch geltenden Gesetzen der von ihm selbst geschaffenen Verfassung gelang es ihm, der Bestrafung für seine Verbrechen zu entkommen und mit 91 Jahren ruhig zu Hause zu sterben. Zehntausend Chilenen feiern auf der Plaza Italia das Ende des Diktators. Auf einem der Spruchbänder der Demonstranten steht auf rotem Grund: ALLENDE LEBT!

Nachtrag.
Einige Worte über das heutige Chile

Anfang Mai 2008 waren Ruth und ich wieder in Lateinamerika. Wir wollten Chile noch einmal wiedersehen, selbst erleben, wie es jetzt ist. Ruth wollte ihren Sohn Denis, der aus Israel in sein Geburtsland Chile zurückgekehrt ist, besuchen. Es war schön, alte Bekannte und Freunde zu treffen. Wir wurden überall herzlich empfangen. Wir redeten über vergangene Zeiten, und man versuchte, uns die Veränderungen zu erklären, die in Chile stattgefunden haben. Manches Neue wirkte auf uns befremdend. Viele Straßen und Plätze konnten wir kaum wiedererkennen. Das neue Chile passte nicht mehr in die vergangene Welt unserer Erinnerungen. Wir versuchten, beides zusammenzubringen.

Gleich am Nachmittag unserer Ankunft wurden wir in eines dieser neu entstandenen riesigen Einkaufszentren geführt. Sie werden Malls genannt und sind der Stolz der Chilenen. In ihren Gängen ohne Fenster nach draußen, voller Menschen und Läden, kann man sich hoffnungslos verlaufen. Gewaltige gläserne Kuppeln, durch die man den Himmel sieht, verstärken den Eindruck, dass man sich in einem Raumschiff befindet, irgendwo im Weltraum. Draußen Parkplätze für Tausende von Autos. Über den am Rand der Avenida wie Unkraut wuchernden, von Neonlicht erleuchteten Werbetafeln, kaum wahrnehmbar im Dunst des Smogs, geheimnisvoll glimmend im roten Licht der untergehenden Sonne die Gipfel der Anden.

Am folgenden Morgen besuchten wir die Bibliothek, in der Denis arbeitet. Hier war alles Vergangenheit. Zwei dunkle Zimmer in einer Seitenstraße im Zentrum, in der seit Jahrzehnten nicht einmal der Anstrich der Häuserwände erneuert wurde. Gleich neben der Tür ein gusseiserner Ofen aus längst vergangenen Zeiten. Regale voller abgegriffener Bücher und Zeitschriften. Tische, auf denen sich Stapel von Bänden türmten, die erst noch katalogisiert werden mussten. An den Wänden Plakate, auf denen Che Guevara, Allende und Fidel Castro in seiner Jugend zu sehen waren. Laura, aus ehemals wohlhabender Familie, hat diese Bibliothek geschaffen. Es war ihre Art, Widerstand zu leisten gegen die Auflösung der Vergangenheit. Sie wollte vergangene Zeiten bewahren, für die Nachkommen. Aber in die Bibliothek kommen kaum Besucher. »Die meisten interessieren sich nicht mehr für die Vergangenheit«, gestand uns Laura. Jetzt arbeitet sie an einem Buch über die Folgen der Repression in verschiedenen *poblaciones*. Ich las die Namen »La Victoria«, »Lo Hermida«, »Nueva Habana«, »La Legua« und viele andere und sah mir die Fotografien der dort Ermordeten und Verschwundenen an.

Zwei Extreme: Auf der einen Seite die Verlockung einer Wohlstand für alle versprechenden, aber fragwürdigen Zukunft, auf der anderen Seite die Erinnerungen an eine traumatische, immer noch Angst erregende, nie ganz überwundene Vergangenheit. Die Gegenwart ist voller Widersprüche. Wie soll man es z. B. verstehen, dass direkt neben dem Regierungsgebäude ein Denkmal für Salvador Allende errichtet wurde, Demonstrationen zu seinen Ehren an diesem Platz aber untersagt sind? Oder dass Chile heute von Sozialisten regiert wird, die eine extrem neoliberale Politik betreiben? Oder dass in der neu gewonnenen Demokratie hohe Beamte und Intellektuelle von Rang ihre Stellungen verlieren und verfolgt werden, weil sie Kritik an einigen Missständen im Land übten? Im Folgenden möchte ich zusammenfassen, was ich über das heutige Chile gelesen habe, was ich von verschiedenen Menschen, die in Chile leben, erfuhr und was ich selbst während meines kurzen Aufenthalts in diesem Land gehört und gesehen habe. Mein Bericht ist fragmentarisch. Aber ich habe versucht, so wahrheitsgetreu wie möglich zu sein.

Eines ist klar: Chile hat sich vollkommen verändert. Das Land hat sich entwickelt, wenn man den Grad der Entwicklung am Konsum vor allem elektronischer Geräte, am Besitz eines Computers und am Zugang zum Internet misst. Chile hat sich im Denken der Modernität einer globalisierten kapitalistischen Weltwirtschaft angepasst. Kaum einer der gesellschaftlich Benachteiligten würde seine Situation heute noch auf die Zugehörigkeit zu einer sozialen Klasse zurückführen. Es setzt sich der Grundsatz durch, dass jeder Arme seine Armut seiner eigenen Unfähigkeit zu verdanken hat. »Wir sind nicht mehr dieselben, die wir damals waren«, schreibt Patricia Politzer in ihrem Buch *¿Chile, de qué estamos hablando?* (Chile? Wovon sprechen wir?) Michelle Bachelet, die frei gewählte Präsidentin Chiles, ist ein Beispiel für die Veränderung im Denken, die in Chile stattgefunden hat. Erst vor Kurzem äußerte sie deutschen Unternehmern gegenüber: »Die Globalisierung und die freie Marktwirtschaft geben uns eine Chance, die wir in ein Sprungbrett zum Fortschritt verwandeln sollten.« Michelle Bachelet ist Mitglied der Sozialistischen Partei Chiles. Sie vertrat die Ideen Allendes und wurde deshalb nach dem Putsch verhaftet und misshandelt. Ihr Vater, General Alberto Bachelet, wurde, weil er sich den Putschisten zu widersetzen versuchte, festgenommen und starb in einem Militärgefängnis an den Folgen erlittener Folterungen. Michelle Bachelet muss es bewusst sein, dass die heutige globalisierte Marktwirtschaft nichts anderes ist als die konsequente Weiterentwicklung dessen, was sie selbst gut dreißig Jahre zuvor Imperialismus nannte und verdammte. Dennoch sollte man ihre heutigen Ansichten nicht für Opportunismus halten. Sie sprach als derzeitige Präsidentin Chiles. Sie weiß, dass es sehr schwer ist, sich den geschichtlichen Tendenzen einer Epoche zu widersetzen.

Die Verhältnisse in der Welt verändern sich mit nie zuvor erlebter Geschwindigkeit. Das Zusammenwirken scheinbar grenzenloser technologischer Möglichkeiten mit einer in diesen Ausmaßen nie dagewesenen Anhäufung von Kapital in den Händen einiger Unternehmen, der Zwang, auf dem Weltmarkt möglichst rentabel verkaufbare Produkte herzustellen, um nicht zu unterliegen, dies alles drängt uns auf den scheinbar einzig möglichen Weg des immerfort sich steigernden wirtschaftlichen Wachstums. Mit jedem Tag, der vergeht, werden, um die Wirtschaft in Gang zu halten, neue »Bedürfnisse« erfunden, auf deren Befriedigung man dann in kürzester Zeit kaum mehr verzichten kann. Das ist der Fortschritt! Auch die Verhältnisse in Chile werden von der Dynamik dieses Entwicklungsmodells mitbestimmt, das heute die globalisierte Welt beherrscht.

Dabei gelten weiterhin wirtschaftspolitische Regeln, die sich über lange Zeiten nicht geändert haben. Marcel Claude zitiert in seinem kürzlich in Chile veröffentlichten *Manifesto Eco-Socialista* (Öko-Sozialistisches Manifest) die Worte, die Woodrow Wilson, damals Präsident der USA, 1913 ausgesprochen hat: »Im selben Maße, in dem jemand Kapital in einem Land investiert, wird dieses von ihm in Besitz genommen und unterworfen.« Das klingt wie purer Marxismus, und es ist erstaunlich, dass sich ein US-amerikanischer Präsident so ausdrückte. Dieser Satz gilt heute jedoch mehr als je zuvor. Es ist kaum möglich, die aktuellen Probleme der Länder Lateinamerikas kürzer zusammenzufassen. Alle in den Sechziger- und Siebzigerjahren entstandenen Unabhängigkeitsbestrebungen auf diesem Kontinent wurden militärisch unterdrückt, um die Öffnung der Märkte dieser Länder für das internationale Kapital zu erzwingen. Chile ist keine Ausnahme. Mit dem Putsch wurden in Chile die Ideen und die Gesinnung des Neoliberalismus und der Globalisierung eingeführt, das Land wurde dem uneingeschränkten Wirken des internationalen Kapitals geöffnet. Die Menschen in Chile haben sich in ihrer Denkweise den neuen Verhältnissen angepasst.

Fast zwanzig Jahre lang, solange die Militärdiktatur andauerte und noch darüber hinaus, herrschte in Chile massive Arbeitslosigkeit. Die Preise der Grundnahrungsmittel hatten sich verdoppelt, manche verdreifacht. Das Schulwesen und die medizinische Versorgung wurden privatisiert. Die staatlichen Ausgaben für Bildung wurden auf ein Drittel gesenkt. Vielleicht verheerender noch war die systematische Zerstörung des Gewebes sozialer Strukturen und Organisationen, die auf legale Weise die verschiedenen Interessengruppen innerhalb der chilenischen Gesellschaft vertraten und die Basis der ehemaligen chilenischen Demokratie bildeten.

Unerwartet beschloss Pinochet im Jahr 1989, seine Regierung durch einen Volksentscheid bestätigen zu lassen. Er war überzeugt davon, dass die Mehrheit der Chilenen einer Verlängerung seiner Amtszeit um weitere acht Jahre zustimmen würde. Dass aber nicht nur die ehemaligen Linken, sondern auch die meisten Christdemokraten und ein Teil der Rechten, insgesamt eine überwältigende Mehrheit, dagegen stimmten, überzeugte ihn davon, dass seiner Allmacht Grenzen gesetzt waren und er an einen Rückzug denken musste. Das Ansehen der Militärregierung hatte sehr gelitten. Außerdem stand Chile seit der Niederlage der USA in Vietnam unter zunehmendem Druck des US-amerikanischen Kongresses, die Rückkehr zu einer kontrollierbaren Demokratie einzuleiten. Schließlich versprach Pinochet freie Wahlen.

Zu dieser Zeit entstand in Chile als Alternative zur Rechten, der sogenannten *Alianza por Chile*, das Parteienbündnis *Concertación*, ein Zusammenschluss von gemäßigten Sozialisten, Christdemokraten und zu Verhandlungen bereiter Angehöriger der Rechten. Ein Jahr nach jenem Plebiszit, 1989, reisten Vertreter der Militärregierung und der

Concertación, ohne dass die Öffentlichkeit davon unterrichtet wurde, nach Spanien, um gemeinsam die Rahmenbedingungen und die Grenzen der im Entstehen begriffenen neuen chilenischen Demokratie festzulegen. Die *Concertación* unterzeichnete, obwohl sie in ihrem Programm die Bestrafung Pinochets und die Ungültigkeitserklärung der Verfassung der Diktatur gefordert hatte, einen Pakt mit den Streitkräften, in dem unter anderem Folgendes vereinbart wurde: Die Streitkräfte stimmen der Durchführung freier, demokratischer Wahlen zu. Die *Concertación* verspricht, keine Verurteilung Pinochets wegen Verfassungsbruchs und Verletzung der Menschenrechte einzuleiten und die Anklagen gegen ihn und seine Familie wegen Unterschlagung von Staatsgeldern und Korruption niederzuschlagen.

Tatsächlich kam es in Chile nie zu einer gerichtlichen Verurteilung Pinochets. Nach seinem Tod wurden alle Anklagen gegen seine Witwe, seine fünf Söhne und andere Nutznießer seiner Unterschlagungen in Höhe von mehreren Millionen Dollar und seiner kriminellen finanziellen Machenschaften eingestellt, berichtete die Zeitung *Aurora* am 1. November 2007.

Des Weiteren legte der Pakt fest, dass die von den Streitkräften proklamierte Selbstamnestie anerkannt wurde, dass von jeglicher Veränderung innerhalb des herrschenden wirtschaftlichen Systems abzusehen sei, und dass die Verfassung der Diktatur, mit Ausnahme einiger belangloser Punkte, anerkannt wurde. Der gewählte Präsident sollte den zukünftigen Oberkommandierenden der Streitkräfte gemäß einer ihm von diesen vorgelegten Rangliste ernennen.

Und als ob dies alles noch nicht genügt hätte, um die zukünftige Demokratie in Chile unter Kontrolle zu halten, wurde das sogenannte Binominale Wahlsystem eingeführt: In jedem Wahlkreis werden nur zwei Abgeordnete gewählt, was zur Folge hat, dass nur die Kandidaten der beiden größten politischen Gruppen, nämlich der *Alianza por Chile* und der *Concertación*, einen Platz im Parlament bekommen. Die für andere Parteien abgegebenen Stimmen verfallen, ihre Mitglieder sind im Parlament nicht vertreten. Nur die *Alianza por Chile* und die *Concertación* waren berechtigt, einen Präsidenten zu wählen. Eine Zweidrittelmehrheit, wie sie zur Änderung der Verfassung nötig gewesen wäre, war so unmöglich geworden.

Felipe Portales kommt in seinem kürzlich erschienenen Buch *Chile, una democracia tutelada* (Chile, eine Demokratie unter Aufsicht) zu folgendem Schluss: »In Wirklichkeit verstärkten die Verträge von 1989 das von der Diktatur übernommene politische, ökonomische und soziale System, anstatt es zu schwächen. [...] Es zeichnete sich eine disziplinierte und sich selbst regulierende Demokratie ab, der es im Wesentlichen darum ging, weder das Militär noch das Unternehmertum zu beeinträchtigen.« Portales weist in seinem Buch auch auf die bei den heute von nationalen und internationalen Finanzgruppen kontrollierten Medien ausgeübte Selbstzensur hin und auf die Entlassung von hohen Amtsträgern, die ein bestimmtes zulässiges Maß an Kritik überschritten hatten. Er nennt z.B. Fernando Castillo Velasco, der als Bürgermeister Santiagos eine öffentliche Ehrung Allendes vor der Moneda erlaubt hatte und deswegen seines Amtes enthoben wurde, oder Marcel Claude, der aus seiner Funktion bei der Zentralbank entlassen wurde, weil er eine wissenschaftliche Arbeit über die Zerstörung des chilenischen Urwalds veröffentlicht hatte, die das Ansehen großer Holzexportfirmen beeinträchtigte.

Es wäre jedoch ein Irrtum anzunehmen, dass die Ideologen und Drahtzieher des Staatsstreichs von 1973 beabsichtigt hatten, den gesellschaftlichen Status Quo der Zeit vor der Regierung Allendes wieder herzustellen. Im Gegenteil: Nachdem die unmittelbare Aufgabe, Allende zu beseitigen, erledigt war, ging es darum, Chile in das sich schnell entwickelnde kapitalistische System der globalen freien Marktwirtschaft einzugliedern.

Während der Diktatur war in Chile eine neue Generation von Unternehmern herangewachsen, denen es nicht in erster Linie auf das schnelle Abschöpfen von Gewinn ankam, sondern auf den Aufbau einer modernen, auf dem Weltmarkt konkurrenzfähigen Wirtschaft. Sie setzten auf neue Ideen, Reinvestition der Gewinne und die Einbeziehung ausländischen Kapitals. Sie hatten gelernt, modern zu denken, und waren bereit, die Führung der chilenischen Wirtschaft zu übernehmen. Patricia Politzer beschreibt in ihrem bereits genannten Buch einige dieser neuen Unternehmer:

Carlos Cardoen, belgischer Abstammung, begann, nachdem er in den USA ein Ingenieurstudium beendet hatte, seine Karriere mit der Herstellung von Sprengstoff für die Kupferbergwerke von Chuquicamata. Aber es war die Herstellung von Waffen für die chilenischen Streitkräfte, die ihn zum Großunternehmer machte. Der US-amerikanische Kongress hatte, weil er die von der Militärdiktatur verübten Verbrechen nicht mehr weiter mitverantworten wollte, ein zeitweiliges Waffenembargo für Chile verhängt. General Carrasco hatte Cardoen, unter dem Vorwand eines bevorstehenden Konflikts mit Argentinien, vorgeschlagen, selbst Waffen für das chilenische Heer zu produzieren. Er begann, im Auftrag der Militärdiktatur Minen, Granaten, Bomben und Panzerfahrzeuge herzustellen. Später verkaufte er auch Waffen ins Ausland, unter anderem die berüchtigten Splitterbomben an den Irak Saddam Husseins. Daraufhin wurde ihm von den USA die Herstellung und der Verkauf von Waffen verboten. »Sie verfolgten mich auf der ganzen Welt, ließen mich von Interpol überwachen, sperrten meine Konten. Es war ein echter kommerzieller Terrorismus, dem ich ausgesetzt war. Nur weil sie so mächtig waren, durften sie allein überall auf der Welt Waffen verkaufen und es uns verbieten.« Cardoen musste seine Waffengeschäfte einstellen. Er ließ sich jedoch nicht kleinkriegen. Gemäß seinem Wahlspruch »Wir können nicht untätig darauf warten, bis die Nachfrage auf uns zukommt. Wir selbst müssen uns die Nachfrage schaffen« wandte er sich einem vollkommen anderen Bereich zu. Er dachte an die Gegend, in der er aufgewachsen war: Weinberge in einer wunderschönen Landschaft nah am Gebirge und nah am Meer. Das Dorf Santa Cruz war abgelegen von der Welt und ohne Zukunft. Er entschloss sich, Santa Cruz zum Zentrum einer produktiven, der Welt zugewandten, prosperierenden Gegend zu machen. Er plante den Anbau von auf dem Weltmarkt teuer verkäuflichen Spitzenweinen im Zusammenhang mit internationalem Tourismus. Er investierte sein aus dem Waffengeschäft verbliebenes Kapital in eine High-Tech-Ausrüstung zur Weinherstellung, baute in Santa Cruz ein Fünfsternehotel für anspruchsvolle Touristen, eröffnete Restaurants mit internationaler Küche und bot Touristen und Experten seine erstklassigen Weine an. Er überzeugte die Regierung, die Straßen in der langsam berühmt werdenden Weingegend auszubauen, gründete ein historisches Museum und wurde, der Qualität seiner Weine wegen, auf dem Weltmarkt bekannt. Seine engen Beziehungen zur Militärdiktatur waren bald vergessen. Wegen seiner Verdienste auf kulturellem und kommerziellem Gebiet und seines Beitrags zur Entwicklung Chiles wurde er von Präsident Ricardo Lagos mit einem Orden ausgezeichnet.

Im Süden Chiles strömt von den mit ewigem Schnee bedeckten Gipfeln der Anden das vielleicht reinste Wasser der Welt. Die Wassertemperatur zwischen 5 und 15 Grad Celsius in den Flüssen, Seen und im vom Humboldtstrom abgekühlten Meer ist die bestmögliche für Lachszucht. Kapitalstarke, modern denkende, auf Export und Globalisierung ausgerichtete Unternehmer, die keine Risiken scheuten, erkannten und nutzten die Chance und entwickelten in der Gegend von Puerto Montt eine hochmoderne, wissenschaftlich betriebene Lachsindustrie. In wenigen Jahren wurde Chile zum größten Lachsproduzenten und -exporteur der Welt. Humberto Fischer, der Gründer von Agua Chile, spricht von den Schwierigkeiten des Anfangs: »Uns fehlten alle biologischen und ökologischen Kenntnisse und auch die für den Export auf dem Weltmarkt notwendige Technologie. Eines der größten Probleme war die Wasserverschmutzung: Reste von Futtermitteln, tote Fische, Krankheiten und die dagegen eingesetzten Mittel, Unmengen von Abfall und Plastik im Meer lösten vor zehn Jahren einen weltweiten Protest der Umweltschützer aus. Wir standen kurz vor dem Ruin. Dann erkannten wir, dass die Wasserverschmutzung auch unsere eigenen Fische tötete. Gleichzeitig verschärfte sich die von den Importländern ausgeübte ökologische Kontrolle. Die Reinheitsnormen für den Export auf den Weltmarkt wurden strenger. Aber wir schafften es, die Umweltschäden auf ein Minimum zu senken. Ich will nicht sagen, dass wir heute vollkommen sauber produzieren. Kaum eine größere Industrie kann das ehrlich von sich behaupten. Aber auf jeden Fall fließen von den modernen, vor Kurzem in der Gegend entstandenen landwirtschaftlichen Betrieben wesentlich mehr Gifte in unsere Seen und Flüsse. Sie richten größere Schäden in der Umwelt an als wir mit unseren Lachsen.« Aus dem noch vor fünfzehn Jahren für den Touristen romantisch anmutenden Puerto Montt mit seinen verregneten Holzhäusern, seinen Buchten voller Fischerbooten und seinen verschlammten Straßen ist eine moderne Stadt geworden. In der Umgebung entstand eine neue Landwirtschaft, die Raps und Lupinen für die Fütterung der Lachse produziert.

Der Fortschritt hat das Leben der Menschen der Region vollkommen verändert. Die meisten lebten früher vom Fischfang. Frei und unabhängig, ohne jede Art von Chef fuhren sie täglich mit ihren eigenen Booten zum Fischfang aus, dessen Ertrag sie am Nachmittag selbst verkauften. Jetzt sind sie zu Industriearbeitern geworden. Frauen und Männer stehen täglich acht Stunden lang in geschlossenen und überwachten Fabrikhallen am Fließband, um von Computern kontrolliert Fische zu entgräten, in Stücke zu zerschneiden, zu sortieren und zu verpacken. Die Normen für den Export in die Erste Welt sind rigoros. Wer nicht mitkommt oder es nicht richtig macht, der hat verloren.

Die Leute sagen, dass es ihnen jetzt besser geht, was das Einkommen betrifft, dass sie sich heute manches leisten können, von dem sie früher nur träumten. Sie identifizieren sich mit den Problemen des Betriebs und sagen, dass ihr Leben jetzt zivilisierter geworden ist. Aber abends, wenn sie zu Hause vor dem Flimmerkasten sitzen, um sich Lebensersatz und Werbung anzusehen, erinnert sich sicher manch Älterer an das frühere Leben. An das Abenteuer des Fischfangs, an den wechselnden Anblick des Himmels und des Wassers, an die manchmal um das Boot herum wimmelnden Fische ... Sie haben jetzt alles, was sie sich gewünscht hatten. Aber sie haben ihre Freiheit verloren.

Im Jahr 1997 wurden, weil sie keine Gewinne mehr einbrachten, die Kohlengruben Schwager in Lota stillgelegt. Damit ging ein wichtiges Kapitel der Geschichte Chiles zu Ende. Der jahrzehntelange Kampf der Bergarbeiter gegen die übermäßige Ausbeutung und die schlechten Arbeitsbedingungen hatte abrupt seinen Sinn verloren. Die Gemeinschaft unter den Kumpels, die Opfer, die gebracht wurden im Interesse aller, die Solidarität, die ihnen von den Arbeitern ganz Chiles entgegengebracht wurde, dieser ganze Klassenkampf war zur Legende vergangener Zeiten geworden. Ein Mythos, über den man lesen oder sich Filme ansehen kann. Jetzt muss sich jeder allein durchschlagen.

In jener Zeit, wohl als Folge der großen Arbeitslosigkeit, entstanden in Chile Tausende sogenannter *microempresas*, Kleinstbetriebe mit weniger als zehn Angestellten. Es gibt heute über 500 000 dieser Kleinstunternehmen in Chile, die zum Beispiel Marmelade und sonstiges Eingemachtes, Hemden und Hosen, handgemachten Schmuck, Teppiche, Taschen und sonst Verkäufliches produzieren. In ihnen arbeitet meistens die ganze Familie, jeder Betrieb bringt im Durchschnitt nicht mehr als 500 Dollar im Monat ein, insgesamt ernähren sie aber rund drei Millionen Menschen. Es ist möglich, dass diese ganz kleinen Unternehmen eine sicherere Grundlage für die Zukunft der chilenischen Wirtschaft sein werden als die riesigen Exportunternehmen für Spitzenprodukte, die vom wechselnden Stand der Börsen und der Preise des Weltmarkts abhängen und deren Gewinn fast ausschließlich in die Taschen einer winzigen gesellschaftlichen Minderheit oder ins Ausland fließt.

»*El cobre es el sueldo de Chile*«, das Kupfer ist der Lohn Chiles, argumentierte Allende, um die Verstaatlichung des chilenischen Kupfers zu rechtfertigen. Die Streitkräfte vertraten nach ihrer Machtergreifung die gleiche Meinung. Sie gaben alle von der Volksfront enteigneten Unternehmen ihren ehemaligen Besitzern zurück. Nur nicht die Kupferindustrie. Sie erließen ein Dekret, durch das bestätigt wurde, dass das chilenische Kupfer Eigentum der Nation sei und bleiben müsse, und verboten den Verkauf der Bergwerke und sogar die Beteiligung ausländischen Kapitals an der Kupferförderung. Gleichzeitig wurde gesetzlich festgelegt, dass 10 % der Gewinne der Kupferförderung an die Streitkräfte ausbezahlt werden mussten. Nachdem gleich nach dem Putsch die Kupferbergwerke von Kommunisten und radikalen Sozialisten gesäubert worden waren, hatte die Militärregierung nichts mehr gegen das Weiterbestehen der Bergarbeitergewerkschaften einzuwenden. Während ganz Chile Not litt, erhöhte sie die Löhne der Arbeiter von Chuquicamata und El Teniente.

Es scheint, dass sie befürchtete, der Widerstand dieser außergewöhnlich starken Arbeiterorganisationen könnte dem Verkauf des Kupfers auf dem Weltmarkt schaden. Vielleicht war ein weiterer Grund für die privilegierte Stellung der Grubenarbeiter in den Kupferbergwerken auch die Verschlechterung der Beziehungen zu den Vereinigten Staaten. Diese hatten anfänglich den Putsch voll unterstützt, waren nun aber wegen der Weigerung, die großen Kupferbergwerke an ihre ehemaligen amerikanischen Besitzer zurückzugeben, verärgert. Nachdem die chilenischen Streitkräfte die ihnen aufgetragene Aufgabe erledigt hatten und nach ihrer Niederlage in Vietnam waren die USA immer weniger bereit, die in Chile verübten Verstöße gegen die Menschenrechte mitzuverantworten. Wie dem auch sei: Weder der zurückgekehrte soziale Frieden noch die neu entstandene Gewerkschaftsbürokratie, noch alle Anstrengungen der Arbeiter, ihre jetzt besser bezahlten Arbeitsplätze zu erhalten, waren imstande, das langsame Absinken der Kupferpreise auf dem Weltmarkt zu verhindern. Um konkurrenzfähig zu bleiben, brauchte die Kupferförderung in Chile technologische Erneuerung und das dafür notwendige Kapital.

Mit der Rückkehr zur Demokratie begann man, die notwendige Modernisierung und Wiederherstellung der Rentabilität der Kupferförderung zu diskutieren. In Regierungskreisen wurde die Privatisierung der Bergwerke gefordert. Die Arbeiter versuchten, sich zu widersetzen. In Chuquicamata wurde das erste Mal seit dem Putsch gestreikt. Aber die Argumente derer, die erklärten, dass man sich heute den auf dem Weltmarkt herrschenden Bedingungen unterordnen müsse, wenn man überleben wolle, wurden immer überzeugender und schließlich auch von den Arbeitern akzeptiert. Sie erklärten sich zum Verhandeln bereit. Das Bewusstsein der Ohnmacht gegenüber den heute die Weltwirtschaft bestimmenden Gesetzen hatte sie zur Zusammenarbeit mit dem Kapital bekehrt.

»Diese strategische Allianz ist ein Pakt, der ein friedliches Zusammenleben mit der Regierung ermöglicht. Es geht darum, dass alle gewinnen. Wir sind weiterhin der Ansicht, dass das chilenische Kupfer im Besitz des Staates bleiben muss. Aber wir sind uns bewusst, dass die Bergwerke rentabel sein müssen und dass deshalb Arbeitsplätze geopfert werden müssen, um wieder konkurrenzfähig zu werden.« Das sind die Worte eines chilenischen Gewerkschaftsführers von heute. In den Jahren zwischen 1994 und 1998 wurde ein Drittel, rund 10000 Arbeiter und Angestellte der Kupferproduktion, entlassen. Maßnahmen wurden ergriffen, um die Produktivität zu steigern und Zeit zu sparen. Der Saal, in dem die Arbeiter ihre Versammlungen abhielten, ihre Feste feierten und ihre Mahlzeiten einnahmen, wurde geschlossen. Jetzt essen die Arbeiter auf den Lastwagen, wenn sie von einem Ort zum anderen transportiert werden. Die Produktion erhöhte sich um fast 50%. Auch die Löhne derjenigen, die blieben, wurden angehoben.

Die neue Betriebsleitung von Chuquicamata beschloss, die Bergarbeiter und ihre Familien, die bis dahin in Baracken ohne fließend Wasser wohnten, gemeinsame Duschräume und Latrinen benutzten, Tag und Nacht dem Staub und den giftigen Ausdünstungen der Kupferverarbeitung ausgesetzt waren, in das nicht weit entfernte Städtchen Calama umzusiedeln. Die Firma bot den Arbeitern an, sich in bezahlbaren Raten ihr eigenes Haus zu kaufen: Solide gebaute Reihenhäuser mit fließendem Wasser, an asphaltierten Straßen und sogar mit Platz für einen kleinen Garten. Calama ist heute nicht mehr das stille Städtchen mit seinen weißgekalkten Häusern und seiner Kirche aus der Kolonialzeit, durch dessen sandige Straßen der Wüstenwind wehte, welches aber trotz des Staubs und der Hitze einen Charme hatte, der Touristen aus aller Welt anzog. Diese stille weiße Schönheit von damals ist verschwunden. Überall stehen Supermärkte, Einkaufszentren, Tankstellen, Autoreparaturwerkstätten, alles im US-amerikanischen Stil. Die Kriminalität, die Prostitution, der Drogenhandel haben erschreckend zugenommen. Trotz alledem war der Umzug in die Stadt, was die Lebensqualität der Bergarbeiterfamilien betrifft, zweifellos ein Fortschritt.

Wie soll man es verstehen, dass sich aber die Mehrheit der Bergarbeiter massiv, trotzig und rebellisch dieser Umsiedlung widersetzte? Sie wollten ihre Vergangenheit nicht so einfach aufgeben. »Damals waren wir glücklich«, sagt eine der Bergarbeiterfrauen, die jetzt in Calama wohnen. »Das ist schwer zu erklären. Ich selbst wüsste nicht genau zu sagen, was uns jetzt fehlt. Aber wir haben etwas Wichtiges verloren. Ich glaube, es ist die Gemeinschaftlichkeit und die Solidarität unter uns, die wir verloren haben. Das gemeinschaftliche Ziel. Der gemeinschaftliche Kampf. Wir waren Menschen, die ihre eigene Geschichte hatten und machten. Wir blickten den Vorgesetzten trotzig und ohne Furcht direkt in die Augen. Wir gingen zu den Gewerkschaftsversammlungen, um unsere Probleme zu diskutieren. Jeden Samstag tanzten wir im großen Saal die *cueca*. Das ist es, was uns jetzt fehlt. Deshalb sind viele traurig, wenn sie an den leer stehenden, versiegelten Baracken vorbeifahren, in denen wir vorher gelebt haben. Jetzt sind wir fast wie Automaten, die ihre tägliche Arbeit verrichten, die danach in ihr eigenes Heim zurückkehren, denen es relativ gut geht. Aber sonst sind wir nichts mehr. Wenn wir nur nicht die vielen Schulden hätten…« Mittlerweile wurden rund 70% des chilenischen Kupfers privatisiert.

Chile wird heute als das entwicklungsfähigste Land Lateinamerikas angesehen. Es verzeichnet die höchsten wirtschaftlichen Wachstumsraten des Kontinents. Man spricht von einem wahren Wirtschaftswunder. Das außergewöhnliche wirtschaftliche Wachstum Chiles wird damit erklärt, dass man in Chile mehr als anderswo die Lehren der globalisierten freien Marktwirtschaft verstanden und konsequent angewendet hat. Natürlich spielen auch andere Faktoren dabei eine Rolle: Die Vorräte an Kupfer und anderen wertvollen Mineralien, das in großen Teilen herrschende gemäßigt warme, wie mediterrane Klima, welches den Anbau für den Export geeigneter Weine und Früchte begünstigt, der außergewöhnliche Reichtum an Fischen und Meeresfrüchten im kalten Wasser des Humboldtstroms, die im Süden trotz massiver Abholzung immer noch verbliebenen Wälder und nicht zuletzt das an schwere Arbeit gewöhnte chilenische Volk. In keinem anderen Land der Welt werden so viele Stunden pro Tag gearbeitet wie in Chile (laut Patricia Politzer). All das sind günstige Voraussetzungen für ein Prosperieren der Wirtschaft. Tatsächlich verfügt die arme Bevölkerung Chiles heute über mehr materielle Güter und ein größeres Einkommen als vor zwanzig Jahren. 97,8% der Wohnungen sind heute mit Strom versorgt. 99,8% verfügen über fließend Wasser. Das gibt es in keinem anderen Land des Kontinents. Langfristige Hypotheken und extrem billiger Wohnungsbau ermöglichten es auch den Angehörigen der unteren Klassen, ein eigenes Heim zu besitzen.

Aber all diese statistisch nachweisbaren Errungenschaften haben nicht unbedingt zu einer Verbesserung der Lebensqualität geführt. So sind z.B. die Wände in den massenweise für die Armen errichteten Wohnblocks so dünn und schalldurchlässig, dass der Nachbar buchstäblich alles hören kann, was nebenan vor sich geht. Auch das gemeinschaftliche Leben in den früheren Barackensiedlungen ging verloren. Dort kannten sich alle und manchmal half man sich gegenseitig. Jetzt sind sich alle fremd. Nur die Stärksten und Brutalsten setzen sich durch in den Wohnblocks und bestimmen, wie man sich zu verhalten hat. Offiziell wird zugegeben, dass die Kriminalität in Chile in den letzten fünfzehn Jahren um 20% zugenommen hat. Viele dieser Sozialsiedlungen verwandeln sich, wie in Brasilien und anderen Ländern Lateinamerikas, in Elendsviertel, die sich von den früheren Barackensiedlungen nur dadurch unterscheiden, dass sie vier- oder fünfstöckig sind.

Chile gehört auch heute noch zu den Ländern mit der größten sozialen Ungleichheit. In Lateinamerika wird es hierin nur von Brasilien übertroffen. Weltweit nimmt Chile, was die gerechte Einkommensverteilung betrifft, den zwölftletzten Platz ein. Das Einkommen der wohlhabendsten 20 % der Bevölkerung ist 14-mal so hoch wie das der ärmsten 20 %. Während eine Familie in den Stadtteilen der Ärmeren mit 500 Dollar oder weniger pro Monat auskommen muss, stehen den Familien in den Stadtteilen der Reichen im Durchschnitt mehr als 6000 Dollar monatlich zur Verfügung, dabei ist das Einkommen der Allerreichsten noch nicht mit eingerechnet. Dabei sinken die jährlichen Wachstumsraten der chilenischen Volkswirtschaft. »Wenn man die Periode von 1990 bis 1997 mit der Periode von 2000 bis 2007 vergleicht, wird ein Sinken des Wachstums von 7,5 % in der ersten auf 4,4 % in der zweiten Periode deutlich sichtbar«, heißt es in einem Leitartikel der Zeitung *La Tercera* vom 7. Mai 2008.

Das monatliche Einkommen ist jedoch nicht der einzige Maßstab für Lebensqualität. Schwerwiegender noch als die Knappheit an Geld sind die durch die soziale Ungleichheit hervorgerufenen Nachteile auf dem Gebiet der Bildung, der Gesundheit und der Altersversorgung. Der Ärmere und weniger Gesunde hat wesentlich geringere Chancen, auf dem Arbeitsmarkt zu konkurrieren und so besser bezahlte Stellen zu bekommen. Diese sind wie eh und je den Töchtern und Söhnen der Wohlhabenden vorbehalten. Die Armut wird gewissermaßen erblich. Es gibt eine Grenze, die kaum überschritten werden kann. Hochzukommen, das gelingt nur sehr, sehr wenigen. Kurz gesagt: Es fehlt noch einiges, bis, wie Allende sich damals ausdrückte, die politische Freiheit auch zur sozialen Freiheit wird und die wiedergewonnene Demokratie auch zur Gleichheit unter den Menschen führt.

An einem der Tage, die wir in Chile verbrachten, besuchten wir den Hauptfriedhof. Dort hat die Regierung

Ricardo Lagos ein Mahnmal zum Gedenken der Opfer der Diktatur errichten lassen: Eine fünf Meter hohe Mauer mit den eingemeißelten Namen von über 3000 Erschossenen, zu Tode Gefolterten und Verschwundenen. Während wir nach uns bekannten Namen suchten – wir fanden Ernesto Traubmann, Ruths ersten Mann, Carmen Bueno und Jorge Müller, Vicente Garcia, den Bruder Mireyas, Maximo Gedda, den Bruder unseres unmittelbaren Nachbarn, Barbara Uribe, *compañera* des MIR, Arturo Dias, Edwin Van Yurich Altamirano und andere ehemalige *compañeros* –, kamen Leute, die Blumen am Fuß der Mauer niederlegten. Sie standen eine Zeit lang schweigend und blickten auf die Namen ihrer Angehörigen. Dann gingen sie wieder und verloren sich auf den Wegen des Friedhofs. Die Verbrechen der Diktatur sind noch nicht vergessen. Die Wunden, die sie in die Seelen der Betroffenen geschlagen haben, noch nicht verheilt. Es gibt keine andere Genesung von diesem Trauma, als das Geständnis der Schuldigen in einer zukünftigen, wahrhaftigen Demokratie.

Innerhalb der Streitkräfte hat sich manches geändert. Es fand tatsächlich ein Prozess demokratischer Schulung und überhaupt der Bildung statt, teilweise auch, um den höheren technologischen und wissenschaftlichen Anforderungen eines modernen Heeres gerecht zu werden. Die Mehrheit innerhalb der Streitkräfte wünscht sich schon nicht mehr die Rückkehr zur Diktatur, verehrt Pinochet nicht mehr, für sie ist der Diktator kein Retter des Vaterlands. Sein Ansehen hat beim Militär in Folge seiner Geldaffären, seiner Unterschlagungen, seiner geheimen Bankkonten im Ausland sehr gelitten. Aber es gibt immer noch sehr viele, die in der Ausweitung der Demokratie eine Gefahr für die nationale Sicherheit und die Gesellschaftsordnung sehen. Der Oberkommandierende der Streitkräfte, General Juan Emilio Cheyre Espinosa, hatte sich ehrlich darum bemüht, im Heer einen neuen Geist entstehen zu lassen, begangene

Fehler einzusehen, verübte Verbrechen einzugestehen und sich dem demokratischen Denken zu öffnen. Trotzdem überlebt eine Minderheit, der es jedoch an Macht nicht fehlt, die auf Grund ihrer Ideologie und ihrer »Mission«, die Ordnung im Staat zu erhalten, antidemokratisch eingestellt ist. Während der Regierung Bachelet wurde General Izurieta zum Oberkommandierenden der Streitkräfte ernannt. Er bezeichnete seinen Vorgänger als Verräter und hat es sich zur Aufgabe gemacht, wegen begangener Verbrechen unter Anklage stehende Angehörige der Streitkräfte zu verteidigen.

Es mag wahr sein, dass die Chilenen heute in mancher Hinsicht besser dran sind als die Mehrheit der Menschen in den anderen lateinamerikanischen Ländern. Dennoch gilt überall das gleiche ökonomische Gesetz. Mehr als durch die Aktion gewählter Regierungen werden die Wirtschaftspolitik und damit die gesellschaftlichen Verhältnisse von den Interessen riesiger Exportunternehmen bestimmt. Der Export ist der Motor des wirtschaftlichen Wachstums. Er garantiert das Wohlergehen der oberen Schichten der Gesellschaft. Es wird behauptet und auch geglaubt, dass es keinen anderen Weg gibt, aus der Misere der Unterentwicklung herauszukommen als eben den, zu exportieren.

Erst vor Kurzem wurde durch den Hungerstreik von Patricia Troncoso Robles, die dem Volk der Mapuche angehört, die Öffentlichkeit wieder einmal auf die negativen Seiten skrupellos betriebener Exportwirtschaft aufmerksam gemacht: Die Mapuche, die chilenische Urbevölkerung, werden durch mächtige Holzexportunternehmen immer weiter aus den ihnen zustehenden Gebieten verdrängt. Internationale Holzexportfirmen hatten, nachdem sie große Teile des Urwalds abgeholzt hatten, damit angefangen, großflächig und in Monokultur schnell wachsende Nadelbäume anzupflanzen. Sie begannen zu diesem Zweck, oft mit Unterstützung der Polizei, kommunales Land der Indigenen zu besetzen. Der Widerstand der Mapuche war anfänglich friedfertig. Dann begann der offene Konflikt. Sie fingen an, die angepflanzten Wälder abzubrennen. Sie sind Bauern und brauchen ihr Land. Es geht um die Grundlage ihrer Existenz. Die Regierung folgte jedoch der Argumentation der Holzexporteure und entschloss sich einzugreifen. Im Namen der Nationalen Sicherheit – und seit den Attentaten des 11. September in den USA auch im Namen der Antiterrorgesetze – sind derzeit 400 Mapuche im Gefängnis von Angol im Süden Chiles inhaftiert. Sie sind des Terrorismus angeklagt und werden dementsprechend behandelt. Patricia Troncoso ist eine dieser »Terroristinnen«. Sie ist seit fast 100 Tagen im Hungerstreik.

»Wenn mein Tod der Freiheit meiner Brüder hilft, will ich nicht aufgeben«, schreibt sie nach 74 Tagen Hungerstreik im Gefängnis von Angol. Es gelang ihr, die Isolation und die Mauer des Schweigens der Medien über die in den Gebieten der Mapuche herrschenden Zustände zu durchbrechen. Amnesty International schickte einen Brief an Präsidentin Bachelet, in dem die Sorge um das Leben von Patricia Troncoso ausgedrückt wird, in dem aber auch darauf aufmerksam gemacht wird, dass für die Vereinten Nationen nicht nur das Recht auf Privateigentum existiert, sondern auch das traditionelle Recht der Mapuche auf ihre kommunalen Ländereien garantiert ist. Nach der Ermordung des jungen Mapuche Matías Catrileo Quezada besuchten zehn Menschenrechtsorganisationen, begleitet von einer Delegation der CUT, die Region, um die Willkür, die Brutalität und den Staatsterrorismus, denen die Gemeinden der Mapuche ausgesetzt sind, an die Öffentlichkeit zu bringen. Arturo Martínes, der Vorsitzende der CUT, erklärte: »Die Mapuche können mit unserer vollen Unterstützung rechnen. Ihr Recht auf ihr Land muss mit allen Mitteln verteidigt werden.« Seit dem Putsch hatte man solche Worte von keinem Repräsentanten der CUT mehr gehört. Im Mai 2008 wurde die Dokumentarfilmerin Elena Varela López verhaftet, sie sitzt im

Gefängnis von Rancagua. Ihr gesamtes gefilmtes Material wurde beschlagnahmt, ihr Filmteam von der Polizei verhört. Ihr Verbrechen war, einen Dokumentarfilm mit dem Titel *Neven Mapuches* gedreht zu haben, der die internationalen Holzexportfirmen angreift. Sie wurde der Zusammenarbeit mit Terroristen angeklagt.

Sehr viele demokratisch denkende Chilenen sind enttäuscht von ihrer gegenwärtigen Regierung, sie hatten mehr erwartet. Die Kritik an ihrem Versagen, an ihrer freiwilligen, praktisch bedingungslosen Unterwerfung gegenüber den Forderungen der chilenischen Rechten und des Unternehmertums ist massiv. Die neu entstandene *Movimiento para la Democracia y la Justicia Social* (Bewegung für Demokratie und Soziale Gerechtigkeit) geht in ihrer Grundsatzerklärung so weit, dass sie die Regierung des Verrats bezichtigt und erklärt: »Die einzige Veränderung, die in Chile stattfand, ist die Verwandlung der Militärdiktatur in eine Diktatur des Kapitals.«

So berechtigt diese Behauptung vom Standpunkt des politischen Bewusstseins aus auch sein mag, so besteht im praktischen Leben der Chilenen doch ein sehr großer Unterschied zwischen einem Militärregime mit massiver Unterdrückung und der heutigen Demokratie, mag sie auch begrenzt sein. Es wäre ungerecht oder zumindest unkorrekt, der heutigen Regierung ihre ernst gemeinten Bemühungen, die vom »freien Wirken des Kapitals« verursachten Schäden auf sozialem Gebiet zu beheben, und ihr Bemühen um Gerechtigkeit und um die Wahrung der Menschenrechte rundweg abzusprechen. Es sind Freiräume des Denkens und Handelns entstanden, die vor Kurzem noch undenkbar schienen, die ausgenutzt werden können, um dem Ideal – oder der Utopie – einer echten Demokratie näherzukommen.

Andererseits, so wurde mir mehrfach versichert, trägt das Verhalten der traditionellen linken Parteien, die heute wieder erlaubt sind, ebenfalls dazu bei, eine tiefergehende demokratische Öffnung in Chile herauszuzögern: ihr Sektierertum, die Verteidigung ihres eigenen Parteiapparats und ihre Unfähigkeit, Neues zu denken und Toleranz zu zeigen.

Während unseres kurzen Aufenthalts in Chile verging kaum ein Tag, an dem nicht gestreikt oder protestiert wurde. In Chuquicamata zum Beispiel hatte die Leitung des Unternehmens beschlossen, private Firmen damit zu beauftragen, billigere Arbeitskräfte anzuheuern. Nun waren die neuen Kumpels unter völliger Missachtung der eingespielten Regeln in den Streik getreten, um dieselben Löhne wie ihre fest angestellten Kollegen zu fordern. Die Regierung mahnte zur Vernunft, erklärte sich dann aber doch zu Verhandlungen bereit, denn Chuquicamata ist eines der letzten großen Bergwerke Chiles, die noch nicht privatisiert worden sind. Und der Streik dauerte schon fast drei Wochen.

Am 30. April 2008 demonstrierten Tausende von Studenten im Stadtzentrum. Sie forderten die Zurücknahme eines Gesetzesentwurfs, demzufolge nicht der Staat, sondern die Stadtverwaltungen für die Kosten des Unterrichts aufkommen sollten. Das sei ein weiterer Schritt seit der Privatisierung des größten Teils des Schulwesens, die Bildungskluft zwischen Wohlhabenden und Ärmeren und zwischen Stadt und Land zu vertiefen, sagten die Studenten. Sie forderten kostenlosen, gleichwertigen Unterricht für alle. Am Schluss des anfänglich friedlichen Marsches kam es zu Unruhen. Die Polizei griff mit Wasserwerfern und Tränengas ein. 250 Studenten wurden verhaftet. Der Geruch von Tränengas erinnerte uns an längst vergangene Zeiten.

Auch am 1. Mai wurde viel protestiert in Santiago, Valparaíso und in anderen Städten Chiles. Die Forderungen waren immer dieselben: eine neue, demokratische Verfassung, kostenloser Unterricht, kostenlose medizinische Versorgung, Bestrafung der Schuldigen an den während der Diktatur begangenen Verbrechen, drastische Besteuerung der Gewinne der großen nationalen und internationalen Unternehmen zur Finanzierung von Krankenversorgung und Schulen, Beteiligung des Volkes an der Politik des Landes. Aber nicht nur in lärmenden Demonstrationen, mit berechtigten, doch bisweilen demagogisch klingenden Parolen, drückt sich die Unzufriedenheit von immer mehr Chilenen mit ihrer Regierung aus. Fast unbemerkt von der Öffentlichkeit entstanden in den *poblaciones* von den Parteien unabhängige Organisationen, die für die unmittelbaren Interessen der Bewohner eintreten. Arbeiter haben begonnen, ihren Gewerkschaftsverband CUT wegen seiner allzu unterwürfigen Zusammenarbeit mit dem Kapital anzuklagen und eigenständige Organisationen gegründet.

Die *Agrupación de Familiares de Detenidos Desaparecidos* (Vereinigung der Angehörigen der verschwundenen Gefangenen) erreichte in Zusammenarbeit mit mutigen Anwälten und Richtern im vergangenen Jahr die Verurteilung von an die hundert Mitgliedern der Streitkräfte. »Allerdings«, schreibt die Zeitung *La Nación* Ende Mai dieses Jahres, »werden in der Form der Bestrafung der Schuldigen sehr große Unterschiede gemacht: Während Soldaten und Unteroffiziere ihre Strafen unter schlechtesten Bedingungen im Gefängnis absitzen, wurden die schuldigen Offiziere in einem Country Club untergebracht. Dort steht ihnen ein Schwimmbad zur Verfügung, sie bekommen erstklassige Unterkunft und Verpflegung und können Besuch empfangen, wann und von wem sie wollen.«

Zahlreiche Grundsatzerklärungen neu entstandener politischer Gruppen mit Vorschlägen für Veränderungen der gesellschaftlichen Spielregeln wurden veröffentlicht. Intellektuelle, Wirtschaftsforscher, Umweltforscher und »Neue Sozialisten« begannen sich ernsthaft mit einer zeitgerechten Definition des neoliberalen Systems der freien Marktwirtschaft zu befassen und nach Alternativen zu suchen für ein vernünftigeres und harmonisches Zusammenleben der Menschen. Marcel Claude schreibt in seinem *Öko-Sozialistischen Manifest*:

»Wir müssen einsehen, dass die gerechte, freie und brüderliche Gesellschaft, die das menschliche Streben nach dem Schönen, dem Guten und dem Wahren vereinigt, eine ständig neue Herausforderung ist und dass wir sie nie ganz erreichen werden. Die Herrschaft der Gerechtigkeit über das Unrecht, der Freiheit über die Sklaverei, der Wahrheit über den Obskurantismus, der Brüderlichkeit über die Ausbeutung, der Vernunft über die Gewalt, der Harmonie über das Chaos zu erreichen, ist ein Kampf ohne Grenzen und ohne Ende. [...] Diese neue, bessere Gesellschaft erfordert einen Neuen Menschen, der imstande ist, die dunklen Seiten seiner Natur dem Positiven in seinem Wesen unterzuordnen.«

Sicher sind es nur Minderheiten, die protestierten, teilweise geführt von traditionellen politischen Organisationen. Aber das immer stärkere Auftreten unabhängiger, völlig neuer Gruppen von Arbeitern, *pobladores* und Intellektuellen ist unverkennbar. Trotzdem kann nicht von einer allgemein sich ausbreitenden Bewegung die Rede sein, die dem System gefährlich werden könnte. Man könnte all diese Demonstrationen der Unzufriedenheit eher als ein erstes Erwachen der politischen Beteiligung bezeichnen. Dann wäre es ein Anfang.

Am letzten Tag vor unserer Abreise fuhr ich mit der U-Bahn ins Zentrum. Ich wollte mir das vor der Moneda zu Ehren Allendes errichtete Denkmal ansehen. Die Bahn war brechend voll. Die Leute drängten sich heraus und hinein. Es gelang mir kaum einzusteigen. Als ich beim schnellen Anfahren fast den Halt verlor, bot mir eine junge Frau ihren Platz an. Dafür und für ihr freundliches Lächeln war ich sehr dankbar. Im Wagen saßen und standen dicht gedrängt lauter ganz junge Menschen. Nur der eine oder andere Ältere hatte vielleicht die Zeit Allendes noch erlebt. Die meisten waren während der Diktatur noch Kinder gewesen. Welche Art von Lebenshaltung bewegte sie? Wie sahen sie die Welt? Sie waren auf jeden Fall die Generation von heute. Es war nicht die rebellische Jugend von vor dreißig Jahren, die sich leidenschaftlich für die Gerechtigkeit auf der Welt und für ein besseres Zusammenleben der Menschen eingesetzt hatte. Sie interessierten sich nicht mehr für Politik, aber, so wurde mir mehrfach versichert, sie waren mehrheitlich gegen alles Militärische und gegen jede Art faschistischer Ideologie.

Während ich ihnen zusah, wurde mir bewusst, wie alt ich inzwischen geworden bin. Ich versuchte zu verstehen, was sie miteinander redeten. Ich erkannte den speziellen Tonfall wieder, mit dem die Chilenen spanisch sprechen, und einige Redewendungen, die es nur in Chile gibt. Ich musste deswegen wohl vor mich hingelächelt haben. Ein junges Paar kicherte und sah zu mir herüber. Ich lachte sie an und sie lachten zurück. Ich fühlte mich wohl, für einen Moment war ich in Chile wieder zu Hause.

An der Plaza de Armas stieg ich aus. Da standen die düstere Kathedrale, die imposante, Ende des 19. Jahrhunderts erbaute Hauptpost und die gleichen von Arkaden gesäumten alten Gebäude noch am selben Platz. Nur ein gläserner Wolkenkratzer, in dem sich die Sonne spiegelte, hat sich dazwischengedrängt. Er hat dem Platz etwas von seiner Würde genommen und lässt ihn kleiner erscheinen. Eine Rock-Band spielte auf einer Tribüne. Riesige Lautsprecherboxen hatten ihre Musik zu einem derartigen Krach gesteigert, dass mir die Ohren schmerzten und ich mich, auf dem Boden zum Verkauf ausgebreitete Malereien fast übersehend, in die Calle Ahumada flüchtete. Inmitten der pausenlos vorüberziehenden Menschenmenge hatten Straßenverkäufer auf Teppichen und Tüchern ihre Waren auf dem Boden ausgebreitet. Musikgruppen spielten auf Gitarren und Flöten volkstümliche Lieder. Ein junger Mann, dem beide Beine amputiert worden waren, lag bäuchlings auf dem Pflaster und bettelte um Almosen. Im Portal einer Bank stand ein Blinder und murmelte unverständliche Worte vor sich hin, wenn jemand eine Münze in seinen Blechbecher warf.

An der Kreuzung Calle Ahumada / Calle Moneda bog ich rechts ein. Den Weg kannte ich noch. Angekommen an der Plaza de la Constitución sah ich unmittelbar vor mir das Denkmal und erschrak. Da stand auf einem drei Meter hohen Sockel aus Kalkstein, in Bronze gegossen, in Lebensgröße, in der Pose eines Feldherrn, die Toga umgehängt vorwärts schreitend, das Abbild Allendes. Vielleicht meines niedrigen Standpunkts wegen, von unten nach oben blickend, kam mir sein Gesichtsausdruck vor wie der eines selbstgerechten Anwalts *in honoris causa.* Ich muss den Künstler, der sicher sein Werk mit den besten Absichten schuf, um Verzeihung bitten. Aber ich war enttäuscht. Das Bild Allendes in meiner Erinnerung ist ein ganz anderes. Er hat sich selbst als sozialen Kämpfer bezeichnet, aber er war immer ein äußerst sensibler, ganz privater, absolut unmilitärischer Mensch, der an das Gute im Menschen glaubte und Vertrauen in die Zukunft hatte. Das drückt sich besser als in jeder Art von Denkmal in seinen eigenen, letzten Worten aus, die auf der Rückseite des Standbilds eingemeißelt sind:

»Ihr sollt wissen, dass eher früher als später freie Menschen auf breiten Straßen marschieren werden, um eine bessere Gesellschaft aufzubauen.«

Anmerkung: Dieser Bericht entstand mit Hilfe von Büchern von Patricia Politzer, Eduardo Galeano, Felipe Portales und anderen Publikationen, dem *Öko-Sozialistischen Manifest* von Marcel Claude, im Internet veröffentlichten Notizen von Alai-AmLatina, Artikeln der Zeitungen *El Mercurio, La Nación, El Siglo* und *La Tercera* und Aussagen von Freunden und Bekannten, die in Chile leben. Mireya García von der Vereinigung der Angehörigen der verschwundenen

Gefangenen, Liliana Mason, Sozialpsychologin, Pedro Engel, Fachmann für Parapsychologische Wissenschaften, Liliana und Denis Traubmann, Don Vicente García, ehemaliger Gewerkschaftsführer, und anderen bin ich für ihre Unterstützung zu Dank verpflichtet.

Allen, die mir geholfen haben und die beitrugen zur Fertigstellung dieses Berichts, insbesondere Katharina Picandet und anderen Mitgliedern des Verlags, möchte ich sehr herzlich danken.

Peter Overbeck, Juni 2008

Glossar

Agrupación de Familiares de Detenidos Desaparecidos – Vereinigung der Angehörigen der [unter der Pinochet-Diktatur] verschwundenen Gefangenen

Alameda – So nennen die Chilenen die das Zentrum Santiagos durchquerende Hauptverkehrsstraße Avenida Libertador Bernardo O'Higgins. O'Higgins war Anführer im Kampf um die Unabhängigkeit Chiles vom spanischen Kolonialreich und gründete 1818 die Chilenische Republik. »Alameda« wird allerdings jede Straße genannt, die von »Alamos«, einer Pappelart, gesäumt ist oder es ursprünglich einmal war.

ALN, Alianca de Libertação Nacional – Allianz für die Nationale Befreiung in Brasilien. Eine der in den Jahren 1968–72 im Untergrund, im Kampf gegen die Diktatur aktiven Widerstandsgruppen. »Befreiung« bedeutete für diese Organisationen nicht nur das Ende der Diktatur, sondern auch die Emanzipation und Einbeziehung der unteren Schichten des brasilianischen Volkes in die Gesellschaft sowie die wirtschaftliche Unabhängigkeit des Landes.

Araya, Arturo – regierungstreuer Verbindungsoffizier zwischen Allende und der Marine, am 26. Juli 1973 auf seinem Balkon erschossen. Die Opposition gab vor, die Täter seien kubanische Agenten und Mitglieder von Allendes Leibwächtern. Tatsächlich steckte die *Patria y Libertad* hinter dem Anschlag. Die Mörder Guillermo Claverie, Adolfo Palmer und Guillermo Bunster wurden verhaftet, aber unter der späteren Diktatur kam es zu keiner einzigen Verurteilung.

Asentamiento – landwirtschaftliche Kooperative in Chile mit gemeinsamem Besitz von Maschinen, Zusammenarbeit während der Ernte, gemeinschaftlichem Verkauf der Produktion; entstanden im Rahmen der Agrarreformen unter Allende.

Ato Institucional Nr. 5 – Dekret im Namen der nationalen Sicherheit vom Obersten Militärkommando am 31. Dezember 1968 in Brasilien proklamiert. In seiner Folge besetzte das Militär Fabriken und Universitäten, Hausdurchsuchungen und willkürliche

Verhaftungen fanden statt. Die Folter wurde zum allgemein angewandten Mittel, um beim Verhör politischer Gefangener Aussagen zu erzwingen.

Barrio Alto – Stadtviertel der Wohlhabenden in Santiago de Chile

Cacique – Anführer bei den Mapuche

Castelo Branco, Humberto – General, der 1964 in Brasilien den Militärputsch anführte und die Regierung Goulart absetzte.

Canasta Popular – eine Zusammenstellung von Grundnahrungsmitteln, deren Menge von der Familiengröße abhing. Während der Zeit der größten Versorgungsschwierigkeiten konnte sich in den von der Volksfront kontrollierten Supermärkten jeder den seiner Familie entsprechenden *canasta* (Korb) zum Selbstkostenpreis kaufen.

Carabineros – So wird in Chile die Polizei genannt. Die *carabineros* sind, wie auch das Militäroberkommando der gesamten Streitkräfte, dem Präsidenten unterstellt. Insofern war die Verweigerung des Gehorsams gegenüber Allende ein offener Verfassungsbruch.

Cargill – multinationale Getreide- und Futtermittelfirma

Centro de Reforma Agraria – kollektiv organisierter Zusammenschluss von Bauern mit Bauernräten, entstanden im Rahmen der Agrarreformen unter Allende.

Chile Filmes – unter Allende verstaatlichte Filmproduktionsgesellschaft

Chirimoya – grüne Frucht, die in Chile weit verbreitet ist. Die wohlschmeckenden Früchte heißen auch Jamaika-Äpfel

Cine Experimental – Filmproduktion, die unter Allende viele politische Dokumentarfilme drehte oder drehen ließ.

Citroneta – Spitzname für einen kleinen Transporter von Citroën

Concertación – kurz für *Concertación de los Partidos por la Democracia,* heutiges Regierungsbündnis gemäßigter Linksparteien in Chile

CORA, Corporación de la Reforma Agraria – Regierungsstelle, die unter Allende mit der Durchführung der Agrarreform in Chile beauftragt war

Cordones industriales – Unabhängig von Parteien und Gewerkschaften sich entwickelnder Zusammenschluss der in verschiedenen Betrieben des Industriebezirks Santiagos organisierten Arbeiter zum Zweck gemeinsamer Aktionen. Es ging im Allgemeinen um die Verteidigung enteigneter oder besetzter Fabriken und um die Sicherstellung der Lebensmittelversorgung. »Cordon Macul« z.B. bezeichnete den kampfbereiten Zusammenschluss der Arbeiter und Bewohner des Industriebezirks Macul.

Cueca – chilenischer Nationaltanz, Paartanz

CUT, Central Unica de los Trabajadores – Zentralgewerkschaftsorganisation Chiles

DINA, Dirección de Inteligencia Nacional – chilenische Geheimpolizei, eingerichtet von Pinochet, existierte von 1973 bis 1977

DOPS, Departamento de Ordem Política e Social – Abteilung für politische und soziale Ordnung, brasilianisches Sicherheitsorgan unter der Militärdiktatur, berüchtigt wegen seiner Grausamkeit

Escuela de Cine – Filmschule, Fakultät der Universität von Valparaíso

Escuela de las Américas – Ausbildungsstätte des US-Militärs in Panama, deren zentrale Aufgabe darin bestand, die Kooperation der lateinamerikanischen Staaten mit den USA zu fördern und dem Einfluss sozialistischer und marxistischer Bewegungen entgegenzuwirken. In der Schule wurden mehr als 60 000 Militärs und Polizisten aus 23 lateinamerikanischen Ländern für den Kampf mit allen Mitteln gegen linke Bewegungen ausgebildet. 1977 wurde der Sitz in die USA (Fort Benning, Georgia) verlegt. Auf Druck der Öffentlichkeit musste die Schule Menschenrechtsverstöße öffentlich zugeben und wurde im Jahr 2000 geschlossen, allerdings schon 2001 in *Instituto de Cooperación para la Seguridad Hemisférica* (Institut der Kooperation für Sicherheit) umbenannt und wiedereröffnet.

Frei, Eduardo – chilenischer Christdemokrat, von 1964 bis 1970 Präsident Chiles und Vorgänger Allendes. Unter Allende Senator, Vorsitzender der Christdemokraten; nach dem Putsch blieb er bis 1977 Vorsitzender und rechtfertigte die Militärdiktatur

Gabinete civico militar – von Allende am 9. August 1973 als Reaktion auf die drohende Verschwörung der Generäle gebildetes Kabinett, dem auch die Oberkommandierenden des Heeres, der Luftwaffe, der Marine und der Polizei angehörten.

GAP, Grupo de amigos del presidente – Gruppe von Freunden des Präsidenten, eine Art Leibgarde Allendes, bestehend fast ausschließlich aus Aktivisten des MIR

Goulart, João – Präsident Brasiliens von 1961–1974. Goulart plante tief greifende soziale und wirtschaftliche Reformen, unter anderem eine radikale Bodenreform. Während seiner Regierungszeit kam es bei zunehmender Mobilisierung und Politisierung der unteren Volksschichten zu einer wachsenden Polarisierung der brasilianischen Linken und Rechten. Am 31. Januar 1964, kurz nach der offiziellen Proklamation der besagten Reformen, wurde seine Regierung mit ausdrücklicher Zustimmung der USA durch einen Militärputsch gestürzt. General Castelo Branco wurde zum Präsidenten ernannt. Alle Reformen wurden rückgängig gemacht. Goulart ging ins Exil, zuerst nach Uruguay und dann nach Argentinien. Sein plötzlicher Tod am 6. Dezember 1976, kurz nach seinem Entschluss, nach Brasilien zurückzukehren, wird den Recherchen verschiedener offizieller Kommissionen zufolge der Operation Condor zugeschrieben.

ITT, International Telephone & Telegraph Corporation – Die ITT, Eigentümer der von Allende nationalisierten chilenischen Compania Telefonica, finanzierte noch vor dessen Amtsantritt mit rund 100 000 Dollar das Komplott, dem General René Schneider zum Opfer fiel. Sie gab in den darauf folgenden Jahren rund eine Million Dollar aus, um die Opposition gegen Allende, besonders den Streik der Transportunternehmer, zu unterstützen. Die Regierung Richard Nixon stellte weitere zehn Millionen Dollar zur Verfügung, um auf verschiedene Weise den Sturz Allendes zu beschleunigen. Diese von dem bekannten uruguayischen Schriftsteller Eduardo Galeano in seinem Buch *Memoria del Fuego* (Erinnerung an das Feuer) veröffentlichten Daten wurden durch die Freigabe der CIA-Archive in den Neunzigerjahren bestätigt.

JAP – Junta de Abastecimento Popular – Kommission, die mit der Organisation der Lebensmittelversorgung für die Bewohner einer *población* beauftragt war.

Jara, Victor – chilenischer Volkssänger, durch seine revolutionären Lieder bekannt, wurde nach dem 11. September 1973 gefoltert und ermordet

Manns, Patricio – chilenischer Musiker und Schriftsteller, konnte nach dem Putsch ins Exil flüchten. 1990 kehrte er nach Chile zurück.

MAPU – Movimiento de Acción Popular Unitario – Bewegung der Einheitlichen Volksaktion, Abspaltung der chilenischen Christdemokraten, Teil der *Unidad Popular*

Mapuche – indigene Bewohner Chiles, die den Kolonisatoren stets erbitterten Widerstand leisteten und auch im modernen Chile für ihre Rechte kämpfen

Marighela, Carlos – ehemaliger kommunistischer Abgeordneter im brasilianischen Parlament; Gründer der ALN. Er wurde im November 1969 von der Polizei erschossen.

Mendoza, César – Polizeigeneral, der, wie auch der Oberkommandierende des Heeres, General Augusto Pinochet, erst wenige Tage vor dem 11. September 1973 von den Verschwörern gegen Allende zur Unterschrift des Pakts gegen die Regierung bewogen werden konnte.

El Mercurio – konservative Tageszeitung aus Santiago de Chile

MIR, Movimiento de Izquierda Revolucionaria – Bewegung der Revolutionären Linken in Chile, Teil der *Unidad Popular*

Moneda – Regierungspalast in Santiago de Chile

Monsanto – multinationaler Konzern, der vor allem mit genmanipuliertem Saatgut handelt

La Nación – Tageszeitung aus Santiago de Chile, im Allgemeinen regierungsnah

Oficina – Salpeterförderungswerk

Operation Condor – Kooperation der Sicherheitsdienste Argentiniens, Uruguays, Brasiliens, Chiles, Paraguays und Boliviens in den Siebziger- und Achtzigerjahren mit dem Ziel der Verfolgung linker und oppositioneller politischer Kräfte

Parra Sandoval, Violeta del Carmen – chilenische Folk-Sängerin und bildende Künstlerin

Paro Patronal – Unternehmerstreik im Oktober 1971 in Chile, bei dem die Besitzer ihre eigenen Fabriken stilllegten und z.T. sabotierten. Die Arbeiter übernahmen die Betriebe und arbeiteten weiter, der Streik scheiterte.

Patria y Libertad – rechtsradikale paramilitärische Organisation in Chile, ähnlich der SA im nationalsozialistischen Deutschland, die Attentate und Sabotageaktionen gegen die Regierung der *Unidad Popular*, ihre Vertreter und ihre Reformen verübte.

PCB – Partido Comunista Brasileiro – Kommunistische Partei Brasiliens

PC do B – Abspaltung der traditionellen PCB, »chinesische« Linie. Aus ihren Mitgliedern rekrutierte sich die Guerilla im Norden Brasiliens.

Pirquineros – unabhängige, selbstständige Bergarbeiter in Chile, die in selbst gegrabenen Stollen Bodenschätze, vor allem Kupfer, Silber und Gold, fördern.

Pisco – Alkohol aus destilliertem Traubenmost

Población – Armenviertel in den Städten Chiles, die durch organisierte oder auch spontane (im Falle der *poblaciones callampas*) Inbesitznahme brachliegender Gegenden entstanden und unter Allende mit einer Infrastruktur (Straßen, Wasser, Strom) versorgt wurden; z.T. in Selbstverwaltung organisiert.

Pobladores – Bewohner der *poblaciones*

Prats, Carlos – regierungstreuer General, der den Putschversuch am 29. Juni 1973, den *Tanquetazo*, niederschlug. Prats trat im August 1973 zurück, nachdem das Offizierskorps seine Entlassung gefordert hat. Sein Nachfolger wird Augusto Pinochet. Prats und seine Frau werden Ende 1974 von einem Kommando der Operation Condor ermordet.

Pulpería – werkseigener Laden auf dem Gelände größerer Fabriken, in dem mit nur auf dem Werksgelände gültiger Währung bezahlt werden muss.

Quenia – chilenisches Blasinstrument

Recabarren, Luis Emilio – geboren 1876, gestorben durch Selbstmord 1924. Arbeiterführer, Begründer der chilenischen Arbeiterbewegung und Gründer der Kommunistischen Partei Chiles

Schneider, René – Oberkommandierender des chilenischen Heeres, loyal gegenüber Allende, wurde am 26. Oktober 1970 von rechtsradikalen Offizieren in Zusammenarbeit mit der CIA ermordet. Der Versuch, das Attentat der Linken zuzuschieben, sollte die Streitkräfte zum Putsch gegen Allende führen; dieser Plan der Rechten scheiterte jedoch.

El Siglo – Tageszeitung der Kommunistischen Partei Chiles

Sociedad de Fomento Fabril – Unternehmerorganisation Chiles, die massiv gegen Allende wirkte und den Putsch mitfinanzierte.

Tanquetazo – Putschversuch des II. Panzerregiments am 29. Juni 1973, von der Armee unter General Carlos Prats niedergeschlagen

Tupamaros – Guerillabewegung gegen die Militärregierung in Uruguay, von 1963 bis etwa 1970 aktiv, seit 1985 politische Partei

Unidad Popular – Koalition chilenischer Linksparteien teils marxistischer Prägung, durch die 1970 Salvador Allende zum Präsidenten Chiles gewählt wurde. Sie umfasste die Sozialistische Partei (PS), die Kommunistische Partei (PC), den MAPU (eine Abspaltung der Christdemokraten), die Christliche Linke (IC) und einen Teil der linken Radikalen. Der MIR, die Bewegung der

Revolutionären Linken, bildete den äußersten linken Flügel der Koalition. Obwohl sie der reformistischen Politik Allendes kritisch gegenüberstand, den Putsch von Anfang an als unvermeidlich voraussah und die Revolution befürwortete, unterstützte sie in vielen Punkten die Regierung Allendes.

Universidad Católica – Katholische Universität in Santiago de Chile. Die konservativen Studierenden und Dozenten waren der Volksfront gegenüber eher feindlich eingestellt.

Inhalt